ŒUVRES COMPLÈTES

DE

RONSARD

Nogent-le-Rotrou. — Imprimé par A. Gouverneur, avec les caractères elzeviriens de la Librairie Franck.

ŒUVRES COMPLÈTES
DE
P. DE RONSARD
NOUVELLE ÉDITION

. Publiée sur les textes les plus anciens

AVEC LES VARIANTES ET DES NOTES

PAR

M. PROSPER BLANCHEMAIN

Tome VI

PARIS
LIBRAIRIE A. FRANCK
Rue Richelieu, 67

MDCCCLXVI

LES POEMES

DE

P. DE RONSARD

Gentilhomme vendomois.

DEDIEZ

A tres-illustre et tres-vertueuse Princesse

MARIE STUART,

Royne d'Escosse.

Les Remarques que P. DE MARCASSUS a jointes à l'édition de 1623, sont dédiées par lui à Mme DE CHASTEAUNEUF.

... Certis medium, et tolerabile rebus
Rectè concedi.

...mediocribus esse Poëtis
Non homines, non Dî, non concessere columnæ.
HORAT.

AU LECTEUR.

Poëme et poësie ont grande difference ;
Poësie est un pré de diverse apparence,
Orgueilleux de ses biens et riche de ses fleurs,
Diapré, peinturé de cent mille couleurs,
Qui fournit de bouquets les amantes pucelles,
Et de vivres les camps des abeilles nouvelles ;
Poëme est une fleur, où comme en des forés
Un seul chesne, un seul orme, un sapin, un cyprés,
Qu'un nerveux charpentier tourne en courbes charrues
Ou en carreaux voûtez des navires ventrues,
Pour aller voir aprés de Thetys les dangers
Et les bords enrichis des biens des estrangers.
   D'Homere l'Iliade et sa sœur l'Odyssée
Est une poësie en sujets ramassée,
Diverse d'argument : le Cyclope éborgné,
D'Achille le bouclier, Circe au chef bien-peigné,
Prothée, Calypson par Mercure advertie,
Est un petit poëme osté de sa partie
Et de son corps entier. Ainsi qu'un mesnager
Qui veut un vieil laurier de ses fils descharger,
Prend l'un de ses enfans qui estoient en grand nombre,
Et déja grandelets se cachoient dessous l'ombre
De leur mere nourrice, et le replante ailleurs,
Afin que ses ayeuls en deviennent meilleurs.
Aprés avoir foüye en terre ceste plante
Bien loin de ses parens, elle croist et s'augmente,
Puis de fueilles ombreuse et vive de verdeur,
Parfume le jardin et l'air de son odeur ;
Le jardinier joyeux se plaist en son ouvrage,
Bien cultiver le sien ne fit jamais dommage.

LE PREMIER LIVRE

DES POEMES

DE

P. DE RONSARD.

DEDIEZ

A tres-illustre et tres-vertueuse Princesse

MARIE STUART,

Royne d'Escosse. (1)

SONNET.

Encores que la mer de bien loin nous separe,
Si est-ce que l'esclair de vostre beau soleil,
De vostre œil qui n'a point au monde de pareil,
Jamais loin de mon cœur par le temps ne s'é-
Royne (²), qui enfermez une Royne si rare, [gare.
Adoucissez votre ire et changez de conseil ;

---

1. La plus belle Princesse qui fust jamais, Marie Stuart, vefve de François II et mere de Jacques, Roy de la grande Bretaigne. Elle cherissoit grandement nostre poëte, et l'estimoit comme elle le tesmoigna bien par le buffet de vaisselle d'argent, de la valeur de deux mille escus, qu'elle luy envoya, avec cette inscription : *A Ronsard, l'Apollon des François.*
2. Elisabeth, Royne d'Angleterre, qui la detenoit en ce temps-là prisonniere.

Le soleil se levant et allant au sommeil
Ne voit point en la terre un acte si barbare.
 Peuples, vous forlignez, aux armes nonchalants,
De vos ayeux Renaulds, Lancelots et Rolands, (1)
Qui prenoient d'un grand cœur pour les dames querelle,
 Les gardoient, les sauvoient, où vous n'avez, Fran-
Encore osé toucher ny vestir le harnois   [çois,
Pour oster de servage une Royne si belle.

(1584.)

REGRET.

A ELLE-MESME. (2)

Le jour que vostre voile aux vagues se courba,
Et de nos yeux pleurans les vostres desroba,
Ce jour la mesme voile emporta loin de France
Les Muses qui souloient y faire demeurance,
Quand l'heureuse Fortune icy vous arrestoit,
Et le sceptre françois entre vos mains estoit. (3)
 Depuis, nostre Parnasse est devenu sterile,
Sa source maintenant d'une bourbe distile,
Son laurier est seché, son lierre est destruit,
Et sa croupe jumelle est ceinte d'une nuict.
 Les Muses en pleurant ont laissé nos montaignes.
Que pourroient plus chanter ces neuf belles compaignes,

---

 1. Roland estoit proche parent de Charlemaigne, dont ceux de qui Ronsard tance la negligence descendent. (M.) Ce sont les Guises. (P. B.)
 2. Ronsard envoya ceste piece à ceste grande Princesse, un peu aprés qu'elle se fust retirée en Escosse.
 3. Quand elle estoit avec François II.

Quand vous, leur beau sujet, qui les faisoit parler,
Sans espoir de retour s'en est voulu aller?
Quand vostre Majesté qui leur donnoit puissance,
A trenché leur parole avecque son absence?
   Quand vostre belle lévre, où Nature posa
Un beau jardin d'œillets que Python arrosa
De nectar et de miel, quand vostre bouche pleine
De perles, de rubis et d'une douce haleine;
   Quand vos yeux estoilez, deux beaux logis d'Amour
Qui d'une obscure nuict peuvent faire un beau jour,
Et penetrant les cœurs, faire dedans les ames
Cognoistre la vertu de leurs divines flames;
   Quand vostre front d'albastre et l'or de vos cheveux
Annelez et tressez, dont le moindre des nœux
Prendroit le cœur d'un Scythe, et feroit en la guerre
Hors des mains des soldats tomber le fer à terre;
   Quand cet yvoire blanc qui enfle vostre sein,
Quand vostre belle, longue et delicate main,
Quand vostre belle taille et vostre beau corsage
Qui resemble au pourtrait d'une celeste image;
Quand vos sages propos, quand vostre douce vois
Qui pourroit esmouvoir les rochers et les bois,
Las! ne sont plus icy; quand tant de beautez rares
Dont les graces des cieux ne vous furent avares,
Abandonnant la France ont d'un autre costé
L'agreable sujet des Muses emporté!
Comment pourroient chanter les bouches des poëtes,
Quand par vostre depart les Muses sont muettes?
Tout ce qui est de beau ne se garde long temps;
Les roses et les lis ne regnent qu'un printemps;
Ainsi vostre beauté, seulement apparue
Quinze ou seize ans en France, est soudain disparue,
Comme on voit d'un esclair s'évanouir le trait,
Et d'elle n'a laissé sinon que le regret,
Sinon le desplaisir qui me remet sans cesse
Au cœur le souvenir d'une telle Princesse.
   Ha, que bien peu s'en faut que remply de fureur,
Voyant votre destin, je ne tombe en l'erreur

De ceux qui ont pensé qu'au plaisir de Fortune
Ce Monde fust conduit sans prevoyance aucune!
 Ciel ingrat et cruel, je te pri' respons-moy,
Respons, je te suppli', que te fit nostre Roy,
Auquel, si jeune d'ans, tu as trenché la vie?
Que t'a fait son espouse et sa fidelle amie
De luy faire laisser le sceptre si soudain,
Pour veufve l'envoyer en un païs lointain,
En la fleur de son âge, ayant esmeu contr'elle
Et contre sa grandeur sa terre naturelle?
 Si nous qui sommes naiz entre les peuples bas
D'un cœur pesant et lourd qui ne resiste pas,
Avions souffert ensemble une moindre partie
De la tristesse, helas! que seule elle a sentie,
Nous serions surmontez de peine et de douleur,
Et vaincus du destin ferions place au malheur;
 Où ceste noble Royne, et haute et magnanime,
Dont le cœur genereux par la vertu s'anime,
Ne ployant sous le mal, d'un courage indonté,
Comme ferme et constante a le mal surmonté,
Et n'a voulu souffrir que Fortune eust la gloire
D'avoir en l'assaillant sur elle la victoire,
Portant un jeune cœur en un courage fort,
Qui ensemble defie et fortune et la mort. (*a*)
 Escosse, tu auras une gloire eternelle
D'avoir conceu en toy une Royne si belle;
Car soit que le soleil en bas face sejour,
Soit qu'il le face en haut, son œil te sert de jour.
 Aussi toute beauté qui n'a ny fin ny terme,
Aux isles prend naissance, et non en terre ferme.
Diane qui reluit par l'obscur de la nuit,
Et qui par les forests ses molosses conduit,

a. Var. :

Portant un jeune cœur en un courage vieux,
De l'envie et du sort tousjours victorieux.

En Delos prit naissance, et la gentille mere
Des Amours emplumez nasquit dedans Cythere.
Escosse la belle isle a receu ce bon-heur
De vous produire aussi, des dames tout l'honneur.
   Ha, que je veux de mal au grand Prince Neptune!
Prince fier et cruel, qui pour une rancune
Qu'il portoit à la Terre, avecque son trident
Alla de tous costez les vagues respandant,
Et par despit cacha presque de nostre mere
Tout le sein fructueux sous la marine amere ;
Il arracha les bords, puis en les escartant
En isles, dans sa mer les alla replantant ;
Et pour n'estre jouet ny des vents ny des ondes,
Il attacha leurs pieds sous les vagues profondes,
D'une chaisne de fer ; seulement à Delos
Il permit librement de vaguer sur les flots.
   Je voudrois bien qu'un Dieu, le plus grand de la troupe
De ceux qui sont au ciel, espuisast d'une poupe
Toute l'eau de la mer ; lors à pied sec j'irois
Du rivage françois au rivage escossois,
Et marchant seurement sur les blondes areines,
Sans estre espouvanté des hideuses baleines,
Je voirrois les beaux yeux de ce gentil Soleil,
Qui ne sçauroit trouver au monde son pareil.
   Mais puis qu'il n'est permis de forcer la nature,
Et qu'il faut que la mer de vagues nous emmure,
Pour la passer d'un coup en lieu de grands vaisseaux,
J'envoiray mes pensers qui volent comme oiseaux.
Par eux je revoiray sans danger à toute heure
Ceste belle Princesse et sa belle demeure ;
Et là pour tout jamais je voudray sejourner,
Car d'un lieu si plaisant on ne peut retourner.
   Certes l'homme seroit furieux manifeste,
Qui voudroit retourner d'un paradis celeste,
Disant que de son bien il recevroit un mal,
Pour se voir eslongné de son païs natal.
   La Nature a tousjours dedans la mer lointaine,
Par les bois, par les rocs, sous des monceaux d'areine

Recelé les beautez, et n'a point à nos yeux
Monstré ce qui estoit le plus delicieux ; (a)
Les perles, les rubis sont enfans des rivages,
Et toujours les odeurs sont aux terres sauvages.
   Ainsi Dieu qui a soin de vostre royauté,
A fait (miracle grand) naistre vostre beauté
Sur le bord estranger, comme chose laissée
Non pour les yeux de l'homme, ainçois pour la pensée.

(1564.)

FANTAISIE.

A ELLE-MESME.

Bien que le trait de vostre belle face,
  Peint en mon cœur par le temps ne s'efface,
Et que tousjours je le porte imprimé
Comme un tableau vivement animé ;
J'ay toutefois pour la chose plus rare
(Dont mon estude et mes livres je pare)
Vostre semblant qui fait honneur au lieu,
Comme un pourtrait au temple de son Dieu.
  Vous n'estes vive en drap d'or habillée,
Ny les joyaux de l'Inde despouillée,
Riches d'esmail et d'ouvrages, ne font
Luire un beau jour autour de vostre front ;
Et vostre main des plus belles la belle,
N'a rien sinon sa blancheur naturelle,

---

a. Var. :

Ny à nous fait present de ses dons precieux.

Et vos longs doigts, cinq rameaux inégaux,
Ne sont pompeux de bagues ny d'anneaux,
Et la beauté de vostre gorge vive
N'a pour carquan que sa blancheur naïve.
 Un crespe long, subtil, et delié,
Ply contre-ply retors et replié,
Habit de deuil, vous sert de couverture
Depuis le chef jusques à la ceinture,
Qui s'enfle ainsi qu'un voile, quand le vent
Soufle la barque, et la single en avant.
De tel habit vous estiez accoustrée
Partant, helas! de la belle contrée
Dont aviez eu le sceptre dans la main,
Lors que pensive, et baignant votre sein
Du beau crystal de vos larmes roulées,
Triste marchiez par les longues allées
Du grand jardin de ce royal chasteau
Qui prend son nom de la beauté d'une eau. (1)
Tous les chemins blanchissoient sous vos toiles,
Ainsi qu'on voit blanchir les rondes voiles,
Et se courber bouffantes sur la mer,
Quand les forçats ont cessé de ramer ;
Et la galere au gré du vent poussée
Flot dessur flot s'en-va toute eslancée
Sillonnant l'eau, et faisant d'un grand bruit
Pirouetter la vague qui la suit.
Lors les rochers, bien qu'ils n'eussent point d'ame,
Voyans marcher une si belle dame,
Et les deserts, les sablons et l'estang
Où vit maint cygne habillé tout de blanc,
Et des hauts pins la cyme de verd peinte,
Vous contemploient comme une chose sainte,
Et pensoient voir (pour ne voir rien de tel)
Une Déesse en habit d'un mortel
Se promener, quand l'aube retournée
Par les jardins poussoit la matinée,

1. Fontainebleau.

Et vers le soir, quand déja le Soleil
A chef baissé s'en-alloit au sommeil.
  Droit au devant de vostre pourtraiture
J'ay mis d'un Roy l'excellente peinture,
Bien jeune d'ans, qui jamais n'eut le cœur
Ny l'œil blessé d'amoureuse langueur ;
Et toutefois à luy voir le visage,
Chacun diroit qu'il aime vostre image,
Et qu'allumé des rais de vostre jour,
Il se consume et s'escoule d'amour
En sa peinture, et que son pourtrait mesme
Comme amoureux en devient froid et blesme.
On jugeroit qu'il contemple vos yeux
Doux, beaux, courtois, plaisans, delicieux,
Un peu brunets, où la délicatesse
Rit, non aux verds qui sont pleins de rudesse;
Aussi les Grecs, en amour les premiers,
Ont à Pallas, Déesse des guerriers,
Donné l'œil verd, et le brun à Cythere,
Comme d'Amour et des Graces la mere.
  Luy donc épris d'un visage si beau
Où vit Amour, son trait, et son flambeau,
En son pourtrait vous diriez qu'il souspire,
Et que muet ne vous ose rien dire.
  Pource voyant mon maistre en tel ennuy,
Je suis contraint de raisonner pour luy,
Parlant ainsi : « O âme fortunée,
Qui achevas le cours de ta journée
Presque en naissant, et qui bien loin d'icy
Vis dans le ciel despestré du soucy.
Que je senty comme un cruel orage
Le mesme jour que hastant ton voyage
Tu vins là haut pour vivre sans douleurs,
Me laissant seul entre mille malheurs,
Dont je n'avois, pour estre en mon enfance,
Ou bien petite ou nulle cognoissance,
Et qu'aujourd'huy griévement j'apperçoy
Depuis que l'âge a commandé sur moy.

» Las! tout ainsi, belle âme fraternelle, (¹)
Qu'estant volé sur la voûte eternelle,
Me feis seigneur du sceptre des Gaulois,
Que ne m'as-tu de celle que je vois
Fait en mourant heritier de ta place,
Pour embrasser ceste brulante glace,
Dont la froideur qui le cœur m'a blessé,
Vaut tout l'honneur qu'icy tu m'as laissé?
Car sceptre, empire, et puissante couronne
Ne valent pas le mal qu'elle me donne;
Mais pourquoy sens-je en mon âge imparfait
Avant le temps le mal qu'elle me fait?
  » Le jeune amour, qu'au fond du cœur je porte,
M'apprend d'enfance à vivre en telle sorte,
Qui de ses dards, des hommes triomphans,
Blesse d'un coup et vieillards et enfans;
Mais plus l'enfant, lequel déja commence
Porter la fleur de sa blonde jouvence
Sur le menton; et qui commence aussi
Porter au front un amoureux souci,
Ayant le sang plus chaud que de coustume.
  » Le grand amour qui les Princes allume,
M'a fait sentir au cœur devant le temps
Ce qu'un grossier ne sent qu'à cinquante ans,
En me faisant amoureux devant l'âge
De vos vertus et de vostre visage.
  » Puis il faudroit que je fusse un rocher,
Si vivement je ne sentois toucher
De vos beaux yeux mon âme toute esmeue;
Puis que si belle icy je vous ay veue,
Royne et ma sœur, et d'un regard si dous
Tirer nos cœurs et nos yeux apres vous.
  » Mais dequoy sert, ô Royne, de me plaindre,
Puisqu'à mon bien je ne sçaurois atteindre?
La parenté, l'alliance qui est
Entre nous deux, griévement me desplaist.

---

1. François II.

» Ce nom de sœur charitable m'outrage ;
Je voudrois estre ou moindre de lignage,
Ou moindre en tout ; lors je pourrois guarir
Ce mal d'amour dont il me faut mourir.
» Ha ! frere mien, tu ne dois faire plainte
Dequoy ta vie en ta fleur est esteinte ;
Avoir jouy d'une telle beauté
Sein contre sein, valloit ta royauté,
Et tout le bien qu'un grand monarque amasse.
Un tel plaisir toute richesse passe,
Et seulement il n'appartient qu'aux Dieux
D'oser penser combien peuvent ses yeux. »
De tels propos je parle pour mon maistre,
Qui fait semblant en son image d'estre
Plein de souspirs, et voudroit s'efforcer ;
Mais hors des dents la voix ne peut passer,
Le mort tableau luy oste la parole,
Et la peinture en larmes toute molle
En devient palle, et retient la couleur
De l'amoureux tout palle de douleur,
Qui se tourmente et par souspirs desire
Estre entendu, et si ne le peut dire.
Vous d'autre part faites semblant d'avoir
En gré sa plainte, et de la recevoir,
Et l'appellant luy ouvrir de vos villes
Les riches ports et les havres fertiles ;
Mais ceste mer qui s'espand entre-deux
D'un large champ escumeux et ondeux,
Vous porte envie, et ne veut point, ce semble,
Que soyez joints par mariage ensemble.
Et qu'est-il rien plus cruel que la mer,
Mer qui son nom a desrobé d'amer ?
Vous n'estes seule à qui ceste marine
S'est fait cognoistre envieuse et maline ;
Hero le sçait, Hellès, et ceste-là
Que le taureau sur sa croupe en-vola,
Qui fut Princesse en son printemps si belle,
Que nostre Europe a porté le nom d'elle.

Je suis marry que la douce Venus
Nasquit des flots d'escume tous chenus ;
Elle d'Amour la compagne et la mere,
Digne n'estoit d'une naissance amere,
Des flots couverts d'horreur et de peril ;
Mais devoit naistre au printemps, en avril,
D'un pré fleury, près d'une eau gazouillante
Dessous la mousse, et non de la tourmente.

C'est pour monstrer que l'Amour est trompeur,
Amer, cruel, plein de crainte et de peur,
Comme celuy qui porte en ses mains closes
Plus de chardons que de lis, et de roses.

(1584.)

ENVOY.

A ELLE-MESME.

Je n'ay voulu, Madame, que ce livre
Passast la mer sans vous voir et vous suivre,
Pour voir en vous ainsi qu'en un tableau,
Ce que nature et les cieux ont de beau ;
Et pour vous suivre, ou en vostre lictiere,
Ou à cheval, quand vous, seule heritiere
D'un si grand peuple, allez de tous costez,
Voir les sujets sous vostre main dontez ;
Ou pour servir de douce compagnie
A vos pensers, quand la tourbe infinie
Qui vous courtise et d'yeux et de bonnet,
Vous laisse seule en vostre cabinet,
Où soulageant vos royales pensées
(De trop de soin et d'affaires lassées)
Prenez un luth, ou chantez, ou lisez,
Et quelquefois mes vers vous eslisez

Entre un millier, dont je tressaute d'aise,
Brave de faire un œuvre qui vous plaise;
Car je ne veux en ce monde choisir
Plus grand honneur que vous donner plaisir.
 Ce livre donq' qui en rend tesmoignage,
Seroit marry, si faisant un voyage
En Angleterre, il n'alloit tout d'un train
En vostre Escosse, et vous baisoit la main,
Voyant d'un coup deux Roynes enfermées
En mesme mer (¹), de qui les renommées
Maugré la mer volent par l'univers.
 C'est donq' raison, puisque j'ay fait ces vers
Pour toutes deux, que prompt je les envoye
A toutes deux, par une mesme voye,
Pour celebrer d'un coup en ce faisant
Vos deux beautez, par un mesme present.
 O livre donq' plus heureux que ton maistre,
Tu vas au lieu auquel je voudrois estre,
Voire où je suis tousjours par le penser,
Et si le corps pouvoit la mer passer
Comme l'esprit, je verrois à toute heure
Le beau sejour où la Royne demeure,
De qui les yeux luisent comme un beau jour.
 En si plaisant et celeste sejour
Vit la vertu, l'honneur, la courtoisie,
Et la beauté, dedans le ciel choisie,
Qui monstre assez aux rais de ses flambeaux
Combien au ciel tous les anges sont beaux;
Car du haut ciel telle beauté partie,
Fait voir icy le tout par la partie.
 Elle courtoise, ô livre glorieux,
Te recevant d'un visage joyeux,
Et te tendant la main de bonne sorte,
Te demand'ra comme Ronsard se porte,
Que c'est qu'il fait, ce qu'il dit, ce qu'il est.
Tu luy diras qu'icy tout luy desplaist,

---

1. Marie Stuart et Elisabeth.

Soul de soy-mesme; et que mesme sa vie,
Comme pesant à son corps, luy ennuye,
Se trouvant seul, et pleurant par les bois
La triste mort d'un Prince et de deux Rois. (¹)
(1567.)

REGRET.

A L'HUILLIER, (²)

Parisien.

POUR ELLE-MESME.

L'Huillier, si nous perdons ceste belle Princesse,
Qui en un corps mortel ressemble une Déesse,
Nous perdons de la cour le beau soleil qui luit,
Dont jamais la clarté n'a tiré vers la nuit,
Mais tousjours en monstrant sa clarté coustumiere,
A fait en plain midy paroistre sa lumiere.
Ne te souvient-il point des longues nuicts d'hyver,
Où nulle estoille au ciel ne se daigne lever,
Mais lente et paresseuse en son lict est cachée,
Quand Tithon en ses bras tient sa femme couchée,
Et le monde languit en tenebreux sejour,
En horreur et en peur, pour l'absence du jour?

1. C'est Henry II et François II, son fils. Le Prince dont il parle est, si je ne me trompe, Charles, duc d'Orleans, de qui l'autheur avoit esté page.
2. Dans le recueil de 1564, il est ainsi appelé : H. L'Huillier, seigneur de Maisonfleur. Les cantiques de Maisonfleur sont un des livres de poésie que Marie Stuart emporta en Écosse et qu'elle aimoit à lire.

Ainsi, docte l'Huillier, notre cour sera telle
En perdant la clarté d'une Royne si belle;
Belle en perfection; car toute la beauté
Qui est, et qui sera, et a jamais esté,
Pres de la sienne est laide, et la mere Nature
Ne composa jamais si belle creature.
   Au milieu du printemps, entre les lis nasquit
Son corps, qui de blancheur les lis mesmes vainquit,
Et les roses qui sont du sang d'Adonis teintes,
Furent par sa couleur de leur vermeil depeintes.
Amour de ses beaux traicts luy composa les yeux,
Et les Graces, qui sont les trois filles des cieux,
De leurs dons les plus beaux ceste Princesse ornerent,
Et pour mieux la servir les cieux abandonnerent.
   Si son idole feinte au moins nous demouroit, (*a*)
En s'en allant de nous toute ne s'en-iroit,
Et aurions le plaisir du sage Roy Protée
Qui d'Heleine retint la figure empruntée;
Mais elle s'en-va toute, et ne laisse sinon
Le triste souvenir qui reste de son nom,
Et le regret de perdre un si divin visage,
Qui captif retiendroit un cœur le plus sauvage.
   Le jour que je voirray son depart approcher,
Je veux pour ne le voir devenir un rocher,
Sourd, muet, insensible, et le long d'une plaine
Je me veux transformer en l'eau d'une fontaine,
Afin de la pleurer comme les Nymphes font
Quand les fleurs hors des prez par la bise s'en vont,
Ou quand par un torrent les fontaines se souillent,
Ou quand de leur verdeur les arbres se despouillent.
   Ha! plustost je voudrois un oiseau devenir
Pour mieux l'accompagner, et tousjours me tenir
Sur le haut de son coche; ou je voudrois reluire
Comme une claire estoille au haut de sa navire,

a. Var. :

Si sa belle peinture au moins nous demouroit,

S'elle passoit la mer, et par terre et par eau
Je n'abandonnerois un visage si beau.
   Que ne vivent encor les palladins de France !
Un Roland, un Renaud ! ils prendroient sa défense,
Et l'accompagneroient et seroient bien heureux
D'en avoir seulement un regard amoureux,
Qui au grand Jupiter oteroit le tonnerre
Et vaincu le feroit habiter nostre terre. (*a*)
   C'est abus qu'autrefois Jupiter ait aimé,
Il auroit maintenant l'estomac allumé
D'une telle Princesse, et poinçonné d'envie,
L'auroit dedans le ciel pour sa dame ravie.
Celles que desroba le bœuf Sidonien,
Que le cygne trompa, prés d'elle ne sont rien ;
Nÿ celles que l'on voit par les vers estimées,
Ne furent en leurs temps si dignes d'estre aimées.
   Seulement la hauteur de son sceptre luy nuit ;
Car volontiers amour les Majestez ne suit,
Il fuit la royauté place trop dangereuse,
Où languit sans espoir l'esperance amoureuse.
   Or aille où le Destin emmener la voudra,
Tousjours dessous ses pieds la terre se peindra
D'un beau tapis de fleurs, les eaux seront paisibles,
Les vents appaiseront leurs haleines terribles,
La mer se fera douce, et pour voir sa beauté
Le soleil espandra sur elle sa clarté,
Au moins si le soleil en la voyant n'a honte
Qu'une telle beauté sa beauté ne surmonte.

                                      (1564.)

a. Var. :

Qui du grand Jupiter appaiseroit la dextre,
Et encore amoureux çà bas le feroit estre.

REGRET.

POUR ELLE-MESME.

Comme un beau pré despouillé de ses fleurs,
Comme un tableau privé de ses couleurs,
Comme le ciel, s'il perdoit ses estoiles,
La mer ses eaux, la navire ses voiles,
Un bois sa fueille, un antre son effroy,
Un grand palais la pompe de son Roy,
Et un anneau sa perle precieuse;
Ainsi perdra la France soucieuse
Ses ornemens, en perdant la beauté
Qui fut sa fleur, sa couleur, sa clairté.
   Dure Fortune, indontable, et felonne,
Tu es vrayment fille d'une lyonne,
Tu vas passant les tigres en rigueur,
Et tu n'as point en l'estomac de cœur
D'ainsi traiter une Royne si belle!
   Premierement, tu l'as dés la mammelle
Assujettie à porter le malheur,
Lors que sa mere espointe de douleur,
Dans son giron, craignant l'armée Angloise,
L'alloit cachant par la terre Escossoise.
A peine estoit sortie hors du berceau,
Que tu la mis en mer sur un vaisseau,
Abandonnant le lieu de sa naissance,
Sceptre, et parens, pour demeurer en France.
   Lors en changeant de courage malin,
La regardas d'un visage benin,
Et d'orpheline ensemble et d'estrangere
(Ha que tu es inconstante et legere!)

La marias au fils de nostre Roy, (¹)
Qui depuis tint la France dessous soy.
 Puis en l'ayant, ô Fortune insensée!
Jusqu'au sommet des grands honneurs poussée,
Tu as occis à seize ans son mary;
Ny plus ny moins qu'en un jardin fleury
Meurt un beau lis (²) quand la pluye pesante
Aggrave en bas sa teste languissante,
Ou comme au soir la rose perd couleur,
Et meurt seichée, alors que la chaleur
Boit son humeur qui la tenoit en vie,
Et fueille à fueille à bas tombe fanie.

 Sa belle espouse atteinte de souci,
Aprés sa mort est demeurée ainsi
Qu'on voit au bois la vefve tourterelle,
Ayant perdu sa compagne fidelle.
Jamais un autre elle ne veut choisir,
Car par la mort est mort tout son desir;
Ny pré ny bois son regret ne console,
Et d'arbre en arbre au poinct du jour ne vole;
Ains se cachant dedans les lieux secrets,
Seulette aux vents raconte ses regrets,
Se paist de sable, et sans amy se branche,
En souspirant sur une seiche branche.

 Fortune, helas! ne suffisoit-il pas
De l'offenser d'un si piteux trespas,
Sans luy remplir si traistrement sa terre
D'opinions, de sectes et de guerre?
Bander son peuple aux armes tant prisé
Avant qu'il fust par sectes divisé?

 Si la fureur de tes mains tant cruelles
Ont tel pouvoir sur des choses si belles,
Si la vertu, la bonté, la pitié,

---

1. Nostre Roy : c'est Henry II.
2. Ceste comparaison est tirée de Virgile, au lieu où il parle de la mort de l'un de ces deux grands amis Nisus et Euryalus.

La douceur jointe avec la gravité, (a)
Les saintes mœurs, la chasteté de vie,
N'ont peu flechir ny ton sort ny l'envie,
Qu'esperons-nous de nostre humanité?
  Le ciel là haut ny sa divinité
N'est asseuré, ny toutes ses Déesses,
Puis qu'icy bas nos divines Princesses,
Qui te devroient aux larmes inviter,
Contre le mal ne peuvent resister.
  Tu n'es encore, ô Fortune, contente;
Ta cruauté nostre douleur augmente,
En nous voulant priver de ses beaux yeux,
Yeux qui font honte aux estoilles des cieux;
Nous desrobant ceste beauté divine,
Pour la donner aux flots de la marine.
  Puisse la mer la terre devenir,
Puisse la nef comme un rocher tenir
Au bord de l'eau, de peur qu'elle n'emporte
Un corps si beau qui nostre âge conforte,
Ceste beauté, honneur de nostre temps,
Qui rend les Roys et les peuples contens.
  Ha, je voudrois, Escosse, que tu peusses
Errer ainsi que Déle, et que tu n'eusses
Les pieds fermez au profond de la mer!
  Ha, je voudrois que tu peusses ramer
Dessur les flots legere et vagabonde
Comme un plongeon va leger dessur l'onde, (b)

a. Var. :

Porter au vice extreme inimitié,

La rime de ce vers est plus riche, mais que l'autre est joli!

b. Var. :

Ainsi que vole une barque poussée
De mainte rame à ses flancs eslancée,

Pour t'enfuïr longue espace devant
Le tard vaisseau qui t'iroit poursuivant,
Sans voir jamais surgir à ton rivage
La belle Royne à qui tu dois hommage.
   Puis elle adonc, qui te suivroit en vain,
Retourneroit en France tout soudain
Pour habiter son duché de Touraine.
Lors de chansons j'aurois la bouche pleine,
Et en mes vers si fort je la lou'rois,
Que comme un cygne en chantant je mourrois.
Pour mon object j'aurois la beauté d'elle,
Pour mon sujet sa constance immortelle ;
Où maintenant la voyant absenter,
Rien que douleur je ne sçauroy chanter.
   Sus, Elegie en habit noir vestue,
Monte au plus haut d'une roche pointue,
Cherche les bois des hommes separez,
Fuy-t'en aux lieux qui sont plus esgarez,
Et en pleurant à l'entour des rivieres,
Raconte aux vents que je perdy nagueres
Une maistresse, une perle de prix,
Et une fleur, la fleur des bons esprits,
Une divine et rare Marguerite (¹)
Qui pour la France en la Savoye habite,
Et maintenant une Royne je pers,
Qui fut l'honneur de France et de mes vers.

                               (1564.)

---

1. Marguerite de Savoye, dont j'ay parlé sur les Elegies.
                                     (MARCASSUS.)

LA HARANGUE

QUE FIT MONSEIGNEUR LE DUC DE GUISE (¹) AUX SOLDATS
DE METS, LE JOUR QU'IL PENSOIT AVOIR L'ASSAULT,
TRADUICTE EN PARTIE DE TYRTÉE, POETE GREC,

Et dédiée

A MONSEIGNEUR LE REVERENDISSIME

CARDINAL DE LORRAINE,

Son frere. (²)

Quand ce brave Empereur (³), qui se donne en songeant
Tout l'empire du monde, et qui se va rongeant
D'une gloire affamée et d'un soin d'entreprendre
De vouloir, à son dam, contre nostre Roy prendre
Les nouveaux murs François d'une foible cité,
Où le Destin avoit son Oultre (⁴) limité,
De gens et de chevaux effroya la campagne,
Troupe à troupe espuisant les peuples d'Allemaigne,
Et toute la Hongrie (⁵), et l'escadron ardant
Des peuples basanez, my-Mores d'Occident. (⁶)

1. François de Guise.
2. Charles de Guise.
3. Ceste piece est en l'honneur de François, duc de Guise, qui soustint le siege à Mets contre Charles le Quint.
4. C'estoit la devise de Charles le Quint. A sçavoir, les deux colonnes d'Hercule avec ce mot : *Ultra*.
5. Il en eut beaucoup de gens, à cause que sa sœur Marie en estoit Royne.
6. Il entend les Espagnols, tant parce qu'ils sont basanez en effect, que parce qu'ils sont meslez de ces gens-là, depuis que les Mores se saisirent d'une grande partie de l'Espagne.

Et quand tout forcené contre l'honneur de France,
Les guidoit, furieux, en plus grande abondance
Que les vents empennez de roüez tourbillons,
Poussez du foudre aigu ne courbent de sillons,
Les uns bossus devant et les autres derriere,
Au giron de Tethys, la vieille mariniere.
  Et quand luy, mal suyvi de tant de gonffanons,
Fit braquer tout d'un rang cent pieces de canons
Sur le bord du fossé, qui de gorges béantes
Vomissoient à la fois cent balotes tonnantes
Contre Mets esbranlé, et d'un hurter plus dur
Qu'un esclat foudroyant esbrecherent son mur,
D'autant d'espace ouvert que l'on voit d'ouverture
Dans les champs porte-blez, quand la faucille dure
A rongé les tuyaux, et que le moissonneur
Ne laisse un seul espy pour la main du glaneur.
  Et quand ja les tortis des serpentes tranchées
Furent gros de soldars et de picques couchées
Du long contre leur flanc, prests à donner l'assaut,
Lors ton frere de Guise eslancé d'un plein saut
Sur le rempart cogneu, plein d'effroyable audace
Défiant leurs canons, s'arma devant leur face.
Il prit ses beaux cuissots et ses gréves encor,
Gréves faictes d'argent et jointes à cloux d'or.
D'or les boucles estoient, où sourdoient eslevées
Mille croisettes d'or (¹) au burin engravées ;
Sur le ply du genou erroit un grand serpent
Qui des tortis brisez de son ventre rampant
Faisoit le mouvement de ceste genouliere,
Le bordant de la queue en lieu de cordeliere.
  Il a d'un corselet son corps environné
De fils d'or et d'argent par sillons rayonné (²)
Opposez l'un à l'autre, et dedans ceste armeure
Vivoit (miracle grand) une riche engraveure.

1. A sçavoir, les croix de Lorraine.
2. Rayé d'or et d'argent. C'est ainsi que Virgile descrit les armes des soldats d'Enée. .

Auprés du hausse-col le Pape Urbain (¹) estoit
En blanche barbe peint, qui grave admonestoit
Les Roys chrestiens de faire aux Sarrazins la guerre,
Et de Hierusalem le saint royaume acquerre.
Sa robe estoit de pourpre, et de replis bossus
Fait d'argent son rochet treluisoit par dessus.
[Dessous à plis ondez fait d'une toile blanche
Son sourpelis couloit jusqu'au bas de la hanche.] (²)
Vis à vis de ce Pape engravez en or fin
Tressailloient d'allegresse Eustache et Baudouïn, (³)
Et le comte de Flandre, et faisoient de leur teste
Un signe d'obeïr à sa juste requeste.
 Là le duc Godefroy d'un art laborieux,
Embossé dans l'acier, vendoit devotieux
Verdun, Mets et Buillon, et d'un brave courage
Ainsi qu'une tempeste amenoit un orage
De soldats tous armez. Le fer qui gemissoit
Sous le pied des chevaux, d'effroy s'y herissoit.
[Au milieu des soudars la sanglante Bellonne
D'un fer rouillé pourtraite horriblement félonne
Erroit avec discorde, et d'un fouet sonnant
Alloit de ses guerriers les cœurs époinçonnant.]
 Autour du corselet, dessus les feintes plaines
De l'Ocean voguoient trois cens navires pleines
De chevaliers croisez ; et de la juste mort
Du payen Corborant rougissoit l'autre bord.
 Là vaincus s'eslevoient en graveure bossée,
Les grands murs d'Antioche et les murs de Nicée,

---

1. C'estoit le Pape, sous lequel Godefroy de Buillon fit la croisade.

2. Ces deux vers sont de 1584. Ils manquent dans l'édition de 1560, et se trouvent pour la première fois dans celle de 1573, ainsi conçus :

  A petits plis ondez de lin de couleur blanche
  Qui empoisé pendoit du col jusqu'à la hanche.

3. C'estoient deux fils de Godefroy qui vendit Mets, Buillon et Verdun, qui estoient de Lorraine, pour faire la croisade.

Ceux de Tyr et Sidon, et là ce Godefroy
De toute la Judée estoit peint comme Roy.
 Puis il saisit aprés sa merveilleuse targe
Forte, massive, dure, en rondeur aussi large
Qu'est un soleil couchant, où du fils d'Aristor (¹)
Estoient gravez les yeux en cent estoilles d'or.
 Deux couleuvres d'acier dos à dos tortillées
Trainant dedans le fer leurs traces escaillées,
Couroient le long du bord, qui d'un col replié
Ressembloient de couleur à cest arc varié
Que Jupiter attache au milieu des nuages
En voûte, pour servir aux hommes de presages.
 Du milieu de l'escu Gorgone s'eslevoit
Borgnoyant renfrongné, qui trois testes avoit
Naissantes d'un seul col, et de chacune teste
Grongnante vomissoit la foudre et la tempeste.
 Là, comme Roy de Naple, estoit emburiné
Charles, comte du Maine, et le bon Roy René, (²)
Et tous les vieux combats que la maison Lorraine
A faits sur le tombeau de l'antique Seraine.
 Aprés il s'affubla d'un morion brillant
Comme un long trac de feu, qui des champs va pillant
Les espics déja meurs, lors que parmy les plaines
Des laboureurs fraudez le ciel gaste les peines.
 Haletant dans l'acier, Antée (³) fut empreint
Sur le haut de la creste, horriblement estreint
Des bras courbez d'Hercule, et luy qui se travaille
D'eschapper hors du ply de si dure tenaille,
Enfle ses nerfs en vain, et tout accravanté
Encor sur un genouil foible se tient planté ;
Puis tout à coup il tombe, et de sa gueule bée
Desgorge un panonceau. Puis il print son espée
Au flambant émery. Le fourreau fut d'un os

---

 1. Argus, que les Anciens ont feint avoir cent yeux.
 2. Ils sont descendus de Louys, duc d'Anjou, un des fils du Roy Jean. Ce Roy René a esté fort celebré par Petrarque.
 3. Geant de Libye, fils de Neptune, qu'Hercule defit.

D'elephant Indien, marqueté sur le dos
De barbillons courbez, et sa dague guerriere
Plus que l'astre de Mars espandoit de lumiere.
 Aprés qu'il eut de fer tout son corps revestu,
Branlant la pique au poing, aiguisa la vertu
De ses nobles soldats, et d'un cœur magnanime
Par ces vers Tyrteans (¹) au combat les anime :
  « Sus courage, soldats, sus, sus, montrez-vous or'
De la race d'Hercule et de celle d'Hector. (²)
Hercule aprés avoir l'Espaigne surmontée
Vint en Gaule espouser la Royne Galatée
Dont vous estes yssus ; puis le Troyen Francus,
Seul heritier d'Hector, quittant les murs vaincus
D'Ilion, vint en France, et la race Troyenne
Mesla cent ans aprés avec l'Herculienne.
 » Pource amis, prenez cœur, imitez vos ayeux.
Encore Dieu nous aime, encore Dieu ses yeux
N'a destourné de nous ny de nostre entreprise,
Ainçois plus que devant la Gaule il favorise ;
La Gaule il favorise et favorisera,
Tant que nostre bon Roy son gouverneur sera.
 » Donques ne craignez point tel peuple de gendarmes ;
Mais chacun se fiant plus en Dieu qu'en ses armes,
Droit oppose sa pique au devant du guerrier
Qui viendra sur la breche au combat le premier ;
Chacun de vous s'arrange en bon ordre en sa place,
Et prodiguant sa vie, aprés sa mort la face
Plus claire que le jour. Vous n'estes pas, soldars,
Ignorans de garder la breche des rempars,
Et les murs assiegez d'une effroyable bande ;

---

 1. Ils ont esté ainsi appellez du fils d'Arcimbrote, Tyrtée, poëte excellent, qui ayant esté esleu general d'armée par les Atheniens de l'advis de l'Oracle, anima tellement par ses vers les soldats au combat, qu'ils demeurerent victorieux sur leurs ennemis.

 2. D'Hercule, à cause de Pyrene ou de Galatée qu'Hercule espousa en Gaule ; d'Hector à cause de Francus son fils.

Encor il vous souvient des murs de la Mirande (¹)
Et de ceux-là de Parme (²), et vous souvient aussi
De ceux-là de Peronne (³) et ceux de Landreci, (⁴)
Où tous les ennemis qui vos forces tenterent,
Rien sinon des-honneur chez eux ne remporterent.
[Ceux qui osent sans peur en ordre s'arranger,
Repoussant d'un pié coy le soldat estranger
Porté dans le fossé, de ceux il n'en meurt guere
Et sauvent bravement un grand peuple derriere.
Mais ceux qui vont sans ordre et qui tremblent de peur,
Dés le premier combat tousjours perdent le cœur,
Et sont plus tost tués que ceux-là qui s'ordonnent
Eux-mesmes en bataille et des coups ne s'estonnent.]
Nul, nul jamais de moy n'aura faveur ne prix,
Et fust-il à l'escrime heureusement appris, (a)
Fust-il beau comme un ange, et par dessus la trope
Apparust-il horrible en un corps de Cyclope;
Surmontast-il au cours le vent Threïcien,
Et de riches tresors le grand Roy Phrygien,
Eust-il le bras de Mars, la langue de Mercure,
Et se fust tout le ciel et toute la nature
Empeschez pour le faire accomply de tout point;
S'il n'est brave au combat je ne l'estime point.
[S'il n'ose regarder par le cruel orage
La Mort sanglante errer, et d'un masle courage
S'approcher brusquement pour envoyer la mort
A quiconque premier viendra sur nostre fort.]

a. Var. :

Nul n'aura par mes mains recompense ny prix,
Si son lieu le premier sur la breche il n'a pris,

1. Ville d'Italie, de laquelle estoit ce grand Picus Mirandula.
2. Ville d'Italie.
3. Ville de Picardie.
4. Ville d'Artois.

» Non, je n'ignore pas qu'une belle victoire
D'âge en âge coulant n'eternise la gloire
Des vaillans combatans, soient jeunes ou soient vieux,
Et que d'hommes mortels ne les fasse des Dieux. (a)
Mais certes, Enyon, la guerriere Déesse, (¹)
Cent fois plus que les vieux estime une jeunesse
Qui brusle de combatre, et qui ne fait encor
A l'entour du menton que jaunir d'un poil d'or.
Ceste jeunesse-là mordant ses lévres d'ire,
Et grinçant de fureur, à soy-mesmes inspire
Une âme valeureuse, et s'ente dans le cœur
Je ne sçay quel effort qui desdaigne la peur.
Ceste jeunesse-là tousjours brave s'essaye
De se voir entr'-ouvrir l'estomac d'une playe,
Combatant la premiere, et mieux voudroit se voir
Mourir de mille morts qu'au dos la recevoir.
Ah! quelle honte c'est quand parmy la poudriere
On veoit quelque jeune homme occis par le derriere, (b)
Ayant le dos beant d'ulceres apparens ;
Celuy vray'ment honnit ses fils et ses parens,
Longue fable du peuple, et la cruelle Parque
Passe son nom et luy dans une mesme barque ;
Mais celuy qui premier s'opposant à l'effort
Des vaillans ennemis meurt d'une belle mort,
Tenant encor au poing sa picque vengeresse ;
A l'heure qu'on l'enterre, une dolente presse

    a. Var. :

Et de terre enlevez ne les envoye aux cieux.

    b. Var. :

C'est vergongne de voir couché sur la poussiere
Un jeune homme fuyant navré par le derriere,

    1. C'est une des trois Furies d'enfer. Mais Ronsard la prend icy pour la Déesse de la Guerre.

Chantant du trespassé la gloire et les valeurs,
Réchauffe le corps froid d'une tiede eau de pleurs.
Certes, de tels vaillans les loüanges ne meurent,
Et les fils de leurs fils tousjours loüez demeurent
Comme Dieux au vulgaire, et tousjours renommez
Demeurent leurs tombeaux de mille fleurs semez.
Oh! si quelqu'un de vous en combatant evite
La mort cent fois cherchée, et qu'ensemble il incite
Son prochain compagnon à choquer vivement,
Ou vrayment à mourir l'arme au poing bravement,
[Mon Dieu que de faveurs! mon Dieu que d'accolades
Nostre bon Roy luy garde, et mon Dieu que d'œillades
Les dames luy feront, convoiteuses d'avoir
Celuy qui si vaillant aura fait son devoir.]
Le peuple par la rue honorera sa face,
Petits et grands, assis, debout, luy feront place
L'honorant comme un Dieu, et n'aura son pareil,
Premier en la bataille et premier au conseil.
 » Le coüard au contraire, enlaidy d'une honte,
Ne sera rien sinon un populaire conte,
Et peut-estre banny de son païs natif,
Pour sa coüardeté vagabond et fuitif,
Portant ses fils au col, d'huys en huys ira querre
Son miserable pain en quelque estrange terre,
Et de haillons vestu, et privé de bon-heur,
N'osera plus hanter les gens dignes d'honneur;
Et sa race à jamais, fust-elle decorée
De nobles bisayeux, sera deshonorée.
 » Pource soyez vaillans; bien qu'il soit ordonné
Par le cruel destin que tout ce qui est né
Vestu d'os et de nerfs doit estre un jour la proye
De la Mort mange-tout, et que mesmes à Troye
Achille et Sarpedon, enfans des Dieux, n'ont pas,
Non plus que fit Thersite, evité le trespas.
 » Mourons, mourons, amis, il vaut mieux pour de-
Nous et nostre païs l'âme vaillante rendre,   [fendre
L'âme vaillante rendre au dessus du rempart,
D'un grand coup de canon faussez de part en part,

Ou d'un grand coup de picque accourcir nostre vie,
Que languir vieux au lict mattez de maladie.
 » Courage donc, soldats, ne craignez point la mort ;
La Mort ne peut tuer l'homme vaillant et fort ;
La Mort tant seulement par les combats vient mordre
Je ne sçay quels coüards qui n'osent tenir ordre.
Tenez donque bon ordre, et gardez vostre ranc,
Pressez l'un contre l'autre, et collez flanc à flanc,
Pied contre pied fiché et teste contre teste,
Bataillez bravement, et creste contre creste.
Tienne le canonnier le canon comme il faut
Droitement contre ceux qui viendront à l'assaut ;
Bref, que chacun de vous à son estat regarde,
Le halebardier tienne au poing sa halebarde,
La pique le piquier, et le haquebutier
Couché plat sur le ventre exerce son mestier.
 » Et vous, Princes du sang, de qui la noble race
Dés le premier berceau vous inspire une audace
De mespriser la Mort, ce n'est pas vous qu'il faut
Animer comme un peuple à qui le cœur defaut
Voyant flamber le fer. Vostre natif courage
Mieux que moy vous enseigne au martial ouvrage.
 » Je parle à vous, soldats, mettez devant vos yeux
De nostre nouveau Roy les faits victorieux :
Comme il a démarqué les bornes de la France (¹)
Pour les planter plus loin par le fer de sa lance ;
Comme il a reconquis nos forts sur les Anglois, (²)
Et comme Luxembourg obéit à ses lois,
Et comme tout le Rhin effroyé de ses bandes
Le confessa seigneur de ses eaux allemandes.
Puis vous souvienne aussi que ce brave Empereur
Ne nous tient assiegez que par une fureur
Naissant de desespoir d'avoir veu nostre Prince
Si avant maugré soy maistriser sa province ;
[Et que si on luy fait teste un jour seulement,

---

1. Il conquist force villes au voyage d'Allemagne.
2. Boulogne.

Que dés le lendemain s'enfuira laschement,
S'achetant une honte et à nous une gloire
Dont le temps ne rompra de mille ans la memoire.]
Vous souvienne, soldats, en quelle adversité
Seroit reduite, helas! ceste belle cité
Si vous la laissez prendre, et combien violées
De filles on verroit, et de maisons volées,
Et combien de vieillards par leurs cheveux grisons,
Seroient trainez dehors de leurs propres maisons,
Et qui pis est, soldats, que de flames éprises
Enflammeroient d'autels, de couvents et d'églises ;
Qui pour destourner d'eux tant de maux inhumains,
Ont commis leur salut à l'effort de vos mains.
Ne les fraudez donc point d'une telle esperance,
Monstrant à l'Espagnol quelles mains a la France.
[Et bien, soudars, et bien que le volage Mars
Ait fait prendre mon frere entre mille hazards
Souillé du sang haineux ; pource la hardiesse
Ne me refroidit pas, ains doublant ma prouesse,
Pour tous deux aujourd'huy combatant d'un grand cœur
Pour tous deux aujourd'huy je resteray vainqueur.] (a)
» Or si quelqu'un de vous m'apperçoit le visage
Tant soit palle de peur, ou faillir de courage,
Je ne veux qu'en flattant il me vienne excuser,
Ains je luy veux donner congé de m'accuser,
(Ce que n'advienne, ò Dieu ! que l'un de vous me face);
Car je ne veux ici, non, non, tenir la place
D'un Prince seulement, mais d'un simple soldart
Couché tout le premier sur le front d'un rempart. »
 Ainsi parloit ton frere inspirant au courage
Des siens, une proüesse, une horreur, une rage
De combatre obstinez ; son panache pendant
Terriblement courbé par ondes descendant

a. Var. :

Et que Fortune femme aime mieux par raison
Un jeune Roy vaillant qu'un Empereur grison.

Sur le dos escaillé, du haut de la terrace
Effroyoit l'Espagnol d'une horrible menace.
Comme un brandon de feu le rond de son bouclair
Eclatoit parmy l'air un monstrueux esclair,
Non autrement qu'on voit une rouge comete
Flammer sanglantement sous une nuit muette ; (a)
Ou tout ainsi qu'on voit flamber le Sirien
Au plus chaud jour d'esté, quand la gueule du chien
Allumant tout le ciel d'une flamme trop forte,
Aux hommes et la soif et les fiévres apporte.
   Voy donc, Prelat, que vaut un vaillant conducteur !
L'Empereur frissonna d'une si froide peur
Voyant ton frere armé, que sur l'heure, sur l'heure,
Du tout desesperé de fortune meilleure,
Tourna le dos honteux ; tant pour nostre salut
Le magnanime cœur de ton frere valut !
Sur les bornes de Gaule affrontant sa jeunesse
Aux desseins plus rusez de la grise vieillesse
D'un si caut Empereur. Iô, Prince Lorrain,
Encore quelquesfois de ma trompe d'airain
Je sonneray tes faits d'une longue Iliade ;
Car ceux-là de Pericle et ceux d'Alcibiade
N'égalent tes honneurs, ny le brave renom
De celuy qui d'Afrique emporta le surnom, [1]
Ny ton ayeul [2] qui veit ses fidelles armées
S'orner sur le Jourdain de palmes Idumées.

                                     (1560.)

a. Var. :

Enflamer tout le ciel d'une crineuse crette ;

1. Scipion l'Afriquain.
2. Godefroy.

LES ARMES.

A JEAN BRINON,
Conseiller en Parlement.

Quiconque a le premier des enfers deterré
Le fer, estoit Brinon, luy-mesme bien ferré ;
Luy-mesme avoit, ce croy-je, occis son propre pere,
Tué sa propre sœur, tué sa propre mere ;
Luy-mesme avoit au soir à son hoste estranger
Dessus la table offert ses enfans à manger ;
Et ne croyoit qu'au ciel les Dieux eussent puissance
(Car il n'en croyoit point) de punir son offence.
  Que les siecles dorez à bon droict sont louez
Sur les siecles de fer, quand les glans secouez
Des chesnes nourrissiers, et quand la douce feine
Paissoit le peuple oisif par les forests sans peine ;
Et quand dans les ruisseaux jusqu'à la rive pleins
Les hommes tiroient l'eau dans le creux de leurs mains !
  Alors on n'attachoit (pour les rendre plus seures)
Des portes aux maisons, aux portes des serrures ;
Et lors on n'oyoit point ce mot de tien ne mien ;
Tous vivoient en commun, car tous n'avoient qu'un bien.
De ce que l'un vouloit, l'autre en avoit envie,
Et tous d'accord passoient heureusement la vie.
  Mais si tost que le fer par malheur fut trouvé,
Qu'au fond de ses roignons Pluton avoit couvé
Par tant d'espaces d'ans là bas dessous la terre,
Au jour avecques luy la discorde et la guerre
Et le meurtre sortit, et sortirent dehors
Ces mots de tue, assomme, et mille horribles morts.

Le monde adonq' fut plein de crime et de diffame;
Le mary machina la poison à sa femme,
Le fils tua son pere, et le frere sa sœur,
Et l'hoste ne fut pas de son hoste bien seur.
 Les peuples effroyez de l'horreur des batailles,
Flanquerent leurs citez de fosse et de murailles;
Car le peuple aux forests sans police espandu,
De crainte en un monceau s'estoit déja rendu,
Les plus forts exerçoient justice par les armes; (a)
Le monde renversé n'oyoit que les alarmes
Tonner de tous costez, et le volage Mars
Tout sanglant forcener au milieu des soldars.
 Les geans serpent-piez sur les Dieux s'enhardirent,
Les Lapithes armez les Centaures occirent,
Thebe à cent portes veit ses deux Princes tuez,
Et Troye à fleur de champ ses Pergames ruez.
 Qui pis est, des humains les races trop cruelles
N'ont pas fait seulement roidir en allumelles
Le fer enfant du feu; mais du grand Jupiter
Ont osé par le fer le tonnerre imiter,
Et imiter sa foudre en du fer entonnée
Bien d'une autre façon que ne fit Salmonée.
 Ils ont fondu premier l'homicide metal,
Souflé d'une furie au brazier infernal
Que vomit Phlegethon; ils ont mis en la fonte
Le son, la peur, l'horreur, l'ire, et la flame pronte
Pleine de puanteur; ils ont apres cherché
Le soulfre que Nature aux yeux avoit caché
Dans les veines de l'eau; puis le long des murailles
D'une estable porchere, ou dedans les entrailles
D'une grotte relente, ou d'un mont reculé,
Ils sont allez chercher le salpestre gelé;
Puis poudroyant en un ces drogues eslongnées

a. Var. :

Qui pour se maintenir au dos vestit les armes.

Au penser des humains, sans peur les ont cognées
Dans les chaos d'un bronze et l'ont fait desgorger (a)
Une balle qui bruit si haut au desloger,
Qui court si tost par l'air que la terre en chancelle,
Que l'enfer s'en crevasse et prend clarté nouvelle,
Que la mer en tressaut, et la voûte des cieux
En craquetant se rompt dessous le pied des Dieux.

De quel genre de mort estoit digne cest homme
Qui premier inventa le fer qui nous consomme?
Qui premier artizan le canon pertuisa,
Et sortir de sa gorge un tel foudre avisa?
Et qui veit sans pleurer rouer en tant de sortes
Parmy l'air tant de bras, et tant de testes mortes?
Ny la soif de Tantal', ny la rou' d'Ixion
Ne suffiroient là bas à sa punition,
Ny le vautour beccu, dont la griffe cruelle
Pince de Promethé la poitrine immortelle.

Par luy comme jadis on ne voit plus d'Hectors,
D'Achilles, ny d'Ajax; car les hommes plus forts
Sont aujourd'huy tuez d'un poltron en cachette
A coups de harquebouze, ou à coups de mousquette.

Au temps qu'on batailloit sans fraude, main à main,
On cognoissoit au fait celuy qui estoit plein
De peur ou d'asseurance, et ne vouloit-on croire
Que Thersite au combat meritast tant de gloire
Qu'Achille en meritoit; mais Thersite aujourd'huy
Tue Achille de loin et triomphe de luy.

Pourquoy, chetifs humains, avez-vous tant d'envie
A grands coups de canons d'accourcir vostre vie?
Vous mourez assez tost; si vous pensez là bas
Avoir autant qu'icy de plaisirs et d'esbas,
Ah! vous estes trompez; bien que l'unique fille
De Cerés en soit Royne, en nul temps la faucille

a. Var. :

Au ventre des canons, les faisant dégorger

N'y coupe la moisson, ny aux coutaux voisins
Jamais Bacchus n'y fait verdeler ses raisins,
Mais bien tout à l'entour la Mort palle y demeure,
Tousjours un peuple gresle autour d'un lac y pleure,
Ayant la peau bruslée, et les cheveux cendreux,
Le visage plombé, les yeux mornes et creux.
[Là vous serez punis de vos fautes mechantes ;
Car là bas vos canons ni vos lames tranchantes
Du jugement d'Eac ne vous pourront garder,
Ni tant soit peu de Dieu la dextre retarder.]
  O fortuné celuy qui bien loin de la guerre [1]
Cultive en longue paix l'usure de sa terre,
Et qui jamais au lict ne se veit estonner
D'ouïr au poinct du jour la trompette sonner !
Qui ne sçait quel mot c'est que cargue, camisade,
Sentinelle, diane, escarmouche, embuscade ;
Mais qui plein de repos en la grise saison
Attend au coin du feu la mort en sa maison,
Afin qu'il ait les yeux clos des mains de sa fille,
Et qu'il soit mis en terre auprés de sa famille,
Non auprés d'une haye, ou au fond d'un fossé,
Ayant d'un coup de plomb le corps outrepercé.
  Mais que dis-je, Brinon ? qui n'auroit la maniere
De l'airain et du fer jadis mise en lumiere,
Et qui ne se seroit artizan avisé
En fondant le canon de l'avoir pertuisé
Et d'avoir aceré l'alumelle trempée,
Tu ne m'eusses donné ny dague ny espée,
(Car le fer n'eust usage) et ne m'eusses, Brinon,
Donné ny pistolet, ny rouet, ny canon.
Toutesfois je plains tant du commun le dommage,
Que je voudrois (croy-moy) que celuy qui l'usage
Trouva premier du fer, n'eust jamais esté né,
Et n'avoir eu tes dons ; car Dieu n'eust destourné

---

1. Ces vers qui suivent sont imitez d'une des belles Odes d'Horace.

Son visage de nous, et la paix violée,
N'eust point abandonné la terre desolée
Pour s'en-voler là haut, laissant le monde icy
S'entre-piller, navrer et tuer sans mercy. (¹)
(1560.)

A JEAN DE LA PERUSE, (²)

Poëte.

Encore Dieu, dit Arate, n'a pas
A nous mortels qui vivons icy bas
Tout à la fois les choses revelées ;
Encor beaucoup il en tient de celées,
Et toutefois ce qu'il tient de celé,
Par sa bonté nous sera revelé
Quand il voudra ; car sa benigne grace
Des journaliers favorise la race.
En ce-péndant par soins et par labeurs
Et par travaux il aiguise nos cœurs
Diversement, de peur que nostre vie
Ne s'accagnarde en paresse engourdie.
De sa faveur en France il réveilla
Mon jeune esprit, qui premier travailla
De marier les odes à la lyre,
Et de sçavoir sus ses cordes eslire
Quelle chanson y peut bien accorder,
Et quel fredon ne s'y peut en-corder.

1. Ces deux derniers vers ont été ajoutés en 1567.
2. Jean de la Peruse, poëte excellent du temps de Ronsard. Ce jeune esprit mourut d'amour. Il fit la Medée et des Odes pindariques. (M.)
On ignore généralement que la maîtresse qu'il a célébrée sous le nom de l'*Admirée* se nommoit Catherine Cottel. Voir dans ses Poésies un sonnet acrostiche à C. C. (P. B.)

Non sans labeur j'entrepris si grand' chose ;
Mais le destin qui tout en tous dispose,
M'y avoit tant ains que naistre adonné,
Qu'en peu de jours je me vy façonné,
Par deux chemins suivant la vieille trace
Des premiers pas de Pindare et d'Horace.
 Presque d'un temps le mesme esprit divin
Dessommeilla du Bellay l'Angevin,
Qui bravement sur la lyre d'yvoire
Chanta guerrier de nos Princes la gloire ; (a)
Puis amoureux, d'un pouce tremblotant
Poussa le luth à voix douce chantant
Les passions que sa cruelle dame
Trop chastement luy gravoit dedans l'ame.
Aprés Tyard, amoureux comme luy,
D'un autre vers souspira son ennuy, (b)
Qui jusqu'à l'os consumoit sa mouelle
Pour les beaux yeux d'une dame cruelle.
 Comme ces deux de mesme fleche atteint,
Quittant ma lyre helas ! je fu contraint
Dessus le luth autres chansons apprendre,
Pensant flechir l'orgueil de ma Cassandre,
Mais pour-neant ; car mes chansons n'ont peu
Ny l'enflamer, ny englacer mon feu.
 Aprés Baïf, d'une fleche plus douce
Espoint au cœur, mignarda de son pouce
Des jouissans les baisers savoureux,
Et de la nuict les combats amoureux ;

a. Var. :

Acquit en France une eternelle gloire ;

b. Var. :

Long temps devant, d'un ton plus haut que luy,
Tyard chanta son amoureux ennuy,

Et les plaisirs dont une douce amante
Entre ses bras son damoiseau contente.
 Puis Des-Autels au contraire, touché
D'un beau trait d'œil autrement descoché,
Chanta les maux qu'un patient endure
Dans les prisons d'une maistresse dure.
 Aprés Amour la France abandonna,
Et lors Jodelle heureusement sonna,
D'une voix humble et d'une voix hardie,
La comedie avec la tragedie,
Et d'un ton double, ore bas ore haut,
Remplit premier le François eschauffaut.
 Tu vins aprés, encothurné Peruse,
Espoinçonné de la tragique Muse,
Muse vrayment qui t'a donné pouvoir
D'enfler tes vers, et grave concevoir
Les tristes cris des miserables Princes
A l'impourveu chassez de leurs provinces,
Et d'irriter de changemens soudains
Le Roy Creon (¹), et les freres Thebains, (²)
Ha cruauté! et de faire homicide
De ses enfans la sorciere Colchide. (³)
 Peut-estre aprés que Dieu nous donnera
Quelque hardy qui brave sonnera
De longue haleine un poëme heroïque;
Quelque autre aprés la chanson bucolique,
L'un la satyre, et l'autre plus gaillard
Nous sallera l'epigramme raillard;
Car il nous aime, et si aime la France,
Et tirera nostre langue d'enfance;
Je dy pourveu que sa race, les Rois,
Vueillent de grace œillader quelquefois

---

1. Il y a eu deux Creons : l'un fut roy de Corinthe, qui donna sa fille Creuze en mariage à Jason; l'autre de Thebes, qui donna sa fille à Œdipe.
2. Eteocles et Polynices.
3. Medée, qui deschira son frere et ses propres enfans.

Leurs pauvres Sœurs, les filles que Memoire
Luy enfanta pour celebrer sa gloire.
Car pour-neant le poëte sacré
Chante ses vers, s'ils ne viennent à gré
Aux Roys sceptrez, en qui git la tutelle
Des doctes Sœurs et toute leur sequelle.
 Pource à bon droit nos vieux predecesseurs
Logeoient Hercule au temple des neuf Sœurs,
Pour demonstrer que leur puissance est morte,
Si quelque heros ne leur tient la main forte,
Et que les vers demeurent desprisez,
Si d'un grand Roy ne sont favorisez.
 Aussi le Roy, quelque chose qu'il face,
Meurt sans honneur, s'il n'achete la grace,
Par maints presents, d'un poëte sçavant
Qui du tombeau le déterre vivant,
Et fait tousjours d'une plume animée
Voler par tout sa vive renommée.

(1560.)

LA CHASSE. (¹)

A JEAN BRINON,

Conseiller en Parlement.

Te seray-je tousjours redevable, Brinon?
 Je pensois estre quitte en payant un canon,
Un Bacchus, une espée, un verre, une alumelle,
Et voicy de rechef une debte nouvelle.
C'est trop de fois pour toy les Muses invoqué,
Je crains que je ne sois de leur troupe moqué,

1. Ce traitté de la Chasse est en partie imité de Xenophon.

Comme un homme importun, qui sans rougir apporte
Tousjours un mesme sac à une mesme porte.
  Donques pour ceste fois les Muses n'invoquon,
Et les souffron baller dans le val d'Helicon,
Ou sur le bord fleury de Permesse, ou d'Eurotte;
Le pellerin est sot qui ne sçait qu'une rotte,
Le soldat qu'une embusche, et sot le batelier
Qui ne peut son bateau que d'une ancre lier.
Il faut qu'en autre part autre secours j'espreuve
Que celuy des neuf Sœurs, et qu'autre Dieu je treuve
Pour me favoriser. Vous, Déesses des bois,
Vous serez mon secours, qui portans le carquois
Au senestre costé, par plains et par campagnes,
Errez la trompe au col, de Diane compagnes.
  Sus donc inspirez-moy; je chante icy vos biens,
Vos espieux, vos filets, vos chasses et vos chiens.
Couvrez la tendre chair de vos gréves divines
Du cuir damasquiné de vos rouges botines;
Vos cottes agraffez plus haut que les genoux;
Que vos molosses (¹) fiers soient couplez aprés vous,
Et que chacune branle en la main la sagette.
J'oy, ce me semble (²), j'oy les vierges de Taigette (³)
Qui m'appellent déja, et des chiens decouplez
J'oy dessus Menalon les abois redoublez.
  Mais avant que d'entrer en la forest épesse
De Grage ou d'Erymant, dy vierge chasseresse,
Dy Phebe aux beaux talons, ceux qui ont les premiers
Trouvé l'art de conduire és forests des limiers,
Le conseil, le dessein, et les arts de la chasse;
Sœur jumelle à Phœbus, chante-les moy de grace,
Et si tost qu'entendus je les auray de toy,
A ceux je les diray qui viendront aprés moy,
Eux aux neveux futurs. Nature ingenieuse

---

1. Chiens grands et forts pour les bestes noires.
2. Imitation du 3ᵉ livre des Georgiques de Virgile.
3. Ville de Laconie, d'où l'on faisoit venir d'excellents chiens de chasse.

Voyant les cœurs humains d'une paresse oiseuse
S'engourdir lentement, pour les deparesser,
S'en vint au mont Pholois à Chiron (¹) s'addresser,
Chiron d'en-haut mi-homme, et depuis la ceinture
Mi-cheval monstrueux, qui par cas d'avanture
La venaison des cerfs en morceaux decoupa,
Et le premier de tous à la table en soupa;
Puis Perse (²), fils-de-pluye, ayant trenché la teste
De Gorgonne (³) empierrant, premier fit la conqueste
Des chevreuls qu'il blessa par les bois en volant.
Aprés Castor, fils-d'œuf (⁴), domte-poullain, vaillant,
Alla sur un cheval le premier à la chasse.
Puis Pollux, l'escrimeur, premier cognut la trace
Des cerfs par les limiers, et le premier à coups
De dents de chiens jaquez (⁵) fit estrangler les loups. (a)
Les espieux inventa Meleagre (⁶) au pied-viste,
Les toiles (⁷) et les pans (⁸) et les rets Hippolyte.
Atalante (⁹) en chassant d'un dard qu'elle rua,
Un sanglier la premiere és bocages tua;

a. Var. :
De dents de forts lévriers fit estrangler les loups.

1. Chiron appellé ainsi de sa mere Pholoé, fut maistre d'Achille, de Thesée et de Meleagre, qu'il instruisit à l'exercice de la chasse.
2. Celuy qui delivra Andromede.
3. Monstre à l'aspect duquel tout le monde devenoit pierre.
4. Castor et Pollux, fils de Leda, nasquirent d'un œuf avec Heleine.
5. On armoit les chiens de jaques ou jaquettes en cuir pour les preserver de la dent des loups ou des sangliers.
6. Un des fils d'Œnée, Roy de Calydoine, grand chasseur.
7. Ce sont de grandes pieces de toile espesse et tissue en coutil, bordée de grosse corde, qui servent pour le deduit des Princes quand ils veulent enclore un sanglier.
8. C'est ce qui sert à entourer et clore un bois où l'on veut chasser les bestes noires.
9. Fille d'Iasius, Roy des Argiens. C'est elle qui blessa le sanglier de Calydoine.

Orion inventa les meutes et les lesses, (¹)
Et l'art de bien brosser par les forests espesses ;
Puis mille sont venus lesquels ont augmenté
Le bel art de chasser par les Grecs inventé.
　Ils n'ont pas seulement inventé l'art de faire
Par cent mille couleurs leurs beaux chevaux pourtraire
Au ventre des jumens, mais ils ont eu souci
De pourtraire leurs chiens ains que de naistre aussi.
Puis d'un esprit sagace ils ont eu cognoissance
Des bons et des mauvais, du poinct de leur naissance ;
Ils ont choisi ceux-là dont le mufle est camus,
Les yeux ardans et noirs, le sourcil par-dessus
S'avallant renfrongné, une teste petite,
Une aureille pendante, une gueule despite,
Les dents comme une scie, un col petit, le dos
Long, large, bien fourny de peau, de chair et d'os,
L'estomac rond et fort, et la jambe derriere
Plus longuette un petit que la jambe premiere,
La queue deliée, et bref quand tout le corps
Estoit ferme planté sur membres beaux et forts.
Puis ils les ont nommez dés leur jeunesse tendre
De noms aigus et courts, pour soudain les entendre,
Pamphag, Lelap, Melamp, Oribat, Aïstaut,
Hyle, Lachne, Agriod, Thoin, Asuol, Arpaut,
Ichnobat, Hylastor, et de mainte autre sorte
Selon que le langage en divers lieux le porte.
　Mais qui est le mortel, eust-il la voix d'airain
Et la langue de fer, qui conteroit à plein
Des chasseurs dévoyez les cours et les traverses,
Et les divers plaisirs de leurs chasses diverses ?
Celuy qui les diroit, diroit encore mieux
Tous les flots de l'Egee et les astres des cieux.
　L'un avecques les rets enveloppe une beste,
L'autre à dens de levrier ensanglante sa queste ;
L'un avec le vautret accule le sangler,
Et l'autre fait les ours aux dogues estrangler ;

---

1. Couples de chiens ou de levriers.

L'un surprend le putois au piege fait en cerne,
Et l'autre le tesson enfume en sa caverne;
L'un fait une trainée, et pendus à un clou
Enleve pris de nuit le renard ou le lou;
L'un tue avec le trait les bestes en leurs gistes,
L'autre à la course suit les lièvres aux pieds-vistes ;
D'un cheval Espagnol poudroyant tous les chams,
L'un prend le cerf à force, et de longs cris trenchans
De trompes et de chiens, et sans defaut le meine
En haletant mourir aupres d'une fontaine.
Puis il pend en trofée à quelque arbre fourchu
Au Dieu Pan forestier le front du cerf branchu.
  C'est un plaisir aprés d'en faire la curée,
Puis s'aller endormir pres d'une onde azurée
Dessus l'herbe mollette, ou prendre la fraischeur
D'un antre tapissé de mousseuse espesseur,
Et d'entr'ouïr de loin ou Menalque ou Tityre,
Qui gardans leurs brebis dans un val font redire
Une eclogue à leur veze, (¹) et de voir à l'escart
Leurs aignelets cornus sauteler d'autre part.
  Quel plaisir est-ce, ô Dieux ! de manger és boccages
Du formage et du lait et des fraizes sauvages,
Ou secouer le fruit d'un pommeux arbrisseau,
Ou se desalterer dans le prochain ruisseau ?
  Hé, quel plaisir encor' quand la nuict est venue
Retourner au logis, trouver sa femme nue
Gisante dans le lict, qui se pasme de peur
Que son jeune mary n'ait mis ailleurs son cœur,
Puis qu'il revient si tard ? et pense qu'il pourchasse
Dans le bois quelque Nymphe ? il luy jure qu'il chasse,
Et qu'il aimeroit mieux la plus cruelle mort,
Que d'en aimer une autre et de luy faire tort.
  Mais sur tous les plaisirs de la chasse amiable,
Celle du chien couchant m'est la plus agreable,
Pour estre solitaire, et me faire penser
Je ne sçay quoy qui doit les siecles devancer.

1. Instrument de musique dont se servoient les bergers.

Lequel est digne d'estre admiré d'avantage,
Ou la brutalité du chien qui est si sage,
Ou la dexterité du chasseur inventif,
Qui façonne le chien si sage et si craintif?
Vous diriez à le voir et qu'il est raisonnable,
Et qu'il a jugement, tant il est admirable
En son mestier appris, et accort à flairer
Les perdris, et les faire en crainte demeurer.
   En quatre coups de nez il évente une plaine,
Et guidé de son flair à petits pas se traine
Le front droit au gibier, puis la jambe élevant
Et roidissant la queue, et s'allongeant devant
Se tient ferme planté, tant qu'il voye la place
Et le gibier motté (¹) couvert de la tirace.
   Mais par-sus tous les chiens à telle chasse appris,
Ton chien donné, Brinon, doit emporter le pris,
Et croy qu'il soit sorti de la race fatale
De ceux que donna Pan sur le mont de Menale
A la jeune Artemis, pour ne chasser en vain
Au mont Parrhasien les cerfs aux piés d'airain.
Il surmonte en beauté, en force et en vistesse
Le lévrier de Cephal, qui par divine addresse
Surmonta toute beste, et qui ne peut en fin,
En marbre transformé, surmonter son destin.
Qui le surmonteroit, quand l'homme raisonnable
Est luy-mesme donté du destin indomptable?
   Apollon de ses vers seroit trop liberal
A celuy qui diroit des chiens en general
La force et la vertu, et combien de louanges
Ils ont jadis receu par les terres estranges.
On les souloit ranger au combat les premiers
Comme hardis de cœur, et fideles guerriers;
Et faisoient bien souvent sans nulle autre poursuite
Tourner les ennemis à leur maison en fuite.
   Nul ne sçauroit conter quelle fidelité
Ils ont envers leur maistre à la necessité.

1. Tapy contre une motte.

Aussi les demi-Dieux, comme Hercule et Thesée,
Allans en quelque emprise ou longue ou mal-aisée,
S'accompagnoient de chiens, qui mieux aimoient mourir,
Qu'au besoin leurs seigneurs, hardis, ne secourir.
　　Ulysse apres vingt ans incognu de sa trope,
De son fils Telemach et de sa Penelope,
Fut cogneu de son chien. Les chiens ont quelquefois
(Le croye qui voudra) parlé d'humaine vois ;
Et les Egyptiens admirans leur nature,
Ont adoré leurs Dieux sous chiennine figure.
　　Que diray plus, Brinon? certes on ne voit riens
Qui ne se tienne fier d'avoir chez luy des chiens ;
Le ciel en est garny, la mer en est garnie,
L'enfer en est fourni, la terre en est fournie.
Les hommes villageois ne dormiroient de nuit
Asseurez sans leurs chiens, et le pasteur qui suit
Les lieux vuides de gens, seroit tousjours en crainte
Que le loup de ses bœufs n'eust la maschoire teinte.
Les dames sans tenir és mains un petit chien
N'auroient en devisant ny grace ny maintien,
Et sans luy n'eussions veu la soye cramoisie.
　　On dit qu'Hercule un jour en allant voir s'amie
(Dont Tyre estoit le nom) menoit pour compagnon
Derriere ses talons un grand lévrier mignon.
En passant par un mont le chien au nez habile
Sentit une porphyre errante en sa coquille,
Ayant le corps tiré de la mesme façon
Qu'on voit sur le printemps errer un limaçon,
Qui porte sa maison et monstre toute nuë
Son eschine en glissant sur l'herbette menuë ;
Lors le chien affamé la porphyre mâcha,
Et de son sang vermeil le muffle s'en tacha.
　　A peine Hercule fut dans la maison de Tyre
Qu'elle avisa le chien, et tout soudain desire
D'avoir en nouveau don un vestement pareil
Au sang, duquel le chien avoit le nez vermeil,
Ou que jamais au lict n'embrasseroit Alcide.
　　Alcide obeïssant soudain retourne bride,

Et retraçant ses pas prés la mer vit son chien
Qui se repeut encor du sang porphyrien,
Et plus qu'auparavant en avoit la dent peinte;
Lors il print de la laine, et apres l'avoir teinte
En ce beau sang vermeil, du drap en façonna,
Puis à sa chere amie en present le donna.

(1560.)

LA LYRE.

A JEAN BELOT,

Agenois,
Maistre des Requestes de l'hostel du Roy.

Belot, parcelle, ains le tout de ma vie,
Quand je te vy, je n'avois plus envie
De voir la Muse, ou danser à son bal,
Ou m'abreuver en l'eau que le cheval
D'un coup de pied fit sourçoyer de terre.
Peu me plaisoit le laurier qui enserre
Les doctes fronts, le Myrte Paphien,
Ny la fleur teinte au sang Adonien,
Ny tout l'esmail qui le printemps colore,
Ny tous ces jeux que la jeunesse honore;
Mais au contraire, et malade et grison
J'aimois sans plus l'aise de ma maison,
Le doux repos, quittant la poësie
Que j'avois seule en jeunesse choisie
Pour soulager mon cœur qui bouillonnoit
Quand de son trait Amour l'aiguillonnoit,
Comme venin glissé dedans mes veines,
Entremeslant un plaisir de cent peines,

[Pour acquerir ensemble et des grands Rois
Faveurs et biens et du peuple la voix,
Et d'estre, jeune, en passant par la rue,
Monstré de tous, avant que l'âme nue
Laissant son hoste aux cieux s'en retournast
Et de longs jours mon voyage bornast.
Toute louange aprés la mort vient tarde ;
Heureux qui jeune en jouist et la garde
Comme j'ay fait ; car et jeune et vivant
Le bon renom mon labeur fut suivant,
Ayant en vie acquis par la doctrine
L'honneur qui naist aprés la Libitine.
Et toutes fois par changements divers
Je haïssois les Muses et les vers,
Par qui j'avois acquis la renommée
De tous costez en la France semée.]
  Je ne faisois, allegre de sejour,
Fust au coucher, fust au lever du jour,
Qu'enter, planter, et tirer à la ligne
Le sep tortu de la joyeuse vigne
Qui rend le cœur du jeune plus gaillard,
Et plus puissant l'estomach du vieillard.
  Cerés nourrit, Bacchus réjouit l'homme;
C'est pour cela que Bon-pere on le nomme.
  Or pour autant que le pere Evien
A bonne part au mont Parnasien,
Tousjours pourtrait dans le temple des Muses,
Pour ses vertus en nos âmes infuses,
Comme prophete et poëte et vineux
Je l'honorois d'artifice soigneux,
Ne cultivant, ou fust jardin ou prée,
Devant le sep de la vigne sacrée.
Il a rendu salaire à mon labeur,
De sa fureur me remplissant le cœur.
Car comme dit ce grand Platon, ce sage,
Quatre fureurs brûlent nostre courage,
Bacchus, Amour, les Muses, Apollon,
Qui dans nos cœurs laissent un aiguillon

Comme freslons, et d'une ardeur secrette
Font soudain l'homme et poëte et prophete.
  Par eux je voy que poëte je suis
Plein de fureur; car faire je ne puis
Un trait de vers, soit qu'un Prince commande,
Soit qu'une dame ou l'ami m'en demande,
Et à tous coups la verve ne me prend;
Je bée en vain, et mon esprit attend
Tantost six mois, tantost un an sans faire
Vers qui me puisse ou plaire ou satisfaire.
  J'atten venir (certes je n'en ments point)
Ceste fureur qui la Sibylle espoint;
Mais aussi tost que par long intervalle
Dedans mon cœur du ciel elle devalle,
Colere, ardant, furieux, agité,
Je tremble tout sous la Divinité.
  Et comme on voit ces torrens qui descendent
Du haut des monts, et flot sur flot se rendent
A gros bouillons en la vallée, et font
Fendant la terre une corne à leur front;
Et c'est pourquoy les peintres qui les feignent
Fleuves-taureaux, au front cornu les peignent
Fumeux, bruyans, escumeux et venteux,
Et de leur musle ouvrant au devant d'eux
Un chemin d'eau sans que rien les empesche,
Pour s'emboucher ou dans la rive fresche
D'un prochain fleuve, ou au bord reculé
Du vieil Neptune au rivage salé.
  Ainsi je cours à course desbridée,
Quand la fureur en moy s'est desbordée,
Impetueux sans raison ny conseil.
  Elle me dure ou le tour d'un soleil,
Quelquefois deux, quelquefois trois, puis morte
Elle languit en moy de telle sorte
Qu'une herbe fait, languissant pour un temps;
Puis dessus terre apparoist au printemps,
Par son declin prenant force et croissance,
Et de sa mort une jeune naissance.

Quand la fureur me laisse, tout soudain
Plume et papier me tombent de la main,
Sans y penser et comme une commere,
Aprés avoir d'une trenchée amere
Jetté son part, fuit de son lit; ainsi
Je fuy la chambre, oubliant le souci
De ceste ardeur qui me tenoit en serre,
Et lors du ciel je devalle en la terre,
Ah! et en lieu de vivre entre les Dieux,
Je deviens homme à moy-mesme odieux.

Mais quand du tout ceste ardeur se retire,
Je ne sçaurois ny penser ny redire
Les vers escrits et ne m'en souvient plus.
Je ne suis rien qu'un corps mort et perclus,
De qui l'âme est autre part envolée,
Laissant son hoste aussi froid que gelée,
Et m'esbahis de ceux ausquels il est
Prompt de verser des vers quand il leur plaist.

Le grand Platon en ses œuvres nous chante
Que nostre esprit, comme le corps, enfante
L'un des enfans qui surmontent la mort,
L'autre des fils qui doivent voir le port
Où le nocher tient sa gondolle ouverte
A tous venans, riche de nostre perte.

Ainsi tous deux conçoivent; mais il faut
Que le sang soit jeune, gaillard et chaud;
Car si le sang une vigueur ne baille
A leurs enfans, ils ne font rien qui vaille.
Lors que Pallas sortoit hors du cerveau
De Jupiter, Vulcan prit un couteau
Dont il ouvrit à Jupiter la teste.
Adonc sortit Pallas à la grand'creste,
Au chef armé, ayant d'un grand pavois
Les bras chargez, et le corps d'un harnois;
Les Muses Sœurs furent les sages-femmes.

Quant à Vulcan, c'est l'ardeur de nos ames
Qui nous eschauffe, et ouvre vivement
De l'esprit gros le meur enfantement;

Quant à Pallas qui sort de la cervelle,
C'est de l'esprit l'œuvre toute nouvelle
Que le penser luy a fait concevoir;
Les Muses sont l'estude et le sçavoir.
  Or mon cerveau qui le labeur desdaigne,
Estoit en friche et devenu brehaigne,
Stérile et vain, ou soit qu'il fust lassé
De trop d'enfans conceus au temps passé,
Soit qu'il cherchast le repos solitaire;
Il m'asseuroit de jamais plus ne faire
Rime, ny vers, ny prose, ny escrit,
Voulant sans soin vivre comme un esprit (a)
  Mais aussi tost qu'aux bords de la Garonne
Je te cognu, d'une nature bonne,
Courtois, honneste, hospital, liberal,
Toutes vertus ayant en general;
Soudain au cœur il me prit une envie
De te chanter, à fin qu'aprés ta vie
Le peuple sceust que tes Graces ont eu
Un chantre tel, ami de ta vertu,
Pour ne souffrir que tant de vertus tiennes
Cheussent là bas aux rives Stygiennes
Sans nul honneur, et qu'une mesme nuit
Pressast ta vie et ton nom et ton bruit.
  Rien, mon Belot, n'y sert la grand' despense.
Les despensiers em-boufis de boubance
Veulent gaigner par un art somptueux
Ou par banquets, par vins tumultueux,
La gloire humaine, et abusez se trompent,
Et par le trop eux-mesmes se corrompent,
[Sans acquerir un chantre de renom,
Qui sans banquet peut celebrer leur nom
Par amitié, non, Belot, pour leur table,
Pour vin exquis, ni pour mets delectable.]

a. Var. :

Donnant repos à mon fantasque esprit.

Car aujourd'huy chacun sçait sagement
Que vaut le chou, et vivre sobrement ;
Ainsi que toy qui des chantres la grace
Gaignes amy, non par la soupe grasse,
Mais par l'honneur que courtois tu leur fais ;
Pource à l'envy sont chantres de tes fais.
   Par quel escrit faut-il que je commence
Pour envoyer des Muses la semence,
J'entens mes vers, par toute Europe, afin
Que ton renom survive aprés ta fin ?
   Ta face semble et tes yeux solitaires
A ces vaisseaux de nos apoticaires,
Qui par dessus rudement sont pourtraits
D'hommes et Dieux à plaisirs contrefaits,
D'une Junon en l'air des vents soufflée,
D'une Pallas qui voit sa joue enflée,
Se courrouçant contre son chalumeau,
Que par despit elle jette dans l'eau, (*a*)
D'un Marsyas despouillé de ses veines ;
Et toutefois leurs Caissettes sont pleines
D'ambre, civette et de musq' odorant,
Manne, rubarbe, aloés secourant
L'estomach foible, et neantmoins il semble,
Voyant à l'œil ces images ensemble,
Que le dedans soit semblable au dehors.
   Tel fut Socrate, et toutefois alors
En front severe, en œil melancholique,
Estoit l'honneur de la chose publique,
Qui rien dehors, mais au dedans portoit
La saincte humeur dont Platon s'allaittoit,
Alcibiade, et mille dont la vie
Se corrigea par la philosophie,
Que du haut ciel aux villes il logea,

a. Var. :

Et d'un Bacchus assis sur un tonneau,

Reprint le peuple et les mœurs corrigea,
Et le sçavoir qu'on preschoit aux escoles,
Du cours du ciel, de l'assiette des poles,
De nous predire et le mal et le bien,
Et d'embrasser le monde en un lien.
Il eschangea ces discours inutiles
Au reglement des citez et des villes,
Et, sage, fit la contemplation
Et l'œuvre vain tomber en action.
 Pource à grand tort les vieux du premier âge
Ont feint Minos s'asseoir au banquetage
De Jupiter, ou bien son familier,
Qui par neuf ans d'un propos coustumier
Parloit à luy, ou fust sur la montaigne
Du haut Olympe, ou sur Ide qui baigne
De cent ruisseaux les larges champs Cretois,
Comme l'autre Ide arrouse les Phrygeois.
Ah! ils devoient non pas un Minos prendre
Pour precepteur, mais un Socrate attendre
Pour bien regir les villes par la loy ;
Et toutefois il estoit comme toy
De front austere et de triste visage,
Au reste gay, docte, prudent et sage.
 Celuy qui voit ton front un peu pensif,
Pense l'esprit comme le corps massif,
Et ton dedans il juge par la montre
Qui morne et lente et pensive se montre
Suivant ton estre, ou ton astre fatal ;
Mais il se trompe et te juge tres-mal.
 [Car quand tu veux refreschir la memoire
Des plus sçavants, ou soit par une histoire
Des vieux Romains ou des premiers Gregeois,
Ou par les faits propres à nos François ;
Ou quand tu veux parler des Republiques,
Du maniment des Estats politiques,
Comme un grand Roy, soit en guerre ou en paix,
Doibt gouverner soy-mesme ou ses subjects,
Ou quand tu veux parler de la justice

Et de la loy pedagogue du vice,
Ou quand tu veux monter jusques aux cieux
Et discourir des astres et des Dieux,
Ou à propos de quelque autre science ;
Lors de ta voix distille l'eloquence,
Un vray Socrate, et ton docte parler
Fait le doux miel de tes levres couler,
Monstrant au ciel la vertu qui t'enflame,
Ayant caché au plus profond de l'ame
Je ne sçay quoy de rare et pretieux
Qui n'apparoist du premier coup aux yeux.
   Car dans ton vase abondant tu receles
Dix mille odeurs estranges et nouvelles,
Si qu'en parlant tu donnes assez foy
Combien ton âme est genereuse en toy,
Par la vertu de ta langue, qui pousse
Un hameçon aux cœurs, tant elle est douce.
   Encor que Rome, au temps de Mœcenas,
De Pollio, vist son siecle tout las
Et tout sanglant de discordes civiles,
De factions, d'embrasements de villes,
Et toutes foys le bonheur la suivoit
D'autant qu'alors un Mœcene vivoit,
Un Pollio, un Messale, un Auguste
Prince guerrier ensemble et Prince juste,
Qui balança d'un equitable poids
Icy la loy et de là le harnois,
Et le grand Nil fist couler soubs l'empire,
Qui par sept huis dedans la mer se vire ;
Nil dont la source aux hommes n'apparoist
Et qui sans pluye en abondance croist
Aux plus chauds mois et d'une eau limonneuse
Rend à foison l'Ægypte bienheureuse.
   Ainsy ce siecle à bon droit sera dit
Heureux d'autant que mon Belot y vit,
Dont la maison aux Muses est ouverte,
Et dont la place à la foule est couverte
Des pas de ceux qui reviennent ou vont

Boire de l'eau du tertre au double front.] (¹)
L'un en cecy, l'autre en cela te chante;
Mais de chacun la chanson plus frequente,
Qui plus au cœur nous laisse d'aiguillon,
C'est qu'en voyant le Gaulois Apollon
Tout mal en point errer par nostre France,
A qui la sotte et maligne ignorance
Au cœur enflé, qui suit le genre humain (a)
Avoit ravy la Lyre de la main,
En sa faveur tu ne t'es monstré chiche,
Faisant ce Dieu en ton dommage riche,
Luy consacrant par un vœu solennel
Ta lyre courbe, un present eternel,
D'un art cousteux, afin qu'on la contemple
Pour le present de Belot en son temple.

D'or est l'archet, les chevilles encor
Ont le bout d'or, le haut du coude est d'or,
D'où descendant une lame d'yvoire
Est engravée et vive d'une histoire,
Ou de pourtraits, d'arguments fabuleux,
Dont ceste Lyre a le ventre orgueilleux.

Les plus hauts Dieux en festin delectable
Y sont assis; au milieu de la table
Est Apollon, qui accouple sa vois
Au tremblotis de l'archet et des doigts.

En le voyant, vous diriez qu'il accorde,
Frappant son luth, ceste vieille discorde

---

a. Var. :

Pleine de fard, d'envie et de desdain,

1. Ces quarante-huit vers n'ont été supprimés que dans les éditions posthumes; ils subsistent encore dans celle de 1584, sauf les six vers sur le Nil : *Et le grand Nil fist couler*, etc., remplacés par ce distique :

>Comme un grand Prince, ayant experience
>De Mars conjoint avecque la science.

D'entre Pallas et le Roy de la mer,
Deux puissans Dieux, qui vouloient surnommer
De leur beau nom les naissantes Athenes.
   Tous deux au bord des Attiques arenes
Se presentoient parrains de la cité;
L'une en courroux et au front despité
A la grand' targe, à la poitrine armée,
Fit sortir hors de la terre germée
Un olivier, qui la motte haussoit
Du haut du chef et se formant croissoit
De peu à peu; puis chargé de fueillage,
De fleurs et fruits ombrageoit le rivage,
Signe de paix; Neptune plus ardent
Deux et trois coups frappant de son trident,
Faisoit semblant de faire issir de terre
Un grand coursier instrument de la guerre,
Aux larges crins dessus le col espars,
Qui hennissant frappoit de toutes parts
Bois, roc, vallée et montagne deserte
Du flair venteux de sa narine ouverte (a)
   Au naturel dans l'yvoire attaché
Vit un Marsye au corps tout escorché,
Qui de son sang fait un fleuve en Phrygie,
Punition d'oser sa chalemie
Plus que le luth d'Apollon estimer.
   Vous le verriez lentement consommer
Mort dans l'yvoire, et d'une face humaine
N'estre plus rien qu'une large fontaine.
   En l'engraveure Apollon qui s'estoit
Un peu courbé, luy-mesme se chantoit
Comme les rocs bondissans par la voye
Traçoient ses pas, maçons des murs de Troye,
Et comme au bruit de ses nerfs bien tendus

a. Var. :

D'un son aigu, toute la rive verte
Chaude du vent de sa narine ouverte.

Mille rochers de leur bon gré fendus
Suivoient du luth la corde non commune,
Où dix à peine alloient aprés Neptune,
Un Dieu grossier de mœurs et de façons,
L'autre le Roy des vers et des chansons ;
(Miracle estrange!) encore de puis l'heure
Le son conceu dans les pierres demeure,
Qui va sonnant sous les coups du marteau,
Quand le maçon pour orner un chasteau,
En les taillant les frappe d'artifice,
Honneur de luy et de son edifice.
  Cest Apollon de Dieu fait un pasteur,
Aux bords d'Amphryse allume tout son cœur
Du jeune Admete, ah! et pour luy complaire
Gardoit ses bœufs aux pieds-tors sans salaire,
Entre-rompant ses beaux vers blandissans
Dessous le cry des taureaux mugissans,
[Qui çà qui là vagabonds d'avanture
Poussent dehors ceste flamme si dure
Dont trop d'amour espoinçonne leur flanc,
Quand le Printemps fait tiedir nostre sang.
Ny les torrents ny les hautes montagnes,
Taillis ronceux, sablonneuses campagnes,
Rocs opposez n'empeschent point leur cours,
Tant furieux est l'aiguillon d'amours!
Là reschauffez de flamme mutuelle
Et bondissans dessus l'herbe nouvelle,
Sans se saouler, soit de nuit soit de jour,
Aiment Venus ; les rochers d'alentour
Frappez du cry de ces bœufs qui mugissent
De sons aigus au ciel en retentissent
Contremuglans : le doux vent qui jouist
D'un tel accord, gaillard s'en resjouist.]
  Prés Apollon main à main y sont peintes
Les corps tous nuds des trois Charites jointes
Suivans Venus, et Venus par la main
Conduit Amour, qui tire de son sein
Des pommes d'or, et comme une sagette

En se jouant aux Charites les jette
A coup perdu; puis au sein il se pend
D'une des trois, et la baise en enfant.
   Sur l'autre yvoire où les cordes s'attachent
Et d'ordre égal dessus la Lyre marchent,
Vit un Bacchus potelé, gros et gras,
Viel-jouvenceau, qui tient entre ses bras,
De l'abondance une corne qui semble
S'enorgueillir de cent fruits tous ensemble,
Fruits qui passoient les lévres du vaisseau
En gros trochets; ainsi qu'au renouveau
Un beau guinier par gros trochets fait naistre
Son fruit touffu, pour ensemble nous paistre,
Et les oiseaux qui frians de son fruit,
Autour de l'arbre affamez font un bruit.
   Là mainte figue ornement de l'automne,
Est peinte au vif, et tout ce que Pomonne
De tous costez verse de larges mains
Dessus les champs pour nourrir les humains.
   Là le raisin de joyeuse rencontre,
Là le melon au ventre enflé s'y monstre,
Et le pepon par costes separé
Et la chastaigne au corps tout remparé
D'un herisson, le pavis et la pesche
Au goust vineux qui l'estomac empesche. (*a*)
Là fut le glan fils des chesnes ombreux,
La meure teinte au sang des amoureux,
L'abricot froid, la poire pepineuse,
Le coin barbu, la framboise areneuse,
Et la cerise au malade confort,
Et le pavot qui les hommes endort,

a. Var. :

Et la chastaigne au rempart espineux :
Là fut la pesche au goust demi-vineux,
Et le pompon aux costes separées,
Et les citrons ayans robbes dorées.

Et la cormeille au dur noyau de pierre,
La corme aussi qui le ventre resserre,
Avec la fraise au teint vermeil et beau
Semblable au bout d'un tetin damoiseau ;
Et par sur tout de pampre une couronne
Qui du vaisseau les lévres environne.
 Entre la guerre et la paix, est ce Dieu
Ny l'un ny l'autre, et si tient le milieu
De tous les deux, ensemble pour la lance,
Ensemble propre à conduire une danse ;
Bas à ses pieds un mont est elevé,
Où Mercure est en l'yvoire engravé,
Qui tient au poing sa baguette dorée,
De deux serpens enlacez honorée ;
Sa capeline est brave d'ailerons,
Ses patins ont deux ailes aux talons,
Qui vont portant ce courrier Atlantide
Plutost que vent par le sec et l'humide,
Ou soit qu'il tombe aux enfers odieux,
Ou soit qu'il monte au ciel, siege des Dieux.
 Il va suivant d'un gentil artifice
Une tortue errant par le cytise,
Herbe odorante, et luy froissant les os
Son dur rempart luy arrache du dos,
Mange sa chair, et laisse sa coquille
Pendre long temps au croc d'une cheville
Pour la secher aux rayons du soleil.
 Puis attachant, par un art nompareil,
D'un ordre égal, les tripes bien sechées
Du haut en bas à la coque attachées,
D'un animal marche-tard, ocieux,
Fit une Lyre au son delicieux,
Au ventre creux, aux accords delectables,
Le seul honneur des temples et des tables,
Et des bons Dieux le plaisir le plus promt,
Quand le nectar leur eschaufe le front.
 Apollon vit auprés de ceste image,
Au cœur bouffi, à la poignante rage

De voir ses bœufs aux gros jarrets courbez,
Au large front, estre ainsi desrobez
D'un art subtil; Mercure qui desire,
Jeune larron, d'Apollon flatter l'ire,
En contre-eschange à ses bœufs, luy donna
Son instrument, sur lequel il sonna
Long temps aprés les enfans de la Terre
Pied contre-mont accablez du tonnerre.
  Peu leur servit les trois monts amassez,
Vains monumens sur leurs corps renversez,
Exemple vray que ceux qui veulent prendre
Guerre à leur Roy, autant doivent attendre
De traits soulfrez aux bords Charanteans,
Que les geans aux sablons Phlegreans.
  Telle est ta Lyre à Phœbus appendue,
Qui bien dorée et de nerfs bien tendue,
Pend à son temple; à fin que nos François
Eussent, Belot, le jouet de leurs doigts,
Joignans d'accord sous un pouce qui tremble,
L'hymne à ce Dieu, et le tien tout ensemble.
  Ce que j'ay peu sus elle fredonner,
Devotement je l'ay voulu donner
A l'amitié, le tesmoin de ce livre,
Non aux faveurs, present qui te doibt suivre
Outre Pluton, si des Muses l'effort
Force aprés nous les efforts de la Mort. (*a*)

(1573.)

a. Var. :

Peut surmonter les siecles et la Mort.

LE CHAT.

A REMY BELLEAU,
Poëte.

Dieu est par tout, par tout se mesle Dieu,
Commencement, la fin et le milieu
De ce qui vit, et dont l'âme est enclose
Par tout, et tient en vigueur toute chose,
Comme nostre âme infuse dans nos corps.
 Ja dés long temps les membres seroient morts
De ce grand tout, si ceste âme divine
Ne se mesloit par toute la machine,
Luy donnant vie, et force et mouvement;
Car de tout estre elle est commencement.
 Des elemens et de ceste âme infuse
Nous sommes naiz; le corps mortel qui s'use
Par trait de temps, des elemens est fait;
De Dieu vient l'âme, et comme il est parfait
L'âme est parfaite, intouchable, immortelle,
Comme vivant d'une essence eternelle;
L'âme n'a donc commencement ny bout,
Car la partie ensuit tousjours le tout.
 Par la vertu de ceste âme meslée
Tourne le ciel à la voûte estoilée,
La mer ondoye, et la terre produit
Par les saisons herbes, fueilles et fruit;
Je dy la terre, heureuse part du monde,
Mere benigne, à gros tetins feconde,
Au large sein. De là tous animaux,
Les emplumez, les escadrons des eaux;

De là, Belleau, ceux qui ont pour repaire
Ou le rocher, ou le bois solitaire,
Vivent et sont; et mesme les metaux,
Les diamans, rubis orientaux,
Perles, saphirs ont de là leur essence,
Et par telle âme ils ont force et puissance,
Qui plus qui moins selon qu'ils en sont pleins;
Autant en est de nous pauvres humains.
 Ne vois-tu pas que la saincte Judée
Sur toute terre est plus recommandée
Pour apparoistre en elle des esprits
Remplis de Dieu, de prophetie épris?
 Les regions, l'air et les corps y servent,
Qui l'âme saine en un corps sain conservent;
Car d'autant plus que bien sain est le corps,
L'âme se monstre et reluist par dehors.
 Or comme on voit qu'entre les hommes naissent,
Miracle grand! des prophetes qui laissent
Un tesmoignage à la posterité
Qu'ils ont vescu pleins de divinité;
Et comme on voit naistre icy des Sibylles
Par les troupeaux des femmes inutiles;
Ainsi voit-on, prophetes de nos maux
Et de nos biens, naistre des animaux,
Qui le futur par signes nous predisent,
Et les mortels enseignent et advisent.
Ainsi le veut ce grand Pere de tous
Qui de sa grace a tousjours soin de nous.
Il a donné, en ceste terre large,
Par sa bonté, aux animaux la charge
De tel souci pour ne douter de rien,
Ayant chez nous qui nous dit mal et bien.
De là sortit l'escole de l'augure
Marquant l'oiseau, qui par son vol figure
De l'advenir le prompt évenement,
Ravi de Dieu; et Dieu jamais ne ment.
 En nos maisons ce bon Dieu nous envoye
Le coq, la poule, et le canard, et l'oye,

Qui vont monstrant d'un signe non obscur
Soit ou mangeant, ou chantant, le futur.
   Herbes et fleurs, et les arbres qui croissent
En nos jardins, prophetes apparoissent ;
J'en ay l'exemple, et par moy je le sçay :
Enten l'histoire et je te diray vray.
   Je nourrissois à la mode ancienne,
Dedans ma cour, une Thessalienne,
Qui autresfois pour ne vouloir aimer
Vit ses cheveux en fueilles transformer,
Dont la verdure en son printemps demeure. (¹)
   Je cultivois ceste plante à toute heure,
Je l'arrosois, la cerclois et bechois
Matin et soir : ah ! trompé, je pensois
M'en faire au chef une belle couronne ;
Telle qu'un prince en récompense donne
A son poëte, alors qu'il a chanté
Un œuvre grand dont il est contenté. (a)
   J'avois la plante au poinct du jour touchée ;
Une heure aprés je la vis arrachée
Par un démon ; une mortelle main
Ne fit le coup : le fait fut trop soudain.
   En retournant je vy la plante morte
Qui languissoit contre terre en la sorte
Que j'ay depuis languy dedans mon lit,
Et me disoit : « Le démon qui me suit
Me fait languir, comme une fiévre quarte
Te doit blesmir. » En pleurant je m'escarte
Loin de ce meurdre, et soudain repassant
Je ne vy plus le tige languissant,

a. Var. :

L'homme propose et le destin ordonne :
Cruel destin à mon dam rencontré,
Qui m'a de l'arbre et de mon soin frustré.

1. Cette Thessalienne, c'est Daphné changée en laurier tandis qu'Apollon la poursuivoit.

Evanouy comme on voit une nue
S'évanouir sous la prompte venue
[Ou de l'Autan ou de Boré qui est
Balai de l'air, sous qui le beau temps nait,
Le beau serain quand la courbe figure
Du ciel d'azur apparoist toute pure.]
  Deux mois aprés un cheval qui rua,
De coups de pied l'un de mes gens tua,
Luy escrageant d'une playe cruelle
Bien loin du test la gluante cervelle.
  Luy trespassant m'appelloit par mon nom,
Me regardoit, signe qui n'estoit bon ;
Car je pensay qu'un malheureux esclandre
Devoit bien tost dessus mon chef descendre,
Comme il a fait ; onze mois sont passez
Que j'ay de mal tous les membres cassez.
  Mais par-sus tous l'animal domestique
Du triste Chat a l'esprit prophetique,
Et faisoient bien ces vieux Egyptiens
De l'honorer, et leurs Dieux qui de chiens
Avoient la face et la bouche aboyante.
  L'âme du ciel en tout corps tournoyante,
Les pousse, anime, et fait aux hommes voir
Par eux les maux ausquels ils doivent choir.
Homme ne vit qui tant haïsse au monde
Les Chats que moy d'une haine profonde ;
Je hay leurs yeux, leur front et leur regard,
Et les voyant je m'enfuy d'autre part,
Tremblant de nerfs, de veines et de membre',
Et jamais chat n'entre dedans ma chambre,
Abhorrant ceux qui ne sçauroient durer
Sans voir un chat auprés eux demeurer ;
Et toutesfois ceste hideuse beste
Se vint coucher tout auprés de ma teste,
Cherchant le mol d'un plumeux aureiller
Où je soulois à gauche sommeiller ;
Car volontiers à gauche je sommeille
Jusqu'au matin que le coq me réveille.

Le Chat cria d'un miauleux effroy ;
Je m'éveillay comme tout hors de moy,
Et en sursaut mes serviteurs j'appelle ;
L'un allumoit une ardente chandelle,
L'autre disoit que bon signe c'estoit
Quand un Chat blanc son maistre reflatoit ;
L'autre disoit que le Chat solitaire
Estoit la fin d'une longue misere.
 Et lors fronçant les plis de mon sourci,
La larme à l'œil je leur respons ainsi :
« Le Chat devin, miaulant signifie
Une fascheuse et longue maladie,
Et que long temps je gard'ray la maison,
Comme le Chat qui en toute saison
De son seigneur le logis n'abandonne,
Et soit printemps, soit esté, soit autonne,
Et soit hyver, soit de jour, soit de nuit,
Ferme s'arreste et jamais ne s'enfuit,
Faisant la ronde et la garde eternelle
Comme un soldat qui fait la sentinelle,
Avec le chien et l'oye, dont la vois
Au Capitole annonça les Gaulois.
 » Autant en est de la tarde tortue,
Et du limas qui plus tard se remue,
Porte-maisons, qui tousjours sur le dos
Ont leur palais, leur lict et leur repos,
Lequel leur semble aussi bel edifice
Qu'un grand chasteau basti par artifice.
L'homme, de nuict songeant ces animaux,
Peut bien penser que longs seront ses maux ;
Mais s'il songeoit une grue ou un cygne,
Ou le pluvier, cela luy seroit signe
De voyager, car tels oiseaux sont pront' ;
A tire d'aile ils reviennent et vont
En terre, en l'air, sans arrester une heure.
 » Autant en est du loup qui ne demeure
En son bocage et cherche à voyager ;
Aux maladifs il est bon à songer ;

Il leur promet que bien tost sans dommage
Sains et guaris feront quelque voyage.
　» Dieu, qui tout peut, aux animaux permet
De dire vray, et l'homme qui ne met
Creance en eux est du tout frenetique ;
Car Dieu par tout en tout se communique. »
　Mais quoy! je porte aux forests des rameaux,
En l'ocean des poissons et des eaux,
Quand d'un tel vers, mon Belleau, je te flate,
Qui as traduit du vieil poëte Arate
Les signes vrais des animaux certains,
Que Dieu concede aux ignorans humains
En leurs maisons, et qui n'ont cognoissance
Du cours du ciel ny de son influence,
Enfans de terre ; ainsin il plaist à Dieu,
Qui ses bontez eslargit en tout lieu,
Et pour aimer sa pauvre creature,
A sous nos pieds prosterné la nature
Des animaux, autant que l'homme est fait
Des animaux l'animal plus parfait.

(1573.)

LES PAROLES QUE DIST CALYPSON

OU QU'ELLE DEVOIT DIRE, VOYANT PARTIR ULYSSE
DE SON ISLE.

A JEAN ANTOINE DE BAYF,
Poëte excellent.

Donques, mechant, fuitif et vagabond,
　Qui n'as honneur ny honte sur le front,
Et que les Dieux, ausquels tu fais injure,
Vont punissant pour ton âme parjure
Par mer, par terre, et t'ostant chaque jour
De ta maison le desiré retour,

Te vont tramant d'une filace brune,
Coup dessus coup, fortune sur fortune,
Mal dessus mal, meschef dessus meschef,
Qui sans t'occire est pendu sur ton chef,
Pour allonger ta miserable vie
Qui par ton fils te doit estre ravie,
Quand de son dard en un poison trempé,
Sauvant tes bœufs, seras à mort frappé.
[Car tu ne doibs pour ton forfait extresme
Mourir au lict, mais bien de la main mesme
De ton enfant qui tel pere occira,
Et par ton fils le ciel te punira.]
   » Quoy? vagabond, que des Dieux la vengeance
Poursuit par tout! est-ce la recompense
Que tu me dois de t'avoir receu nu,
Cassé, froissé à ce bord incognu,
Battu du foudre? helas! trop pitoyable,
Je te fis part ensemble et de ma table,
Et de mon lict, homme mortel, et moy
Sur qui la Mort n'a puissance ny loy,
Fille à ce Dieu qui par tout te tourmente!
   » Que je vivois bienheureuse et contente
Dedans mon antre, ah! avant que le sort
T'eust fait flotter à mes bords demi-mort,
A calfourchons sur les aiz de ta proue,
Naufragé vif dont la vague se joue,
Sans compagnons que les feux envoyez
Du ciel avoient en ton lieu foudroyez.
Pauvres chetifs, qui furent sans leur faute
Punis pour toy, ame meschante et caute!
   » Je devois croire au Dieu marin Proté,
Qui dés long temps, prophete, avoit chanté
Que finement trompée je seroye
Par un guerrier qui reviendroit de Troye,
Qui auroit veu de la mer les perils,
Auroit cogneu Antiphate et Eris,
Les Lestrygons et le borgne Cyclope
Qui te mangea les meilleurs de ta trope.

» En te voyant, aux signes qu'il disoit
Je te cogneu ; mais Amour me nuisoit,
Qui me gaigna dés la premiere veue ;
Si que l'esprit, et l'âme toute esmeue
Et la raison, me laisserent d'un coup,
Et si voyois dedans tes yeux beaucoup
De signes vrais que tu estois Ulysse,
Homme meschant, artizan de malice.
» Aux jours d'esté, quand le soleil ardant,
De ses rayons la terre alloit fendant,
La crevassant jusqu'au fond de son centre,
Tous deux assis dessous le frais d'un antre
Où le ruisseau jazoit à l'environ,
Ayant la teste au creux de mon giron,
Moy t'accollant, ou baisant ton visage,
Je cogneu mieux ton malheureux courage.
» Car me contant qu'environ la mi-nuit
Estant par toy Diomede conduit,
Tu destournas les beaux coursiers de Thrace,
Tuas Dolon, que la Troyenne audace
Avoit poussé pour sçavoir si les Grecs
Voudroient combattre, ou s'ils fuiroient aprés
Que la jeune Aube à la main saffranée
Auroit au ciel la clarté ramenée.
» Puis me contant qu'en vestement d'un gueux
Rebobiné, rapetassé, bourbeux,
Cherchant ton pain d'huis en huis à grand' peine,
Entras en Troye et parlas à Heleine,
Qui te monstra tous les forts d'Ilion,
Te fit embler le sainct Palladion,
Et sain et sauf sortir hors de la ville.
» Puis discourant que l'enfançon Achille
Receut par toy les armes en la main ;
Puis me contant que les Gregeois en vain
Aux murs Troyens eussent fait mille breches
Sans Philoctete et ses fatales fleches,
Que tu trompas d'une parjure foy
Voulant apprendre à Pyrrhe comme toy

D'estre méchant, ce qu'il ne voulut faire,
Te hayssant d'une ardante colere,
Cœur valeureux ; certes je previ bien
Que ta finesse et toy ne valoient rien,
Et qu'à la fin je serois abusée
Du beau parler d'une âme si rusée.

» Que gemis-tu d'un souspir si amer,
Les yeux tournez sur le dos de la mer,
Enflant pensif de sanglots ta poitrine?
Fay ton bateau et sur la mer chemine !
Voila du bois et des outils assez
Pour tes carreaux rudement compassez,
Dont tu bastis ta barque naufragere
Sans aucun art d'une main trop legere.

» Va, marche, fuy où la mer et le vent
Te porteront ! j'espere que souvent,
Comme un plongeon, humant l'onde salée
Je me voirray par mon nom appellée
Pour ton secours; mais deusses-tu mourir,
Je ne sçaurois sur l'eau te secourir ;
Car je n'ay point dessur la mer puissance,
Bien que j'ay pris de la mer ma naissance.

» Mais las ! devant que cheoir en peril tel,
Il vaudroit mieux estre fait immortel
Prés Calypson, dont un Dieu te separe,
Que retenter cet element barbare
Qui n'a point d'yeux, de cœur ny de pitié ;
Mais orageux et plein de mauvaistié
Semble aux putains, qui contrefont les belles
Pour estre aprés meurdrieres et cruelles.
La mer qui sçait ainsi que toy piper
Se fait bonnasse à fin de te tromper.

» Où est la foy que tu m'avois donnée
Sous le serment du nopcier Hymenée,
Quand dextre en dextre en jurant me promis
Un lict certain qu'en oubly tu as mis,
Et par le vent, autant que toy volage,
Tu vas jetant le sacré mariage,

Dont tu te ris en te jouant de moy,
Sans faire cas de Dieu ny de ta foy,
Ny d'abuser de l'honneur des Déesses?
  » Aussi tu dois sous cent vagues espesses,
Poussé par force au rivage estranger,
Plonger ton chef parjure et mensonger!
  » Ah! tu devrois non pas plonger ta teste,
Mais la noyer au fort de la tempeste,
Et ceste langue apprise à bien mentir,
Dont mainte dame a peu se repentir
De l'avoir creue; et ne suis la premiere
Pleurant ta bouche à tromper coustumiere.
  » C'est quelque honneur tromper son ennemy,
Ou soit qu'il veille ou qu'il soit endormy,
Quand la guerre est par armes eschaufée;
Mais ce n'est mie à l'homme grand trofée,
Et grand honneur il n'a jamais receu
De decevoir un cœur déja deceu
Par trop d'amour; bien petite est la gloire
Quand Dieu, quand l'homme ensemble ont la vic-
Sur une femme au cœur simple et benin; [toire (a)
Un Dieu rempli de l'amoureux venin,
Un homme caut qui trompe par finesse
Non les Troyens, mais les plus fins de Grece.
  » Puis que Mercure est descendu pour toy,
Je ne te veux plus longuement chez moy!
Suy ton chemin! ah! pauvre infortunée
Qui n'ay pouvoir dessus ta destinée! (b)

a. Var. :

O mechant Grec, bien petite est la gloire
Quand deux trompeurs ensemble ont la victoire

b. Var. :

Suy ton chemin! cherche par le naufrage
De ton païs le sablonneux rivage!

» Que portes-tu, méchant, en ta maison
Sinon finesse, et fraude, et trahison,
Trompant par feinte et par faulse pratique
Déesse, Dieux et grande republique,
Que tu as peu par un cheval donter,
Et que dix ans n'avoient sceu surmonter?
» Que vas-tu voir en ton isle pierreuse,
Où ne bondit la jument genereuse,
Ny le poulain? que vas-tu voir sinon
Une putain riche de mauvais nom,
Ta filandiere et vieille Penelope,
Qui vit gaillarde au milieu de la trope
Des jouvenceaux, qui départent entre-eux,
A table assis, tes moutons et tes bœufs,
Boivent ton vin, ce-pendant que la lyre
Les fait danser, le boufon les fait rire?
Qui pour avoir plus de commodité,
A fait aller en Sparte la cité
Ton Telemach, qui se plaint et lamente
Que jour à jour s'appetisse sa rente,
En ce-pendant qu'elle veut à plaisir
Quelque ribaut pour son mary choisir?
» Il me souvient qu'assis dessous l'ombrage,
Baisant tes yeux, ton front et ton visage,
Toy me trompant d'un parler eloquent,
Tu me contois, Penelope moquant,
Qu'elle estoit sotte, et n'avoit autre estude
Qu'à ne souffrir qu'une laine fust rude
Pour en ourdir quelque ouvrage nouveau,
Tousjours filant et virant le fuzeau
Tourbillonneux, mordant de la gencive
Les nœuds du fil tout baveux de salive.
» Icy auras, soit de jour, soit de nuit,
Gaillarde espouse et auras chaste lit ;
Quand je voudrois devenir variable,
Je ne sçaurois ; mon isle est voyageable
A la mouëtte et aux marins oiseaux,
Et non jamais aux hommes ny chevaux ;

Car de bien loin ma terre separée
Du continent, de flots est emmurée,
Et rien n'aborde au feu de Calypson
Pour te donner ou martel ou soupçon.
　» Bien! prend le cas que la rame Pheaque
Te reconduise au rivage d'Ithaque,
Terre pierreuse et païs sablonneux;
Il te faudra d'un habit haillonneux
Vestir ton corps, il faudra prendre guerre,
A coups de poings te battre contre un herre,
Et t'accoster seulement d'un porcher;
Voilà, finet, ce que tu vas chercher,
Et ce-pendant ta finesse icy laisse
Un reaume (¹) acquis, chaste lict et Déesse! »
　Disant ainsi, tout le cœur luy faillit,
Un tremblement sa poitrine assaillit,
Le cœur luy bat, elle se pasma toute;
Du haut du front luy tomba goute à goute
Jusqu'aux talons une lente sueur,
Et les cheveux luy dresserent d'horreur;
　Puis retournant les yeux devers son isle,
Disoit pleurant : « Terre grasse et fertile,
Lieu que les Dieux en propre avoient esleu,
Pour tes forests autrefois tu m'as pleu,
Pour tes jardins, pour tes belles fontaines,
Et pour tes bords bien émaillez d'areines;
Mais maintenant ta beauté me desplaist
Pour le depart de cet homme qui est
Ton seul honneur! Et puis qu'il s'en absente,
Tu n'es plus rien qu'une isle mal plaisante.
Las! si au moins, homme méchant et fin,
J'avois au ventre un petit Ulyssin
Qui te semblast, je serois confortée,
M'éjouyssant d'une telle portée;
Mais tu t'en vas, larron de mon bonheur,
Et n'ay dequoy defendre mon honneur.

1. Royaume.

» Arreste un peu, souffre que je te baise,
Pour refraichir ceste amoureuse braise,
Qui m'ard le cœur ; et qu'en cent mille las
Ton col aimé j'enlace de mes bras !
 » Mais où fuis-tu ? tu n'as ny mast ny voile,
Robbes, habits, ne chemise, ne toile
Pour te vestir, ny vivres pour manger !
Attens au moins, vagabond estranger,
Que je t'en donne, à fin que la famine
Ne te consomme errant sur la marine.
 » Ainsi tu vois que benin est mon cœur,
Le tien de fer aceré de rigueur,
Inexorable, impitoyable et rude,
Qui pour le bien m'uses d'ingratitude,
Cœur de lion, de tigre et de rocher,
A qui l'on peut justement reprocher
Qu'estant issu du genre Sisyphide,
Rien ne te plaist que fraude et qu'homicide ! »
 A tant se teut ; mais Ulysse, tousjours.
Sans s'esmouvoir, dola par quatre jours
Tillac, carene, et les fentes estoupe
De lente poix ; il cheville la poupe,
Ferre la proue, et poussant plus avant
Sa barque en mer, courbe la voile au vent
Le jour cinquiesme, et laissa loin derriere
Isle, Déesse, et larmes, et priere.
 Ainsy, Baïf, honneur des bons esprits,
Je chante au lict quand la fiévre m'a pris,
[En attendant qu'à la Fortune il plaise
Ou me tuer ou me mettre à mon aise.
J'aime trop mieux soudainement mourir
Que tant languir sans espoir de guarir.
 Fasse de moy ce que voudra Fortune,
Soit que je tombe à la rive commune,
Ou soit que l'air je respire en vigueur,
J'auray tousjours un Baïf dans le cœur ;
Ayant passé sous Daurat nos jeunesses
Tous deux amis des neuf belles déesses

LES POEMES.

Qui t'ont planté les lauriers sur le front,
Qui vont dansant sur Parnasse et qui ont]
Soucy de moy quand la fiévre me ronge (a)
Me consolant (soit que je veille ou songe)
Par poësie, et ne veux autre bien;
Car ayant tout sans elle je n'ay rien.

(1573.)

LE SATYRE.

A J. HURAUT, DIT DE CANDÉ,

Blesien, seigneur de la Pitardiere.

Amy Candé, pour bien te faire rire,
Je te feray le conte d'un Satyre;
Le doux Ovide a la fable autrefois
Ditte en romain, je la dis en françois,
Poussé d'ardeur d'un semblable courage.
Ce n'est moins fait d'honorer son langage,
Qu'au Prince armé qui de louange a soin,
Borner vainqueur son Empire plus loin;
Par ces deux poincts s'augmente la patrie.
  Mais, mon Candé, il est temps que l'on rie,
Et regardons à ce Dieu folleton
Rompre les crins et plumer le menton
Par la grand' main d'Hercule, qui se fasche
De voir ce Dieu si paillard et si lasche,
Qui son salaire à coups de poings receut
Du faux Amour qui trompé le deceut.

a. Var. :

Pour mieux charmer le chagrin qui me ronge,

Hercule un jour passant par Œbalie
Menoit Iole, amoureuse folie ;
Comme ils erroient en cheminant tous deux
Par terres, bois, par boccages ombreux,
Luy, herissé dessous la peau velue
Du grand lion, empoignoit sa massue
Ferme en ses doigts, grosse de cloux d'airain.
Elle portoit mille bouquets au sein,
De bagues d'or ses mains estoient chargées,
Son col estoit de perles arrangées
Riche et gaillard ; son chef estoit couvert
D'un scophion (1) entrelacé de verd ;
Sa robe estoit de pourpre Meonine,
Perse (2) en couleur, chancrée à la poitrine ;
Ainsi qu'on voit au retour des beaux mois
Se promener ou nos dames de Blois,
Ou d'Orleans, ou de Tours, ou d'Amboise,
Dessus la gréve où Loire se dégoise
Contre la rive ; elles, sur le bord vert
Vont deux-à-deux au tetin descouvert,
Au collet lasche, et joignant la riviere
Foulent l'esmail de l'herbe printaniere,
[Prennent le frais, fieres en leur beauté.
En cependant leur jeune nouveauté
Croist à l'envy des herbes qui fleuronnent.
Leurs amoureux en les suivant s'estonnent
De leur beau port, et tirent peu à peu
Dessous Vesper la recherche d'un feu
Qui les consomme, et toute la nuit pensent
En ces beaux yeux qui guerriers les offensent
Sans sommeiller, navrez trait dessus trait,
Ayant sans cesse au cœur le doux portrait
Que trop d'amour en peinture leur colle,
Ainsy qu'Hercule avoit au cœur Iole.]
Faune qui est des femmes desireux,

1. Bonnet.
2. Vert de mer.

Vit ceste dame et en fut amoureux;
Il s'alluma des beautez de la belle;
Ses yeux luysoient ainsi qu'une chandelle,
Son cœur ardoit de flames consommé,
Ainsi qu'un chaume en un champ allumé,
Qu'une bergere enflame d'aventure
Au temps d'hyver pour tromper la froidure.
  Or tellement ce Faune se ravit,
Qu'en l'espiant par les bois la suivit
Pour voir son giste, à fin que par finesse
Il peust jouir d'une telle Princesse.
  Ja le soleil estoit tombé dans l'eau,
Et ja Vesper de son cheval moreau
Porté au ciel en sa coche attelée,
Tiroit la nuict à la robe estoilée,
Au mesme temps que le bœuf tout lassé
Traine au logis le coutre renversé.
  En-cependant le souper on appreste;
L'un l'arc au poing court és forests en queste,
Cherche la biche et le cerf à l'escart,
L'autre de l'eau cherche d'une autre part.
  Le cuisinier sous le fusil assemble
Mainte filace et mainte fueille ensemble,
Maint sec festu; le caillou fait un bruit
Dessous l'acier; la flame qui se suit
Par le bas grosse, et par le haut menue,
D'un pied tortu se perd dedans la nue;
L'autre mainte herbe et fueille va couper,
Et fait des licts verdoyans pour souper.
  Tandis Hercule avec sa chere peine
Lavoit son front en l'eau d'une fontaine,
Plein de sueur et de poudre, qui fait
L'homme en amours mal-gracieux et laid.
  Quand il fut beau et bien poli, sa dame,
Sa dame, non, mais son sang et son ame,
Qui tout Hercule en ses liens tenoit,
Et d'elle seule au cœur se souvenoit,
Luy dit : « Seigneur, nous autres damoiselles

N'avons vertu sinon que sembler belles;
Nostre sexe est imbecile, inutil;
Celuy de l'homme est robuste et subtil,
Bon au conseil, sage au fait de justice,
Vif aux combats, rusé pour la police,
Et bref il est seul né pour commander;
Nous ne faisons sinon que nous farder,
Coudre, filer et broder un ouvrage,
Et gouverner quelque maigre mesnage.
 » Or si j'avois vestu tant seulement
Deux ou trois fois ton rude accoustrement,
Je deviendrois amazone premiere,
Et te serois compagne plus guerriere.
 » Donques, Seigneur, pour prendre passetemps,
Ton fier habit preste-moy pour un temps,
Ton brand ferré, ta peau Cleoneenne,
Robe d'Hercule, et tu prendras la mienne. »
 Luy qui n'eust peu luy refuser son bien
Ainçois son cœur, respond : « Je le veux bien. »
 Ainsi tous deux d'habillemens changerent :
Mais les habits d'Iole ne logerent
Ce grand geant, ains par haut et par bas
Rompoit la manche en y fourrant les bras;
Jusqu'à mi-corps le ceignoit la ceinture,
Dessous ses nerfs craquetoit la cousture
A fil rompu, et les souliers faitifs
D'un demi-pied luy estoient trop petits.
Il rompt carquans et chaisnes bien dorées,
Car d'un tel corps les forces honorées,
Par qui la terre en patience estoit,
Ne recevoient un habit si estroit.
 Elle vestit, sans en estre effroyée,
Du grand lion la peau non courroyée;
Prit la massue, ah! trop pesant fardeau,
Et mal seant pour un bras damoiseau;
Si que marchant sous si horrible charge,
La peau pour elle et trop longue et trop large,
Courboit son dos et ses reins accabloit.

Sous telle charge au page ressembloit,
Qui jeune d'ans suit son maistre à la guerre,
La lance au poing, au flanc le cimeterre,
L'armet au chef, qui trop grand et trop gros,
Choque son front et lui rebat le dos.
　A-tant la nuict qui d'ailes brunes vole,
Fit retourner Hercule et son Iole;
Ils vont souper, ils se couchent tous deux,
Sans dévestir leurs habits monstrueux.
　Là tout joignant estoit l'horreur d'un antre
Où le soleil en nulle saison n'entre,
Sinon l'hyver, que son rayon tout droit
Passe dedans et amortit le froid,
Pour donner vie et force et accroissance
Aux belles fleurs qui là prennent naissance.
　De vif tufeau tout à l'entour estoient
Des bancs sans art qui d'herbes se vestoient,
Faisant d'eux-mesme une pausade aizée
De poliot et de mousse frizée,
Tendre, houpue, et de trefles qui font
Naistre en leur fueille un croissant sur le front.
　Auprés de l'huis, gardien de l'entrée,
Sonne un ruisseau à la course sacrée,
Où les Sylvains, où les Nymphes d'autour
Se vont baigner et pratiquer l'amour
Au chaud du jour, quand Diane, ennemie
De leurs plaisirs, dort és bois endormie.
　Dessus la porte une lambrunche (¹) estoit
Qui de ses doigts rampante se portoit
Sur un ormeau, et d'un large fueillage
Faisoit à l'antre et aux ondes ombrage,
Et au bestail qui s'y venoit cacher,
Et d'un col lent son vivre remascher.
　Là sur mainte herbe èt mainte fueille tendre
Les deux amans repos allerent prendre.
Leurs serviteurs, qui le somne souffloient

1. Espèce de raisin sauvage.

Par les nazeaux, sur les tisons ronfloient,
D'un lourd menton refrappant leur poitrine,
Autour du feu qui lentement decline.
 Quand le Satyre en l'antre vid seulets
Près des charbons sommeiller les valets,
Pensant le somne avoir aux yeux du maistre
Comme aux valets le doux sommeil fait naistre,
Il entre en l'antre, et alloit par compas
A pied levé doucement pas à pas,
Comme marchant sur le froissis d'un verre
Ou sur des clous, et non dessus la terre.
 Aucunefois tout pensif reculoit,
Aucunefois en avant il alloit,
Se confiant en la nuict tenebreuse,
Le noir manteau de sa fraude amoureuse.
 Dessus un pied tantost il se tenoit,
Tantost sur l'autre, et de mains tastonnoit
Ombres et mur; à la fin il rencontre,
Avec la main qui le chemin luy monstre,
Le bord du lict, où si bien arriva
Que son desir du premier coup trouva.
 Mais en touchant la robe leonine,
Retint la main, et sent en sa poitrine
Un sang tout froid qui se glace de peur,
Et coup sur coup un battement de cœur.
Puis courageux à l'autre bord s'avance
Fraudé de l'une et de l'autre esperance.
Aprés avoir d'Hercule retouché
Le mol habit, prés de luy s'est couché,
Leve sa cotte, et touche sa chair nue
D'un poil espais horriblement pelue.
 Luy qui sentoit une estrangere main,
Fust estonné; Iole tout soudain
A haute voix les serviteurs appelle
Qu'on apportast une ardente chandelle
Pour voir le fait; car tous les environs
Estoient hantez de brigans et larrons.
 Le feu venu, Hercule se colere,

S'enfle de fiel; vous l'eussiez ouy braire
Parmy cest antre, ainsi qu'un grand taureau.
D'un coup de poing il cassa le museau
Du Dieu bouquin, et d'une main cruelle
De poil à poil tout le menton luy pelle,
Et tellement s'en-aigrit de courrous,
Que l'estomac luy martela de coups.
   Le paillard fuit dessus ses pieds de chévre,
Crachant glacé le sang à pleine lévre,
Et en hurlant d'une terrible vois,
Alla cacher sa honte sous les bois.

   Que pleust à Dieu que tous les adulteres
Fussent punis de semblables salaires!
Paillards, ribaux, et rufiens, qui font
Porter aux jans (¹) les cornes sur le front.
   On ne voit plus qu'un fils ressemble au pere,
Faute, Candé, qu'on ne punist la mere
Qui se desbauche, et qui honnit sa foy,
Par la rigueur d'une severe loy.

(1573.)

1. Pour coqus.

LA SALADE.

A AMADIS JAMYN,
Son page.

Lave ta main, blanche, gaillarde et nette,
Suy mes talons, apporte une serviette,
Allons cueillir la salade, et faison
Part à nos ans des fruicts de la saison.
  D'un vague pas, d'une veue escartée
Deçà, delà, jettée et rejettée
Or sur la rive, ores sur un fossé,
Or sur un champ en paresse laissé
Du laboureur, qui de luy-mesme apporte
Sans cultiver herbes de toute sorte,
Je m'en iray solitaire à l'escart.
  Tu t'en iras, Jamyn, d'une autre part
Chercher soigneux la boursette toffue,
La pasquerette à la fueille menue,
La pimprenelle heureuse pour le sang
Et pour la ratte, et pour le mal de flanc ;
Je cueilleray, compagne de la mousse,
La responsette à la racine douce,
Et le bouton des nouveaux groiseliers
Qui le printemps annoncent les premiers.
  Puis en lisant l'ingenieux Ovide,
En ces beaux vers où d'Amour est le guide,
Regagnerons le logis pas à pas.
  Là recoursant (1) jusqu'au coude nos bras,
Nous laverons nos herbes à main pleine
Au cours sacré de ma belle fontaine ;
La blanchirons de sel en autre part,
L'arrouserons de vinaigre rosart,

---

1. Retroussant.

L'engraisserons de l'huile de Provence :
L'huile qui vient en nos vergers de France
Rompt l'estomac et du tout ne vaut rien.
Voilà, Jamyn, voilà mon souv'rain bien,
En attendant que de mes veines parte
Ceste execrable horrible fiévre quarte
Qui me consomme et le corps et le cœur,
Et me fait vivre en extréme langueur.
　Tu me diras que la fiévre m'abuse,
Que je suis fol, ma salade, et ma Muse ;
Tu diras vray, je le veux estre aussi,
Telle fureur me guarit mon souci.
　Tu me diras que la vie est meilleure
Des importuns qui vivent à toute heure
Auprés des Roys en credit et bon-heur,
En-orgueillis de pompes et d'honneur ;
Je le sçay bien, mais je ne le veux faire ;
Car telle vie à la mienne est contraire.
　Il faut mentir, flater et courtiser,
Rire sans ris, sa face desguiser
Au front d'autruy, et je ne le veux faire,
Car telle vie à la mienne est contraire.
　Je suis pour suivre à la trace la cour
Trop maladif, trop paresseux et sourd,
Et trop craintif ; au reste je demande
Un doux repos, et ne veux plus qu'on pende
Comme un poignard les soucis sur mon front.
　En peu de temps les courtizans s'en-vont
En chef grison, ou meurent sur un coffre.
　Dieu pour salaire un tel present leur offre
D'avoir gasté leur gentil naturel
D'ambition et de bien temporel,
Un bien mondain qui s'enfuit à la trace
Dont ne jouit l'acquéreur ni sa race. (*a*)

a. Var. :

Sans parvenir à la troisiesme race.

[Ou bien, Jamyn, ils n'auront point d'enfans
Et ils seront en la fleur de leurs ans
Disgraciez par fortune ou par vice;
Ou ceux qu'ils ont retrompez d'artifice
Les appastant par subtiles raisons,
Feront au ciel voler leurs oraisons.
 Dieu s'en courrouce et veut qu'un pot de terre
Soit foudroyé sans qu'il fasse la guerre
Contre le ciel; et sçache qu'en tout lieu
L'ambition est desplaisante à Dieu,
Et la faveur qui n'est que vaine boue
Dont le destin en nous mocquant se joue.]
Car la Fortune aux retours inconstans,
Ne peut souffrir l'ambitieux long temps,
Monstrant par luy, d'une cheute soudaine,
Que c'est du vent que la farce mondaine,
Et que l'homme est tres-malheureux qui vit
En cour estrange, et meurt loing de son lit.
 Loin de moy soit la faveur et la pompe
Qui d'apparence et de fard nous retrompe,
Qui nous relime et nous ronge au dedans
D'orgueil, d'envie et de soucis mordans.
L'ambition, les soucis et l'envie,
Et tout cela qui meurdrit nostre vie
Semble des Dieux à tels hommes qui n'ont
Ni honte au cœur ni soucy sur le front.
Tels hommes sont colosses inutiles,
Beaux par dehors, dedans pleins de chevilles,
Barres et clous, qui serrent ces grands corps.
En les voyant dorez par le dehors
En Jupiter, Apollon ou Neptune,
Chacun revere et doute leur fortune.
Et toutesfois tel ouvrage trompeur
Par sa hauteur ne fait seulement peur
Qu'aux idiots; mais l'homme qui est sage
Passant par là ne fait cas de l'ouvrage;
Ains en l'esprit il desdaigne ces Dieux
Portraits de plastre, et luy faschent les yeux,

Subjects aux vents, au froid et à la poudre.
Le pauvre sot qui voit rougir la foudre
A longs rayons dedans leur dextre main,
Ou le trident aux trois pointes d'airain,
Craint et pallit devant si grand colosse,
Qui n'a vestu que l'apparence grosse,
Lourde, pesante et qui ne peut en rien
Aux regardants faire ni mal ni bien,
Si non aux fats où la sottise abonde
Qui à credit craignent le rien du monde. (*a*)
  L'homme ignorant, digne de tous meschefs,
Ne cognoist pas que c'est un jeu d'eschets
Que nostre courte et miserable vie,
Et qu'aussi tost que la mort l'a ravie,
Dedans le sac on met tout à la fois
Rocs, chevaliers, pions, Roynes et Rois,
Tous pesle mesle en mesme sepulture.
Telle est la loi de la bonne nature
Et de la terre; en son ventre elle prend

a. Var. :

L'homme qui monte aux honneurs inutiles
Semble un colosse attaché de chevilles,
Ferré de gonds, de barres et de cloux;
Par le visage il s'enfle de courroux,
Representant Jupiter ou Neptune.
Sa brave enflure estonne la commune,
D'or enrichie et d'azur par dehors;
Mais quand on voit le dedans du grand corps
N'estre que plastre et argile poitrie,
Alors chacun cognoist la moquerie,
Et desormais le colosse pipeur
Pour sa hauteur ne fait seulement peur
Qu'au simple sot, et non à l'homme sage
Qui hausse-beque et mesprise l'ouvrage.

De fosse égale et le pauvre et le grand, (a)
Monstrant par là que la gloire mondaine
Et la grandeur est une chose vaine.
 Ah! que me plaist ce vers Virgilian,
Où le vieillard pere Corycian
Avec sa marre en travaillant cultive
A tour de bras sa terre non-oisive,
Et vers le soir, sans acheter si cher
Vin en taverne, ou chair chez le boucher,
Alloit chargeant sa table de viandes
Qui luy sembloient plus douces et friandes
Avec la faim, que celles des seigneurs
Pleines de pompe et de fardez honneurs,
Qui desdaigneux de cent viandes changent
Sans aucun goust, car sans faim ils les mangent.
Lequel des deux estoit le plus heureux?
Ou ce grand Crasse en escus plantureux,
Qui pour n'avoir les honneurs de Pompée
Alla sentir la Parthienne espée,
Ou ce vieillard qui son champ cultivoit,
Et sans voir Rome en son jardin vivoit?
« Si nous sçavions, ce disoit Hesiode,
Combien nous sert la guimauve, et la mode
De l'accoustrer, heureux l'homme seroit,
Et la *moitié* le *tout* surpasseroit. »
 Par la *moitié* il entendoit la vie
Sans aucun fard des laboureurs suivie,
Qui vivent sains du labeur de leurs doigts,
Et par le *tout* les delices des Rois.
« La Nature est, ce dit le bon Horace,
De peu contente, et nostre humaine race

a. Var. : 1578.

Ainsi la terre en mesme sepulture
Met peuple et Roys par la loy de nature,
Qui mere à tous sans nulle passion,
De l'un des deux ne fait election,

Ne quiert beaucoup; mais nous la corrompons,
Et par le trop la nature trompons. »
　C'est trop presché, donne-moy ma salade;
Trop froide elle est (dis-tu) pour un malade.
　Hé quoy? Jamyn, tu fais le medecin!
Laisse-moy vivre au moins jusqu'à la fin
Tout à mon aise, et ne sois triste augure
Soit à ma vie ou à ma mort future;
Car tu ne peux, ny moy pour tout secours,
Faire plus longs ou plus petits mes jours.
Il faut charger la barque Stygieuse :
La barque c'est la biere sommeilleuse
Faite en batteau; le naistre est le trespas;
Sans naistre icy l'homme ne mourroit pas;
Fol qui d'ailleurs autre bien se propose !
Naissance et mort est une mesme chose.

(1573.)

DISCOURS

D'UN AMOUREUX DESESPERÉ ET DE SON COMPAGNON QUI LE CONSOLE, ET D'AMOUR QUI LE REPREND.

A SCEVOLE DE SAINCTE-MARTHE,

Poictevin, tres-excellent poëte.

LE DESESPERÉ COMMENCE.

Dure beauté, ingrate et malheureuse,
Las! escoutez ma plainte douloureuse,
Et me voyez en mes larmes mourir,
Puis qu'autrement ne voulez secourir
Le mal qu'Amour m'a gravé dedans l'ame,
De tout mon corps ne faisant qu'une flame,
Et qu'un glaçon vivement attisé
Du seul despit de me voir mesprisé.

Tant plus l'amant de soy-mesme s'estime,
Plus il est brave et plus est magnanime;
Tant plus son cœur est genereux et chaut,
Tant plus il aime en lieu parfait et haut;
Si par desdain son service on outrage,
Incontinent l'amour se tourne en rage,
En pleurs, en cris, en larmes, en fureur,
Vrais souspiraux pour éventer le cœur,
Qui creveroit genné de telle presse,
Si pour confort n'accusoit sa maistresse.
   Puis que vos yeux m'ont brassé la poison,
Puis que pour vous j'ay perdu la raison,
Perdu l'esprit, comme chose frivole,
Je perdray bien encore la parolle,
A fin de dire à ces rochers icy
De vostre cœur le vouloir endurcy.
O beauté! non, mais bien cruauté, née
Sous malheureuse et rude destinée,
Pour me tuer, deschirer et humer
Mon sang trahy dessous le nom d'aimer.
   L'homme vrayment est digne de grand blâme
Qui perd son âge à servir une femme,
Sujet leger, qui vit du seul plaisir
De varier, de changer, et choisir,
Et qui se dit d'autant plus honorable
Qu'elle est tousjours menteuse et variable.
Aussi Venus, qui nasquit dans les flots
De l'Océan ennemy du repos, (*a*)
Nous monstre assez que la plus seure amante
N'est que tempeste, orages et tourmente.
   Il ne faut point égaler le mal-heur
Au mien, qu'endure attaché le voleur
Dessus Caucase, ou la peine infernale
De Salmonée, Ixion, ou Tantale;

---

a. Var. :

Flots ennemis de l'homme et du repos,

Prés de mon mal leur sort est bien heureux :
Qui veut souffrir il faut estre amoureux,
Il faut aimer une ingrate cruelle,
Qui nous occit d'autant plus qu'elle est belle.
   Esprit de roche, âme faite de fer,
Que mes souspirs ne peuvent eschaufer,
Cœur, mais du plomb, qui te caches indigne
D'estre logé sous si belle poitrine ;
Ris mon trompeur, front gracieux et fier,
Œil, non pas œil, mais un drillant acier,
Corps engendré dans l'espais des bocages,
Nourry du laict des lionnes sauvages ;
Si le devoir vous eschauffe à pitié,
Ayez soucy de ma longue amitié,
Et quelquefois, helas ! vous prenne envie
D'avoir horreur des tourments de ma vie,
Craignant la main de Nemesis, qui fait
Punition de ceux qui ont forfait.
   Hé ! quel forfait plus grand sçauroit-on faire
Que son amy cruellement desfaire,
Le tourmenter, gesner et martirer,
Et tout son cœur par morceaux deschirer ?
   Toute la nuict quand le soleil se plonge
Sous l'Océan, l'espouvantable songe
En cent façons, pour me donner effroy,
Coup dessus coup vous represente à moy.
Depuis le soir jusqu'au poinct de l'aurore
Pensif je veille ; Amour qui me devore,
Comme ennemy de mon premier repos,
Ne donne tréve un quart d'heure à mes os ;
Deçà delà je me tourne et revire.
   Mon œil, voyant le pourtrait qu'il desire
Comme un fantosme errer dessus mon lict,
Me fait taster les ombres de la nuict,
Croisant mes bras au devant de l'image
Pour la serrer ; mais elle plus volage
Qu'un vent leger, en fuyant ne veut pas
Qu'un vain plaisir je presse entre mes bras.

LIVRE PREMIER.

Mais quand l'Aurore abandonne la couche
Du vieil Tithon, tout réveux et farouche
Je sors du lict, et sans autre tesmoin
Seul je me pers en un antre bien loin,
Parlant tout seul. Amour qui m'accompagne
Me fait aller de montagne en montagne,
De bois en bois, de penser en penser ;
Je fuy les lieux par où je voy passer
Le peuple errant, et dresse mon allée
Entre les bois herissez de fueillée.
 Mais en fuyant les hommes et le jour,
Je ne fuy point moy-mesme, ny Amour,
Ny le penser importun de ma dame,
Qui comme un ours se repaist de mon ame,
Mange mon cœur, et me met en tous lieux
Vostre pourtrait au devant de mes yeux.
Aucunefois ceste fausse esperance
Par les deserts me promet asseurance,
Et me pippant, mensongere, me dit
Qu'en vostre amour j'auray quelque credit ;
Mais je ne veux à Déesse si vaine
Adjouster foy, pour allonger ma peine.
[Le plus souvent par les lieux où je vois,
Si je regarde une riviere, un bois,
Herbe, rocher, fleur incarnate ou blue,
Je pense veoir le bel œil qui me tue ;
Car j'ai perdu par trop imaginer
Toute raison, et ne puis gouverner
Si bien mon sens, qu'Amour ne le transporte
Et la fureur en moy ne soit plus forte.]
 Las ! mon esprit par trop rêver a fait
Mon corps hideux, palle, morne et desfaict,
Desfiguré comme ces ombres vaines
Qui vont là bas sans muscles et sans veines,
Sans sang, sans nerf, aux rives d'Acheron,
Leger fardeau du bateau de Charon ;
A tels esprits pour aimer je resemble,
Trainant un corps vif et mort tout ensemble.

Donques voyant mon trespas approcher,
Je veux mourir au pied de ce rocher
Plat estendu contre la froide terre,
Pour estre franc d'Amour et de sa guerre,
Et des soucis si prompts à m'offenser,
Et par-sur tout de ce meschant penser.
  Il ne faut point qu'un beau lict de verdure
Pour ornement couvre ma sepulture ;
Roses ne lis ne sont pour le tombeau
D'un miserable amoureux jouvenceau,
Mais bien la ronse espineuse y fleurisse,
Et en tout temps le chardon s'y herisse ;
Nul pastoureau n'y chante du flageol,
Mais le corbeau en lieu de rossignol,
Et que la neige à coups de pied brisée
Sur le printemps luy serve de rosée.
  Puis quand l'esprit tout franc sera dehors
Des serfs liens du miserable corps,
Je ne veux point qu'il prenne une autre forme,
Mais gresle et nud, et fantosme difforme,
Afreux, hideux, devant ses yeux souvent
Vole et revole aussi leger que vent,
En cent façons par une estrange feinte
Troublant son âme en tous lieux d'une crainte,
Et tout son cœur de rage et de fureur,
Et son esprit de songes et d'horreur,
Ou soit la nuict en son lict endormie,
Ou soit le jour, à fin que nulle amie
Sur la rigueur ne mette son appuy,
Prenant exemple à la peine d'autruy.

LE COMPAGNON DE L'AMOUREUX QUI LE CONSOLE.

  Ah ! compagnon, ramasse ton courage,
La raison soit maistresse de ta rage ;
Réveille-toy d'un sommeil si profond,
Et la vertu replante sur ton front.

Naiz pour l'honneur en ce monde nous sommes ;
Les cris, les pleurs sont indignes des hommes,
Qui de nature ont le cœur genereux
Pour ne broncher sous le sort malheureux ;
Mais vers le ciel dressant tousjours la teste,
Ont pour sujet toute action honneste,
Un haut courage, un vertueux penser
Qui ne se peut de Fortune offenser.
Entre les morts est morte l'esperance ;
Entre les vifs elle a sa demeurance.
Espere donq, et hardy ne reçoy
Le desespoir pour le loger chez toy.
L'esperance est des laboureurs nourrice,
L'esperance est aux prisonniers propice,
Sans elle en mer le pilote n'iroit,
Bref, sans l'espoir le monde periroit.
Rien n'est si dur qu'une roche massive,
Rien n'est si mol qu'une fontaine vive ;
Et toutefois l'onde avecques le temps
Mange la roche et la creuse dedans.

 Toute douleur, tant soit longue et mordante,
Tant soit sa playe en nostre cœur ardante,
Se peut casser par patience, ainsi
Qu'un grand rocher sur le bord endurci
Casse à l'entour, sans bouger de sa place,
D'un pied constant la mer qui le menace.

 Mets, je te prie, au devant de tes yeux
L'heure, le jour, et le temps et les lieux,
Où quelquefois ta constance asseurée
A la rigueur de Fortune endurée,
Voire plus grande et plus forte beaucoup
Que n'est l'Amour qui t'a donné ce coup.

 Souvienne-toy combien dessus la plaine
De la grand' mer tu as souffert de peine,
Pendu sur l'onde, assailly de la mort
Qui t'espioit à deux doigts prés du port.

 Souvienne-toy combien tu as sur terre
Souffert de mal au travail de la guerre,

Blessé, navré, rigueur dessus rigueur,
Où toutesfois tu n'as perdu le cœur.
   Voudrois-tu donq', ô nouvelle misere !
Le perdre ainsi pour chose si legere?
   Souvienne-toy, regaignant ta raison,
Que ta maistresse est de grande maison,
De noble sang, et non pas amusée
A dévider ou tourner la fusée ;
Et que son œil, mais un soleil doré,
Et son esprit des autres adoré,
Et ses cheveux, les liens de ta prise,
Sa belle main à la victoire apprise,
Son ris, son chant, son parler et sa vois
Meritent bien le mal que tu reçois.
   Endure donq' : les amours sont semblables
Aux jours qui sont de nature muables,
Tantost sereins et tantost pluvieux,
Chauds et glacez, ainsi qu'il plaist aux cieux.
   J'estois un jour amoureux d'une dame
Qui d'outre en outre avoit percé mon ame
De ses beaux yeux ; plus mon cœur s'allumoit
Mourant pour elle, et moins elle m'aimoit,
De mon tourment apparoissant plus belle,
Et sa beauté la rendoit plus cruelle.
Comme un chévreul qui de peur va fuyant
Devant un loup de famine aboyant,
Qui ja déja de sa griffe le presse ;
Ainsi fuyoit ceste jeune maistresse.
   O quantesfois tout seul entre les bois,
Entre l'effroy des antres les plus cois,
Ay-je conté dans un desert sauvage
Le mal receu pour un si beau visage?
   O quantesfois aux rochers d'alentour
Ay-je conté la rudesse d'Amour,
Et arresté les vents à ma complainte?
   Echo sans plus, de mes souspirs atteinte,
Me respondoit, et d'un pareil esmoy
M'accompagnant, pleuroit avecques moy.

Cent fois troublé d'une fureur extréme
J'ay mon poignard tourné contre moy-mesme,
Pour deslier par le bien de la mort
L'esprit transi sans espoir de confort ;
Mais quand la honte avoit refreint ma destre,
A tout le moins, disoy-je, il me faut estre
Hoste des bois, et m'arrester icy
Sans que le peuple entende mon soucy.
 Ja n'est besoin que le monde rougisse
De ma vergongne, il faut que je languisse
En ces deserts, et traine ma langueur
Bien loin du peuple autour de mon malheur.
 Ainsi disois, mais les haleines molles
Des vents en l'air emportoient mes parolles ;
Car tout soudain l'importun souvenir
Forçant mes pas, me faisoit revenir
Devant les yeux de ma belle guerriere
Inexorable et sourde à ma priere,
Qui de mes pleurs sa rigueur abreuvoit,
Et de mes cris non plus ne s'esmouvoit
Que fait la mer, quand palle du naufrage
Le nocher crie au milieu de l'orage.
 J'avois souffert quinze mois sa rigueur,
La larme à l'œil, sur le front la langueur,
La flame au cœur, le souspir en la bouche,
Sans amollir ceste beste farouche ;
 Quand pour trouver à mon mal guarison,
D'un vieil sorcier je cherchay la maison,
Sorcier barbu, à l'œil espouvantable,
Au gros sourcil, au front inaccostable,
Ridé, crasseux, arrogant, éhonté ;
Seul je l'aborde et mon mal luy conté.
 Il me respond : « Ta teste est estourdie
D'une bien chaude et forte maladie ;
Et toutefois tu pourras bien guarir
Si prompt tu veux toy-mesme secourir,
Non par l'effort d'un magique murmure,
Par vers charmez, par estrange escriture,

Ny par billets à ton col attachez,
Ny par secrets des Demons recherchez.
    » Tant seulement pour un mois dissimule
Maugré ton cœur la flame qui te brule;
Change de face, et fein d'estre guary;
Ne marche plus comme triste et marry,
A front baissé souspirant par la voye;
Ny messagers ny lettres plus n'envoye,
Nourrissement et appast de ton feu;
Cache ton mal, temporises un peu,
Et tu voirras ains que le mois se passe,
Que par le temps toute fureur s'efface. »
    Aprés avoir mon mal dissimulé,
Elle estima mon feu s'en estre allé,
Et que mon âme, autre part envolée,
En son endroit de chaude estoit gelée,
Et que mon cœur par feinte diverty
Avoit ailleurs trouvé nouveau party;
Par desespoir s'escria mal-heureuse,
Rompt ses cheveux, devint toute amoureuse,
Et sans user de plus longue rigueur,
Me saute au col et m'appella son cœur.
    Si tu m'en crois, guary-toy de la sorte;
Ou si tu n'as la constance assez forte,
Je te diray pour ton dernier secours
Le vray moyen de perdre tes amours.
    On dit, amy, qu'en la forest d'Ardeine
Dessous un chesne ondoye une fontaine,
Dont Angelique à longue haleine beut;
Si que depuis, dédaigneuse, ne peust
Aimer Regnaud, et dedans sa mouelle
Sentit couler une glace nouvelle,
Tant seulement par la vertu d'une eau,
Qui de son cœur esteignit le flambeau.
    Va te plonger par neuf fois en ceste onde,
Bois-en neuf fois, et neuf fois à la ronde
Des rives tourne, avant que le soleil
Face apparoistre aux Indes son réveil.

Ou bien, amy, si tu ne veux me croire,
Voicy Amour à la trousse d'yvoire,
A l'arc tendu, au traict bien aiguisé.
De tous les Dieux c'est le mieux avisé ;
Oy-le parler. Quand un Dieu nous conseille,
Il faut apprendre et luy prester l'aureille ;
Car il faut croire et tenir pour certain
Qu'un Dieu ne veut tromper le genre humain.

AMOUR REPREND L'AMOUREUX.

Masse de plomb, et digne qu'on te nomme
Un dur rocher en la forme d'un homme,
Ou bien un monstre en homme contrefait ;
Pour le loyer du bien que je t'ay fait
Me blasmes-tu ? tel miserable blâme
Ne peut sortir que d'une meschante âme.
Certes devant que le coup de mon dard
T'eust attiré pour estre mon soudard,
Et que je t'eusse en la belle campagne
Des amoureux rangé sous mon enseigne ;
Tu vivois sot, ignorant et lourdaut,
Ton cœur grossier n'esperoit rien de haut,
Ton sang couard estoit froid comme glace,
Ton âme estoit en ton corps une masse,
Et mal en point, mal propre et mal vestu,
Niais, badin, eslongné de vertu,
Allois errant comme un homme sauvage
Sans eslever vers le ciel le visage.
Mais aussi tost que j'eu dedans ton cœur
Poussé le trait qui te tient en langueur,
En langueur, non, mais bien en esperance
D'avoir le fruit de ta perseverance ;
Incontinent que j'eu devant tes yeux
Mis le pourtrait dont tu es envieux,
Lequel gaignant ton âme toute entiere
Fut ton sujet, ton objet, ta matiere ;

Bref, aussi tost que tu vins à sentir
Ce plaisant feu que tu voyois sortir
De la beauté de ta dame bien née,
D'antique race et de grande lignée,
Et que tu vis comme les astres font
Mille vertus reluire sur son front,
Et que le geste et l'apparence haute,
Et le desir d'eviter toute faute,
Et que l'honneur la vestoit proprement
Comme d'un brave et riche accoustrement ;
  Lors aux rayons d'une si belle face
Changeas de mœurs, de nature et de grace ;
Ton esprit fut actif et vigoureux,
Ton sang devint plus chaud et genereux,
Ton âme s'est en beaux discours haussée,
Et vers l'honneur s'en-vola ta pensée,
Par gaillardise esperant d'acquerir
Celle beauté qui te faisoit mourir.
  Adonc au ciel tu eslevas la teste,
Tu devins propre, et accort, et honneste,
Discret, facond, bien-parlant, bien-disant,
Et de fascheux, agreable et plaisant.
  Pour mieux donter la paresse et le vice,
Armes, chevaux, furent ton exercice,
Guerres, combats, mascarades, tournois,
Et honorer l'Amour par le harnois.
Donc tu me dois, t'ayant donné maistresse,
Ton bon esprit, ta grace et ta prouesse,
Et les vertus qui procedent d'aimer ;
Puis comme ingrat tu oses me blâmer
Contre raison, qui ta fiere nature
Ay convertie en douce nourriture !
  Tu me diras qu'Amour est passion
Pleine de forte et chaude affection,
Et que celuy qui mes fleches espreuve,
Pour un seul bien mainte douleur y treuve,
Et qu'un plaisir est cherement vendu,
Quand pour l'avoir un âge est despendu.

Escoute, amy : le ciel, par qui nous sommes,
Ne doit pas tant à la race des hommes
Que de verser toute douceur icy
Sur nos plaisirs sans mesler du soucy.
Il n'y a chose au monde si heureuse,
Que par malheur la tristesse espineuse
D'un soin mordant n'aigrisse, et que son fiel
De son aigreur ne corrompe le miel.
Mais quand le bien arrive aprés la peine,
Il est plus doux, d'autant que l'âme pleine
Des premiers maux, se laisse decevoir
Du bien receu qui vient contre l'espoir.
 Tu n'es pas seul qui pleures pour ta dame ;
Les plus gaillards remplis d'une belle ame,
Princes et Roys, seigneurs chevaleureux,
Ont souspiré leur travail amoureux.
 Voy les beaux yeux de ta belle maistresse ;
Voy le pouvoir de ce Dieu qui te blesse,
De qui le coup par secrette langueur
Venant des yeux s'encharne sous ton cœur ;
Lors tu prendras en ton mal patience,
Me cognoissant par ton experience.
Ton mal te vient de ton propre meffait ;
Je suis tout bon ; je ne t'en ay point fait ;
Mais ta raison par les sens depravée,
A la beauté corporelle approuvée,
Non la celeste ; aussi tu as receu
Tous les tourmens d'un amoureux deceu.
 Car moy qui suis de nature tres-bonne,
Enfant du ciel, ne veux nuire à personne,
Mais profiter, tenant dessous ma main,
Comme un bon Roy, en paix le genre humain.
 Je tiens le monde en parfaite alliance ;
Les elemens cognoissent ma puissance,
Peuples, citez ne vivent que par moy,
Et leur repos s'entretient par ma loy.
 Je suis par tout, toute chose j'embrasse,
Je fais de l'homme immortelle la race,

Le chatouillant doucement de mon trait,
Pour se refaire et laisser son pourtrait.

Je suis des Dieux le meilleur interprete,
Je suis devin, cabaliste et prophete;
D'entre les Dieux et les hommes je suis
Poste, courrier, et messager qui puis
Porter au ciel des hommes les prieres,
Porter à l'homme en cent mille manieres
Songes, advis et oracles de Dieu;
Car du grand air j'habite le milieu.

J'ay pere et mere, et n'ay pere ny mere;
Aucunefois je pense avoir un frere,
Quelquefois non; j'ay diverses les mœurs,
Tantost je vy et tantost je remeurs,
Jeune, vieillard, chaut, delicat et tendre;
Comprenant tout, on ne me peut comprendre;
Car du grand Dieu l'immense charité
Ne se comprend par vostre humanité.

Quand du haut ciel les âmes abaissées
Dedans les corps languissent oppressées
De la matiere et du pesant fardeau,
Je leur esclaire aux rais de mon flambeau;
Je les réveille et leur preste mes ailes
Pour revoler és maisons eternelles,
Par le bien-faict de contemplation.
Car de l'amour la plus belle action
Est de rejoindre en charité profonde
L'âme à son Dieu tandis qu'elle est au monde.

Plus ta maistresse est belle, et d'autant plus
Laissant ton corps impotent et perclus,
Devois hausser tes yeux outre la nue
Pour voir le beau dont ta belle est venue;
Mais t'amusant à la beauté du corps,
Et aux couleurs qui plaisent par dehors,
Qui comme fleurs en naissant se fanissent,
As abaissé tes esprits qui languissent
Lourds, engourdis d'un sommeil ocieux,
Sans envoyer ton âme jusqu'aux cieux,

Estant plongée en l'amour furieuse,
Brutale amour, charnelle, vicieuse;
Donc de ton gré te liant en prison,
As dérobé toy-mesme et ta raison.
  De telle erreur procede ta complainte,
Tes pleurs, tes cris, tes souspirs et la crainte,
Le desespoir de n'estre jamais tien,
Et mille maux que tu merites bien,
Voire les fers et toute genne extréme,
Puis que tu es le meurtrier de toy-mesme.

  Scevole, amy des Muses que je sers,
Ici je t'offre, en lieu de tes beaux vers,
Un froid discours larron de ta louange.
  Tu n'es premier qui te trompes au change;
Glauque (¹) jadis s'y deceut devant toy;
Et toutefois pren ce present de moy,
Pour tesmoigner d'une encre perdurable,
Que mon vers fut à ton vers redevable.

(1573.)

A PIERRE DU LAC,

Seigneur du Petit-Bourg, Auvergnac, tres-fameux advocat en parlement.

Du Lac, qui joins la gentille carolle
Des doctes Sœurs à l'espineux Bartolle,
Par la douceur donnant un contrepois
A la rigueur des plus severes lois;
  En ce-pendant qu'en vain tu te consommes
Pour appaiser la malice des hommes,

---

1. Car il changea ses armes d'or avec d'autres qui estoient d'airain.

Et qu'au Palais, tumultueux manoir,
Tu vas marchant sur le blanc et le noir; (¹)
Dés le matin jusques à la disnée,
Dés le disner à la nuict retournée,
Pensant, songeant, par quel docte bon-heur
Tu seras grand en biens et en honneur,
Pour meriter les hauts estats de France;
Car ton Auvergne enfante en abondance
Et chancelliers et presidens qui ont
Tousjours porté justice sur le front.
 Je fay l'amour avec ma fiévre-quarte;
Il faut qu'un clou par violence parte
Poussé d'un autre; ainsi, Du Lac, il faut
Que par mon chaut je pousse l'autre chaut,
Chassant l'ardeur de ma fiévre cruelle
Par la chaleur d'une amitié nouvelle.
 Je voudrois bien les deux flames chasser;
Mais je ne puis ma nature passer,
Ny mon destin, qui me donnent une ame
Passionnée en l'une et l'autre flame.
 L'un de mes feux ne te consomme point,
L'autre te brusle : et d'autant qu'il te point,
Plus il t'est doux, et tu ne veux attendre
Que son brazier se cache sous la cendre,
L'environnant de pensers à l'entour
Pour le nourrir. Car volontiers Amour
Naist du penser, et se paist d'esperance,
Et l'espoir vient de la perseverance.
 On ne doit point en amour esperer,
Qui à l'égal ne veut perseverer,
Comme tu fais; qui toujours perseveres,
Pour soulager tes estudes severes,

---

 1. Qui discernes et separes les choses justes d'avec les injustes. Il parle à la façon des anciens, qui exprimoient les bonnes et les mauvaises choses par ces deux couleurs contraires. Et nous disons encore, une action noire, mais non pas blanche.

Entre-meslant d'un joyeux entre-las
Au doux Amour la farouche Pallas.
[Aussi l'on dit qu'au jour de ta naissance
Pallas vouloit avoir seule puissance
Dessus ton corps, et qu'Amour indompté
Vouloit aussi l'avoir d'autre costé.
Ils se battoient quand Jupiter le pere
D'un clin de teste appaisa leur colere,
Et ordonna que ton corps nouveau-né
Autant à l'un qu'à l'autre fust donné.
Ainsi Amour et Pallas te partirent
Par la moitié et dans ton âme mirent,
Te partissant, diverses passions
Selon l'enclin de leurs affections.
   L'un te donna courage de le suivre,
L'autre un desir de courtiser un livre.
   Quant au sçavoir dont Pallas eut le soin
De t'honorer, je n'en suis seul tesmoin,
Mais ton Palais et la Fame (¹) emplumée
Qui va semant ta vive renommée,
Chante si haut ton sçavoir vertueux
Que du Palais le bruit tumultueux
Fait place au son que sa trompette entonne,
Tant hautement ta louange elle sonne.
   Soit pour orer (²) devant les senateurs,
Soit pour fléchir l'oreille aux auditeurs,
Soit pour conseil ou soit pour l'escriture,
Pour denouer une matiere obscure,
Soit pour avoir un jugement certain
Et un esprit qui conçoit tout soudain,
Soit pour aimer le droit et la justice,
Soit pour haïr la fraude et l'avarice,
Soit pour conjoindre aux mœurs l'honnesteté
Et la douceur avec la gravité,
D'un gentil cœur qui tous les deux assemble,

1. *Fama :* la Renommée.
2. *Orare :* discourir. Nous disons *pérorer*.

Soit pour loger toutes vertus ensemble,
Seul tu le fais : je l'ai bien esprouvé
Qui au besoin fidelle t'ay trouvé.
  Pource envers toy je suis du tout semblable
Au villageois qui, pauvre et redevable,
Par tous moyens ne cesse d'essayer
Comme il pourra son creancier payer,
Et ne trouvant une bourse assez forte
Un mol fromage ou des œufs luy apporte,
Ou des raisins, des pommes ou des noix.
Le créancier qui a le cœur courtois,
Prend le present et le debteur renvoye
En attendant plus sonnante monnoye.
  Pren donq ce livre (¹) en attendant de moy
Meilleur payment qui soit digne de toy.
Ce sont souspirs et larmes espandues,
Folles amours follement despendues,
Qu'Amour chanter par contrainte me fit.
Tu pourras bien en faire ton profit
Sans te lier sous l'amoureux servage,
Sage et rusé par mon propre dommage.]
  Tu me diras : Quoi! tu parles tousjours
De pleurs, de cris, de sanglots et d'amours,
Ja tout grison et tout comblé d'affaires
Qui sont, Ronsard, à tes amours contraires,
Plaids et procés, mille sacs au costé!
Tu es aveugle ou tu es eshonté
D'abandonner tes négoces pressées
Pour des ardeurs qui sont si tost passées. (*a*)

a. Var. :

Tu me diras : Et quoy? la poësie
Amuse encor ta folle fantasie?
Veu que tu as tant de sacs au costé,

1. Cette pièce étoit, dans l'origine, en tête du cinquième livre des Poëmes.

Je sens, Du Lac, le faix dessus mon dos,
Et les procez qui poignent jusqu'à l'os;
Mais m'asseurant sur ta foy non vulgaire,
Je te les laisse et si ne m'en chaut guere.
　Je suis semblable au pelerin chargé,
Qui par la poudre a long-temps voyagé,
Quand sa valise ou son bissac le presse,
Au premier hoste en ostage il les laisse;
Il ceint sa robbe, ou la retrousse, à fin
Que sans empesche il fende le chemin,
Et le premier au logis se repose,
Dorme son saoul, et ne pense autre chose.
　Ainsi, amy, pour décharger mon faix,
Je te resigne et donne mes procez,
Papiers et sacs que le Palais gouverne,
Vrais enfançons de ce monstre de Lerne,
Qui sept arpens sous la panse fouloit,
Et d'un seul col sept testes esbranloit;
Et toutefois, de sept revers, Alcide
Les fit broncher et en fut homicide.
　En imitant ce bras Tirynthien,
Tu peux trencher mon procez, mais le tien,
D'un seul revers, en suivant ta coustume,
Non par le fer, mais par ta docte plume.

(1573.)

Procez, enfans du Palais eshonté :
Pesant fardeau, plustost vilaine engeance,
Dont Dieu punit les hommes par vengeance.

LE SOUCI DU JARDIN.

AU SIEUR CHEROUVRIER,

Excellent musicien.

Je veux chanter, Cherouvrier, le Souci
Qui te plaist tant, et qui me plaist aussi ;
Non les soucis dont Amour me fait guerre (a)
Mais les Soucis, estoilles d'un parterre,
Ains les soleils des jardins, tant ils sont
Jaunes, luisans, et dorez sur le front.
 La rose emporte (empourprant son espine)
Le premier lieu à cause d'Erycine,
Et du beau sang d'Adon qui la peingnit ;
L'œillet après qu'Apollon contraingnit
Jouer au disque, et qui le fit occire
Sans y penser à l'amoureux Zephyre,
Et fut depuis aux Spartes un grand Dieu.
 Ces deux, Soucy, ont eu le premier lieu,
Toy le troisiesme, et s'il n'y a fleurette,
Ny giroflée, ou double violette,
Genest, josmin plus odorant que toy ;
Au moins, Souci, s'il n'est vray, je le croy.
 Soit que ma dame autresfois m'ait donnée
Ta couleur jaune, ou que l'âme inclinée
A voir, sentir, et contempler ta fleur,
Sur tous parfums j'estime ton odeur ;
Jamais repas ne me fut agreable,
Si ton bouton n'enfleurit une table,

a. Var. :

Non les soucys qui tout le cœur nous serre,

Salade, pain, et toute la maison
Aux plus beaux mois de la prime saison;
Car de couleur, Soucy, je te ressemble,
Tu es, Soucy, mon frere, ce me semble.
 Tu es tout jaune, et tout jaune je suis
Pour trop d'amour qu'effacer je ne puis.
 Printemps, hyver, tu gardes ta verdure;
Printemps, hyver, le soin d'amour me dure.
 Double tu es et simple. Quant à moy
J'ay simple cœur et j'ay simple la foy; (a)
Mais mes pensers et mes ennuis sont doubles
Selon les yeux et farouches et troubles
De ma maistresse, et mon soin est doublé
Si son œil est ou farouche ou troublé.
 Quand le soleil, ton amoureux, s'abaisse
Dedans le sein de Tethys son hostesse,
Allant revoir le pere de la mer,
On voit ton chef se clorre et se fermer
Palle, défait; mais quand sa tresse blonde
De longs cheveux s'esparpille sur l'onde
Se réveillant, tu t'éveilles joyeux,
Et pour le voir tu dessiles tes yeux,
Et sa clarté est seule ton envie,
Un seul soleil te donnant mort et vie.
 Quand je ne voy les yeux de mon soleil,
De toutes parts un aggravé sommeil
Dessus le front des tenebres me donne,
Si qu'esblouy je ne cognois personne.
 Mais aussi tost que ses rais dessus moy
Me font un jour, d'yeux et de cœur je voy
Mille beautez, tant sa gentille flame
En m'éclairant me reluit dedans l'ame,
Et loin du corps dont je suis empesché,

a. Var. :

Double est ta fleur, ta fleur est simple aussi,
Mon cœur est simple, et vit tousjours ainsi;

Tient mon esprit aux astres attaché.
 On dit, Souci, quand au bras on te lie,
Que tu guaris de la melancholie.
Or en cela nous sommes differens;
Ce que je voy, tout triste je le rens
Ainsi que moy, tant il sort de tristesse
Hors de mes yeux pour ma rude maistresse,
Qui froide et lente, et morne en amitié
Mon pauvre cœur ne veut prendre à pitié,
Me consommant d'amour, tant elle est belle;
Et je veux bien me consommer pour elle.
 Adieu, Souci! si Cherouvrier, passant
Par son jardin, voit ton chef florissant,
Qui toute fleur au temps d'hyver surpasse,
Que l'aube engendre et qu'une nuict efface,
Te voyant naistre aussi tost que fanir;
Soir et matin fay-le-moy souvenir
Que nostre vie aux fleurettes ressemble,
Qui presque vit, et presque meurt ensemble;
Et ce-pendant qu'il est en son printemps,
Vive amoureux et n'espargne le temps.
 Si'en naissant ce grand maistre qui donne
Heur et mal-heur à chacune personne,
M'avoit donné, mon Cherouvrier, ta vois
Dont tù flechis les peuples et les Rois,
Comme estant seul de France la merveille
Pour attirer une âme par l'aureille;
Je chasserois la fiévre de mon corps
Par la douceur de mes divers accords.
 En lieu d'avoir ta nombreuse musique,
J'ay l'autre ardeur, la verve poëtique,
Qui rompt ma fiévre et charme ma langueur,
Me fait gaillard et me tient en vigueur.
 Doncq' si j'avois ceste voix si divine,
Present du ciel, qui sort de ta poitrine,
Je chanterois; mais ne pouvant chanter,
D'escrire en vers il me faut contenter.

       (1573.)

LE PIN.

AU SEIGNEUR DE CRAVAN. (¹)

Pin, qui estends ton hérissé fueillage
Sur mon jardin et dessus mon bocage,
Le seul honneur des arbres d'alentour,
Droit, bien toffu, de Cybele l'amour ;
Que je tremblois naguere à froide crainte
Qu'on ne coupast ta plante qui m'est sainte !
Helas ! je meurs quand j'y pense en ces jours
Que Blois fut pris, et qu'on menaçoit Tours.
  Quiconque soit qui eust embesongnée
A te couper la premiere congnée,
Avec le coup eust veu tout à la fois
Jaillir du sang ; car au cœur de ton bois
Vit cet Atys que la mere ridée
Aima jadis sur la montaigne Idée ;
Et le second qui d'un trenchant baston
T'eust fait la playe, il eust d'Eresichthon
Senty la faim ; car ta plante sauvage
Vaut en beauté le chesne et davantage, (a)
Chesne à Cerés, qui avoit en tout temps
Le chef orné des bouquets du printemps,
Où la Dryade estoit dessous vivante,
Naissant, mourant, tout ainsi que la plante.

a. Var. :

Senty la faim ; car ta plante amoureuse
Passe le chesne à la cyme glandeuse,

1. En 1573 et 1578 ; depuis il est dédié à Jehan Odin.

Quelle chanson diray-je en ton honneur,
Pin, de mon clos la gloire et le bon-heur?
Diray-je pas que ton escorce amere
Enferme Atys, que la Dindyme mere
Aima sur tous, comme elle le mua,
Et de ses loix prestre l'institua?

Je le veux bien; l'histoire n'en est vaine.
Jadis Catulle en sa langue romaine
Nous le conta comme venant des Grecs; (a)
Et moy François en me jouant aprés
Te rediray, à fin que ton histoire
Maugré le temps fleurisse par memoire.

Atys estoit un jeune jouvenceau
D'esprit gaillard, de visage assez beau,
Qui furieux se mit en la sequelle
De ces chastrez, ministres de Cybelle.
Premier et loix et statuts leur donna,
Puis ses tesmoins d'un caillou moissonna.

Au son du buis, par le mont solitaire,
Loin de chasteaux, de bourgs, et du vulgaire,
Erroit suivi (couvert d'estranges peaux)
De ces chastrez, hommes-femmes troupeaux.

Ta raison fut en fureur convertie,
Qui te coupas ta meilleure partie,
O bon Atys! aveuglé de malheur,
Tu te coupas le membre le meilleur,
Tes deux tesmoins gros de glaire feconde,
Sans qui seroit un desert ce grand monde;
Ce n'est ton doigt, ton aureille, ou ta main,
Mais les auteurs de tout le genre humain.

Aprés trois jours que la poignante rage
Eut donné tréve à son foible courage,

a. Var. :

Je le veux bien; Atys, tu le merites :
Catulle, honneur des Romaines Charites,
Te feit Romain en imitant les Grecs;

Se repentant, plein d'un souspir amer
S'en-alla seoir sur le bord de la mer :
 « Que suis-je? où suis-je? ô pauvre miserable!
Ainsi blessé d'une playe incurable,
Qui vais les champs de mon sang remplissant?
Si d'un sanglier la defense en passant
M'avoit navré, je prendrois patience;
Mais las! helas! mais c'est moy qui m'offence.
O folle crainte, ô superstition!
O statuts pleins d'abomination!
Religion venant d'âme mal-saine,
Seule tu es la cause de ma peine!
 » En quelle erreur, Déesse, m'as-tu mis?
J'ay donc laissé pere, mere et amis,
Voisins, parens, qui dispos soulois estre
Sur mes égaux à bien courir le maistre,
A bien luitter; maintenant je me pers
Comme une fere errant par ces deserts.
Plein d'une erreur et d'une peur frivole,
Je suy les pas d'une Déesse folle.
 » Meschantes mains, pourquoy coupastes-vous
De tout mon corps le membre le plus dous?
Meschantes mains bourrelles de ma vie,
Que je vous porte et de haine et d'envie!
 » Quand j'estois tout, je fu recommandé
Pour estre beau; ores je suis ridé,
Palle, défait, abominable, infame,
Tout ensemble homme, et tout ensemble femme!
Et si ne suis ny l'un ny l'autre d'eux,
Et toutefois mon corps est tous les deux.
 » Adieu, palais de mon pere, adieu, chasse,
Adieu, espieux, adieu, bons chiens de race,
Adieu, le prix des couronnes qui sont
L'honneur du sable, et l'ornement du front,
Que tant de fois (signe d'une main forte)
J'allois pendant à l'essueil de ma porte
Pour honorer le front de ma maison!
 » Adieu, païs, adieu, jeune saison,

Adieu, amis, adieu, jeunes pucelles
Qu'on estimoit en beauté les plus belles,
Qui me souloient tant de fleurs envoyer ;
Adieu, plaisirs, je m'en vais me noyer ! »
 A peine eut dit, que sa complainte ouie
Avoit frappé de Cybele l'ouie ;
Hors de son char en sautant devala,
Et un lion de son joug détela :
« Va, genereuse et magnanime fere,
De ta grand' queue irrite ta colere
En te frappant deçà delà le flanc ;
Va où Atys a respandu son sang,
Prés de la mer sur le bord solitaire,
Qui fuit mes lois, mon buis, et mon mystere.
 » Dresse ton poil, tes yeux soient feux ardens ;
Tire ta langue un pied hors de tes dents,
Et ce fuitif à mon troupeau r'ameine,
Cet homme-femme. » Ainsi dist Dindymene,
Et le lion qui herissa sa peau
Fit revenir cet eunuque au troupeau.
 Incontinent que Cybele l'advise,
Elle eut pitié de sa folle entreprise,
Et le touchant en Pin le transforma,
Arbre sur tous que depuis elle aima,
Ayant de luy la teste couronnée,
Ou soit qu'en pompe en son char soit menée
Dessus la terre, ou soit qu'elle aille aux cieux
Voir ses enfans, bonne mere des Dieux.
 Je te salue, ô Berecynthienne,
Qui t'esjouis du nom de Phrygienne ;
Conserve-moy d'erreur et de méchef ;
Ta fureur puisse avertiner le chef
De mes haineux, gardant saine ma teste !
Autres que moy soient prestres de ta feste,
Initiez aux despens de leur chair ;
Ce n'est pas moy qui achete si cher
Un repentir : ah ! malheureuse envie,
Qui se fait grande au danger de sa vie !

Ainsi de toy les Grecs ont devisé,
Qui par ta fable ont le peuple avisé,
O bon Atys, qu'un philosophe sage
Doit comme toy estre un homme sauvage.
Se faire un Pin c'est frequenter les bois,
Fuïr citez, bourgades et bourgeois,
Cybele aimer; elle ne signifie,
A mon advis, que la philosophie,
Qui la premiere aux astres s'éleva,
Leur fit des noms, et premiere trouva
Leurs tours, retours, leur grandeur et puissance.
   Pour tels bien-faits la Gregeoise prudence,
Philosophant et cognoissant cela,
Mere des Dieux ta Cybele appella.
   Tu n'as coupé (ce n'est que poësie)
Tes deux tesmoins; mais de ta fantaisie
Tu arrachas folles affections,
Mondains plaisirs, humaines passions,
Qui te troubloient, pour heureusement vivre,
Et contempler ta Cybele et la suivre.
L'homme est centaure; en bas il est cheval,
Et homme en haut; d'en bas vient tout le mal,
Si la raison, qui est l'homme, ne guide
Cest animal et ne luy tient la bride,
Ainsi que toy qui en toute saison
Fis obeïr les sens à la raison.
   Adieu, Atys! si ceste vieille fable,
Que je te chante, au cœur t'est agreable,
Je ne requiers, pour tout loyer, sinon
Qu'au vent ton Pin puisse entonner mon nom.
   Me chante donc la cyme non muete
D'un Pin parlant, non un mauvais poëte;
Car j'aime mieux ces sifflemens divers
Que le froid son de quelques meschans vers.
   Ainsin, Cravan (¹), je passe la journée

---

1. En 1572, il y a dans le texte *Crevant*, bien que le titre porte *Cravan*. Dans les éditions suivantes, on lit *Odin*.

Lors que la fiévre en mon corps encharnée
Ronge mes os, succe mon sang; ainsi
La Muse peut alleger le souci,
Et le malheur ne nous sçauroit tant poindre,
Que la douleur en chantant ne soit moindre.

(1573.)

LE ROSSIGNOL,

CHANTANT ET FAISANT SON NID DEDANS UN GENÉVRE
DE SON JARDIN.

A CLAUDE BINET.

Gay Rossignol, honneur de la ramée,
Qui jour et nuict courtises ton aimée,
Dans mon jardin desgoisant tes amours
Au mois d'avril le pere des beaux jours, *(a)*
Et t'esclatant d'une voix qui gringote
Ores en haute, ores en basse note,
A gorge ouverte, à pleins poulmons trenchant,
Hachant, coupant, entre-rompant ton chant
De cent fredons, tu donnes à ta femme
Un doux martel. Amoureux de ma dame,
Tu m'es rival, d'où vient cela? sinon *(b)*
Que les vieux Grecs t'ont nommé d'un beau nom;
Mais bien de deux, t'appellant, ce me semble,
D'un mesme mot, chantre et poëte ensemble.
Et je dirois, si j'estois un bragard,
Que Rossignol vient du nom de Ronsard.

a. Var. :

Par mon jardin hoste de sa verdeur,
Quarante jours dégoisant ton ardeur,

b. Var. :

  Tu n'aurois point tant de faveurs, sinon

LIVRE PREMIER.

Mais ce n'est moy dont la Muse se vante ;
Soit bien, soit mal, Rossignolet, je chante
Ainsy que toy pour me donner plaisir,
Quand j'ay maistresse, argent et le loisir.
Quoy ? qui t'esmeut de caresser sans cesse
De tes fredons Genevre ma maistresse ?
  En ce genévre, où tu chantes de nuit,
Dessous l'escorce une pucelle vit,
A qui l'amour, la peur, et l'avanture
Ont fait changer de face et de nature.
  Un jour ce Dieu, qui a cornes au front,
La poursuivoit d'un pied de chévre pront.
Elle courant, ayant recours aux larmes,
Ainsi pria.: « Diane, par tes charmes
Ou me transforme, ou bien fay-moy mourir ;
La seule mort me pourra secourir,
Ains que l'ardeur de ce bouquin je sente. »
  A peine eut dit, qu'elle fut une plante ;
Ses doigts longuets, ses bras veineux et beaux,
A longs fourchons se fendent en rameaux ;
Son pied devint une morne racine,
Et une escorce entourna sa poitrine ;
Ses longs cheveux de crainte rebroussez,
Espars se sont en fueilles herissez,
Et la palleur qu'elle avoit en sa fuite
Vit sur l'escorce et tousjours y habite.
  Un jour lassé de la chasse des loups,
Seul à l'escart je m'endormi dessous
L'ombre fatal de ce genévre, et elle
En corps humain m'apparut toute telle
Qu'elle fut lors que le bouc amoureux
La poursuivoit par un taillis ombreux,
Tant il avoit de flames dedans l'ame
Pour la beauté d'une si jeune dame.
Depuis ce jour jamais je n'ay cessé
D'avoir le cœur de son amour blessé,
Et de languir pour un si beau visage.
  Et toutesfois hautain de ton ramage,

Chantant, sifflant, et faisant mille tours,
Tu veux tout seul jouïr de mes amours,
Que de bon cœur, Rossignol, je te laisse;
Car ton fredon merite ma maistresse. (a)
 Et qui plus est, comme on voit un mary
Plein de finesse entre dames nourry,
Faire en secret l'amour à sa voisine;
Quand il n'a pas une femme trop fine,
La persuade, avec un beau parler,
De la hanter, visiter, et d'aller
Boire et manger souvent avecques elle,
A fin d'avoir (par une ruse telle)
Plus de moyen d'œillader les beaux yeux
Qui de son cœur se font victorieux.
 Ainsi, rival, ta femme tu amoines
Dedans cest arbre, où d'un nid fait de laines,
Mousses, duvet, ses petits elle pond,
Esclost, escouve, et abeche, qui sont
Un an aprés, au retour des fueillages,
Quarante jours Sereines des bocages.
 Quoy? Rossignol, la voix ne te défaut!
Et par despit tu t'efforces plus haut!
 Puis qu'autrement ma verve poëtique
Ne peut gaigner ton ramage rustique,
Va, Rossignol, tu auras seul pour toy
L'arbre amoureux, qui n'a soucy de moy;
L'arbre gentil, et toutefois farouche,
Qui fait saigner aussi tost qu'on le touche.
 Tandis, Binet, que la fiévre me tient
Reins, teste, flanc, la Muse m'entretient,
Et de venir à mon lit n'a point honte.
 Or des propos que sa bouche me conte,
Je t'en fais part, à fin qu'à l'advenir
De ton Ronsard te puisse souvenir.

(1573.)

a. Var. :

Car tu vaux mieux que ne fait ma maistresse.

L'OMBRE DU CHEVAL.

A MONSIEUR DE BELOT,

Conseiller et maistre des requestes de l'hostel du Roy.

Amy Belot, que l'honneur accompagne,
Tu m'as donné, non un cheval d'Espagne,
Mais l'ombre vain d'un cheval par escrit,
Que je comprens seulement en esprit ;
Je ne le puis ny par les yeux comprendre,
Ny par la main ; il ne se laisse prendre,
Chose invisible, et fantôme me fuit,
Ainsi qu'on voit en nos songes de nuit
Se presenter je ne sçay quels images
Sans corps, sans mains, sans bras et sans visages,
Qui çà qui là revolent haut et bas.
Plus pour les prendre on eslargit les bras,
Plus on estend les mains et plus nous laissent
Béans en l'air aprés elles, qui naissent
Ainsi que vent et comme vent s'en-vont.
  Sans plus à l'homme un desir elles font
De les happer ; ton cheval, ce me semble,
Ton cheval non, mais l'ombre leur ressemble,
Que seulement j'apperçoy quand je dors,
Jeune et gaillard aux membres beaux et fors.
Plus en songeant ton cheval je me donne,
Plus il me trompe et fuit sur la Garonne,
Aux crins espars, au jarret souple et pront,
A l'estomac refait, au large front,
A la grand' queue, à la brillante oreille ;
Et hennissant bien souvent il m'éveille,

Où bien je l'oy, ou je le pense ouïr,
Puis d'un haut vol en l'air s'évanouir.
   C'est un cheval que je nourris sans peine ;
Il ne luy faut ny paille ny aveine,
Il ne me faut acheter ny du foin,
Ny des valets pour en avoir le soin,
Bride ne mors, selle, ny estrivieres ;
Il n'a souci d'herbes ny de rivieres.
   Bref, ce n'est pas le cheval de Sejan,
Lequel donnoit à son maistre mal-an,
Ny le cheval à l'eschine si forte
Qui le surnom de Teste-de-bœuf porte, (¹)
Ny le cheval qui, conduict faussement, (²)
Trompa les Rois, quand son hennissement
(Pour la jument qu'il vit à la traverse)
Fit son seigneur le monarque de Perse.
   Ce n'est, Belot, ce bon cheval Bayard (³)
Qui aux combats penadoit si gaillard,
De qui Regnaud pressoit la courbe eschine ;
Mais ton cheval, fantôme, ne chemine.
   C'est le cheval du gentil Pacolet
Qui dedans l'air s'en voloit tout seulet,
Faisant service à Maugis, dont les charmes
Et les Dœmons forçoient l'acier des armes. (*a*)
Il vole en l'air, boit en l'air, d'air se paist ;
C'est un corps d'air, l'air seulement luy plaist,
Et la fumée, et le vent, et le songe,
Et dedans l'air seulement il s'allonge.

a. Var. :

Faisoient honneur aux dames et aux armes.

1. Bucéphale.
2. C'estoit le cheval qui hennist aux trois principaux qui devoient succeder par le moyen de ce signe à l'empire de ce Roy de Perse. Lisez Justin.
3. Cheval de Renaud de Montauban dans Arioste.

Les beaux coursiers viste-pieds de Junon
Vivent ainsi ; ils ne mangent sinon
Qu'air, qu'ambrosie ; ou, quand ils ont grand erre
Conduit du ciel leur Royne en nostre terre,
Mangent un peu de lotes dans les prez
Qu'à sa grandeur Samos a consacrez.
   Ainsi vivoit le dos-ailé Pegase,
Qui fit sourcer la cime de Parnase ;
Ainsi Minerve, ainsi nourrit les siens (a)
Phœbus, et Mars ses roussins Thraciens.
Ainsi le tien se nourrit sans pasture ;
Car c'est, Belot, un cheval en peinture,
Qui me sert plus quand je suis à sejour,
Songeant au lict, qu'il ne me sert le jour.
   La chaude Afrique en certaine contrée
A des jumens, qui en tournant l'entrée
De leur nature au vent zephyrien,
Sur le printemps vont concevant de rien ;
Le tien venteux est issu de la race
De ces jumens, qui mesme le vent passe.
   On dit qu'Ulysse autrefois prit le vent ;
Mais ton cheval, Belot, est si mouvant,
Si fretillant, qu'il ne veut pas permettre
Qu'en ses longs crins les doigts on puisse mettre,
Et du fin Grec la main ne le prendroit ;
Car tel cheval jamais ne l'attendroit.
   Aurois-tu leu (ô teste rare et chere)
Dedans les vers du fantastique Homere,
Qu'un des chevaux d'Achille s'avança,
Et le trespas à son maistre annonça ?
   Tu crains, voyant ma longue maladie,
Que ton cheval en parlant ne me die,

---

a. Var. :

Et le cheval de l'Aurore qui passe
Ceux du Soleil : ainsi nourrit les siens

D'humaine voix quelque mal à venir,
Et ce seul point te l'a fait retenir. (*a*)
　Mon cher amy, j'ay bien voulu t'escrire
Ces vers raillards, pour mieux te faire rire
Aprés ta charge et le souci commun
De conceder audience à chacun,
Haut-eslevé au throne de justice,
Aimant vertu et chastiant le vice.
Dieu, qui sous l'homme a le monde soumis,
A l'homme seul le seul rire a permis
Pour s'égayer, et non pas à la beste
Qui n'a raison ny esprit en la teste.
Il faut du rire honnestement user
Pour vivre sain, non pour en abuser ;
Car volontiers on jette à gorges pleines
Le ris qui naist des actions vilaines.
　Le ris est fils d'un acte vitieux ;
On ne rit point d'un geste glorieux, (*b*)
Mais on l'admire et d'un fait miserable
On pleure ; on craint qu'on ne tombe, semblable
A ceux que l'œil regarde langoureux ;
Chacun desire un estre bien heureux.
Nous sommes nez à la mode commune :
Il faut souffrir l'une et l'autre fortune ;

a. Var. :

Prophetizant, quelque funébre mot :
Garde-le bien, je n'en veux point, Belot.

b. Var. En 1578, la pièce se termine ainsi :

Mais on l'admire : ainsi tu pourras rire
De ma folie, et de t'oser escrire
Je ne sçay quoy qui m'est encor plus vain
Que ton cheval qui n'a selle ny frain.

Il faut souffrir et les biens et les maux
Et tous les dons qui viennent des tonneaux
De Jupiter, qui sans esgard assemble
Sur les mortels bien et mal tout ensemble.

(1573.)

DISCOURS

DE L'ALTERATION ET CHANGEMENT DES CHOSES HUMAINES.

AU SIEUR JULIAN CHAUVEAU,

Procureur en la Court de parlement de Paris.

Tu as, Chauveau, rompue assez la teste
De ton Palais (execrable tempeste
Que les esprits, des Muses le doux soin,
Ont en horreur et s'en retirent loin), (*a*)
Sans te la rompre en ces vers d'avantage
De meubles, biens, d'argent ou d'heritage,
D'un testament, d'un contract vicieux,
D'un faux arrest, d'un decret captieux.
Il est bien vrai qu'en possedant la terre,
Avec la terre on possede la guerre.
Puis je ne plaide encontre un Sarrazin,
Juif, Mamelu, mais contre mon voisin,

a. Var. :

Tu as, Chauveau, la teste assez rompue
De ton Palais, ton Proté qui se mue
Trop plus subtil que l'autre Egyptien
Que le Roy Grec arresta d'un lien,

De qui la borne est prochaine à la mienne.
　Tout cela vient par nostre foy chrestienne
Ja foible et lente, et que la charité,
Nom sans effect, n'a plus d'authorité.
　Or aujourd'huy par armes la justice,
Et par mespris et par nostre malice,
Se voit forcer ; aujourd'huy sans moyen
Le crocheteur s'esgale au citoyen.
　Bref tout se change en vent et en risée,
Quand des ayeux la loy est mesprisée,
Quand l'Evangile est commune aux pasteurs,
Femmes, enfans, artisans, serviteurs,
Mesme aux brigans, qui fils de Dieu se vantent,
Et quelque psalme entre les meurtres chantent,
Et toutesfois ce beau tiltre choisi
N'est en leur cœur qu'un vieil conte moisi.
　Je ne t'escri si le serpent de Lerne,
Qui sept arpens empeschoit d'un grand cerne,
Avec son sang le procez fit sortir,
Quand Herculés fit au monstre sentir
Les cloux d'airain de l'arbreuse massue
Dont il tua les enfans de la Nue,
Contre laquelle estoit vain tout l'effort,
A chaque coup donnant tousjours la mort.
　Je ne t'escri si la vieille Megere
Allant hideuse en sa coche legere
Sema par tout le procés redoublé,
Comme jadis Triptoleme le blé.
　Je ne veux point telles choses escrire,
Mais bien des vers qui pourront faire dire
A nos nepveux par un discours nouveau,
Que Ronsard fut grand amy de Chauveau.
Tout est mortel, tout vieillit en ce monde ;
L'air et le feu, la terre-mere et l'onde
Contre la mort resister ne pourront,
Et vieillissans, ainsi que nous mourrons.
Le temps mangeard toute chose consomme,
Villes, chasteaux, empires ! voire l'homme,

L'homme, à qui Dieu a promis sa maison,
Qui pense, parle, et discourt par raison,
Duquel l'esprit s'en-vole outre la nue,
Changeant sa forme, en une autre se mue.
   Il est bien vray, qu'à parler proprement,
On ne meurt point, on change seulement
De forme en autre, et ce changer s'appelle
Mort, quand on prend une forme nouvelle.
[De l'homme vient un crapaud, un serpent,
Meint ver tortu qui sans os va rampant
Sur sa carcasse, et le corps changeant d'estre
Autre animal en sa place fait naistre;
Cet animal se change en autre aprés.
Ce sont de Dieu les mandements exprés.] (a)
   Vois-tu le ver, honneur de la Touraine,
Qui de sa bouche avec les pieds ameine
Son fil sur l'autre en tirant allongé?
C'estoit un œuf qui en ver s'est changé,
Aprés avoir vomi toute sa soye,
Que l'artizan par une estroitte voye,
Doit joindre à l'or pour les habits d'un Roy.
   Ce vers aprés, comme ennuyé de soy,
Soudain se change, et vole par les prées,
Fait papillon aux ailes diaprées
De rouge, verd, azur et vermillon;
   Puis se faschant d'estre tant papillon,
Devient chenille, et pond des œufs, pour faire
Que par sa mort il se puisse refaire.
   Ne vois-tu pas qu'un œuf engendre un coq
Cresté, grifé et barbu, qui le choq
D'un autre coq ne craint à la bataille?
Engendre un paon, que la nature émaille

a. Var. (1584) :

Et quand on cesse à n'estre plus icy,
Des cœurs humains le plus fascheux soucy.

Des yeux d'Argus et des couleurs d'Iris?
Ce sont aubins alterez et pourris
Qui d'une espece en une autre se forment,
Et d'aubins d'œufs en oiseaux se transforment.
 Quelqu'un a dit, de raisons mal garni,
Que Dieu n'a fait qu'un grand nombre fini
D'âmes au monde, et ces âmes ne meurent,
Mais dans les corps par eschange demeurent
Selon le bien et le mal qu'elle' ont fait.
L'une est pourceau, l'autre un serpent infait,
L'autre un cheval, et l'autre plus gentille
Se fait oiseau qui pleure son Itylle. (¹)
 Leve, Chauveau, de tous costez les yeux;
Voy ces rochers au front audacieux,
C'estoient jadis des plaines fromenteuses;
Voy d'autre part ces grand's ondes venteuses,
Ce fut jadis terre ferme, où les bœufs
Alloient paissant par les pastis herbeux.
 Ainsi la forme en une autre se change;
Cela n'est pas une merveille estrange,
Car c'est la loy de nature et de Dieu,
Que rien ne soit perdurable en un lieu.
 Qu'est devenu l'empire d'Assyrie?
Du Mede, et Grec? comme une herbe fleurie
Qui trois mois dure en sa force et vigueur,
Ils sont tombez en vieillesse et langueur.
 Ceste merveille espouventable au monde,
Qui commandoit dés le rivage où l'onde
De l'Ocean baigne les bords Anglois,
Jusques aux bords des vieux peuples Indois,
Ce grand, ce fort, cest empire de Romme
Est trebuché de sa grandeur, et comme
Un foudre ardent sur la terre passa,
Puis de ses mains luy-mesme se cassa;
Car nul que luy ne le pouvoit défaire,
Et nul que luy ne le sçauroit refaire.

1. Procné, l'hirondelle qui pleure son fils Itys.

[Lors s'espanchant un si large monceau,
Du sceptre bas chacun prit son morceau,
Si que les Roys de l'Europe, couverte
De tant d'honneurs, sont riches de sa perte,]
Et de sa plume un chacun se vestit;
Ainsi du grand s'enrichit le petit. *(a)*
   Le Turc, seigneur de tant de villes fieres,
De tant de mers, de ports et de rivieres,
Qui ose seul une Europe assaillir,
Doit quelque jour s'amoindrir et faillir.
   [Je te diray, Chauveau, comme ils finissent,
Et comme ils sont malades et vieillissent,
Et comme on doibt les sceptres secourir
Pour engarder leurs courses de perir.]
   Contemple-moy de ton temps les musiques :
Quand elles sont et fortes et rustiques,
D'un masle son, croy que telle cité
Doit long-temps vivre en sa felicité;
Et la cité sera tost ruinée
Où la musique est toute effeminée.
Tousjours la voix ensuit les passions,
Les passions font les mutations.
   Quand tu verras tant de farceurs aux villes,
Sauteurs, boufons, bateleurs inutiles,
Qui vont plongeant le peuple en volupté;
Quand une femme a trop de volonté
De s'attifer et de se faire belle,
Gastant par fard sa face naturelle;
   Quand tu verras que le pompeux habit
D'un gentilhomme, au bourgeois interdit,
Pare un marchand; quand l'humaine malice
Terrace aux pieds les loix et la justice,

a. Var. :

Seul s'habilla et seul se devestit,
Et de tres-grand luy seul se fit petit.

Et les statuts ordonnez par les vieux;
Quand tu verras qu'un peuple audacieux
Ou se mutine, ou dit mal de son Prince;
Quand tu verras qu'une ardente province
Par ne sçay quelle orde contagion
Change de mœurs et de religion,
Et curieuse aux nouveautez s'applique;
Pense, Chauveau, que telle Republique
Est bien malade. Ainsi qu'on voit devant
Le fort orage errer un petit vent,
Qui çà qui là en se jouant remue
Par les chemins mainte fueille menue;
Incontinent le soupçonneux berger
Voyant tel signe évite le danger,
Et retirant ses brebis de l'herbage,
Sous un rocher attend venir l'orage;
Ainsi voyant tels signes advenir,
Du mal futur te pourras souvenir.
On a pensé les flames immobiles
Du ciel garder les sceptres et les villes,
Et pour cela ils regnent longuement
Quand une estoille à leur commencement
Les va fondant d'une bonne influence;
L'influx perdu, ils perdent leur puissance.
Soit faux ou vray, mes vers n'en disent rien,
Ce n'est mon but; toutefois je sçay bien
Que du haut ciel les flambeaux ordinaires
N'ont si grand soin de nos humains affaires.
Selon, Chauveau, l'inclin des nations,
L'esprit des Roys et les mutations,
Vivent icy les sceptres qui sont nostres,
Les uns bien peu, et bien long-temps les autres.
Ainsi qu'on voit qu'un chesne ou qu'un fouteau
Vit plus long-temps qu'un saule ou qu'un ormeau,
Ou qu'un coudrier, selon leur nourriture,
Ou bien selon l'air propre et leur nature,
Ou bien selon le mal qui leur survient;
Car en santé tousjours on ne se tient.

Or toute mort, ou soit lente ou soudaine,
Vient par deux poincts à toute chose humaine,
Par accidens de dedans ou dehors :
La Parque en nous fait par là ses efforts.
 Par le dehors, quand la chair est coupée
Jusques au cœur, d'une homicide espée ;
Quand un rocher, un arbre, un soliveau
Tombant d'enhaut nous froisse le cerveau.
 Par le dedans, quand la fiévre, la peste,
L'hydropisie, ou autre mal moleste
Veines et nerfs, et les membres vitaux :
Lors nous mourons, les hostes des tombeaux.
 Ainsi advient aux sceptres qui se rompent,
Qui par dedans ou dehors se corrompent.
 Par le dehors, quand un Prince estranger
Vient à main forte en armes outrager ;
Par le dedans, quand les guerres civilles
De factions bruslent le cœur des villes ;
Quand la noblesse et le peuple sans foy,
Tout desbridé, fait la guerre à son Roy :
Et vaudroit mieux faire bien loin la guerre
Aux Sarrazins qu'en nostre propre terre,
En nos fouyers, dont jamais le vainqueur
N'a rapporté qu'une enflure de cœur ;
Et pource il faut chastier son envie.
Voylà comment le sceptre qui dévie
Reprend vigueur, et se fait florissant
Autant ou plus qu'il estoit languissant.
Il se fait craindre aux nations estranges,
Et jusqu'au ciel fait voler ses louanges.

 O tout-puissant, grand Monarque des Rois,
Qui dans les cœurs nous sondes et nous vois,
Qui dans tes mains gardes le cœur d'un Prince,
Garde, grand Dieu, la Françoise province,
Garde le Roy, ses freres et sa sœur,
Garde la mere ; et si quelque malheur

Doit arriver dont la verge soit preste,
Des ennemis puisse frapper la teste,
Et s'eslongner bien loin du chef du Roy,
Du tien, Chauveau, des peuples et de moy.

(1573.)

HYLAS.

A JEAN PASSERAT,

Lecteur du Roy, excellent poëte latin et françois.

Je veux, Hercule, autant qu'il m'est possible,
Chanter ton nom et ton bras invincible,
Pour recompense heureuse des bienfaits
Qu'à nos François autrefois tu as faits,
Te redonnant l'honneur que tu merites,
Que des malins les œuvres bien escrites
Avoient honni, te faisant un voleur,
Forceur d'enfans, de femmes violeur,
Brigand, larron, et pour te rendre infame
T'ont fait meurdrir tes enfans et ta femme,
Fol de cerveau, vagabond de fureur.
  Bref ils t'ont fait la cloaque d'erreur,
Tyran, meschant; mais c'est bien le contraire,
Car tu appris aux vieux François à faire
Toutes vertus, et par ta douce vois
Les retiras des antres et des bois,
Pour habiter les chasteaux et les villes,
Hayr la faine et les glands inutilles,

Semer le bled, cultiver les bons vins,
Honorer Dieu, reverer ses voisins.
 Ce ne sont pas les faits d'un meschant homme ;
Et toutefois l'antiquité te nomme
Gourmand, meschant, dont je te veux venger,
Pour ne souffrir tes vertus outrager.
 Quand tu trenchas la monstrueuse teste
De l'Espagnol ([1]), tu prins pour ta conqueste
Ses bœufs cornus, ses bœufs au large front,
Aux pieds retors, qui luisoient comme font
Les astres clairs, lors qu'une nuict sereine
D'une grand' dance en biais les pourmeine,
Et font jaillir çà et là de leurs yeux
De petits feux qui honorent les cieux.
 Tu vins, Hercule, avec ta riche proye,
Sur le rivage où l'eau de Sosne coye
Se vient au Rosne à Lyon marier.
 Là ainsi qu'eux tu te voulus lier
Pour mariage avecques Galatée,
Qui de Pallas ne fut pas surmontée
En tout sçavoir, de Venus en beauté,
Ny de Junon en brave royauté,
Qui dominoit la terre paternelle
Seule au pays qui de son nom s'appelle.
 Or toy, Hercule, au soin accoustumé,
Aprés avoir un Herculin semé
En Galatée, allas par mer et terre
Faire aux tyrans et aux monstres la guerre.
 Tu ressemblois au pere laboureur,
Qui defrichant une terre en valeur
Loin de chez luy, negligent, l'abandonne,
Fors aux saisons qu'il seme ou qu'il moissonne.
Hercule ainsi de sa femme approchoit
Ou l'engrossant, ou lors qu'elle accouchoit,
Non autrement ; le reste de l'année
Sa main estoit aux guerres addonnée,

1. Geryon.

Et sa massue, amie de son flanc,
Des fiers tyrans se rougissoit de sang.
 O bon Hercule! ayant couvert l'eschine
Du faix velu d'une peau léonine,
Terrible à voir pour ses ongles crochus
Et ses sourcils horriblement fourchus,
L'arc en la main, esloigné de tes tropes,
Seul tu vins voir les terres des Dryopes,
Comme l'erreur de tes pieds te portoit,
Ou bien ainsi que ton destin estoit.
 On dit qu'aux champs rencontrant Theodame
Qui labouroit, tu luy ravis sa femme,
Forças son fils, et luy mangeas ses bœufs.
Ce sont des faits que croire je ne veux ;
Car un vengeur comme toy de malices,
Ne honnit point son nom de tant de vices.
Mais de ton temps les chantres ont menti,
Qui tes vertus en blasme ont converti,
Et, par beaux vers, faussement diffamée
De tous costez ta bonne renommée.
 Or quant au poinct du Roy Theodamas,
Et de ses bœufs qui estoient gros et gras,
Tu leur appris du bout de ta massue
D'ouvrir la terre et trainer la charrue,
Et le collier tout un jour soustenir.
 De gras les fis bien maigres devenir ;
Voila pourquoy la tourbe estant trompée,
Disoit qu'aux bœufs la gorge avois coupée,
Tué leur Roy, que tu rendis meilleur
Qu'auparavant, travaillant laboureur,
S'emmaigrissant et suant sous la peine
De cultiver ses vignes et sa plaine.
 Autant en est d'Hylas, son jeune fils,
Que de grossier habile homme tu fis,
En le forçant et contraignant d'apprendre
Toutes vertus dés sa jeunesse tendre.
 Or aussi tost qu'en la prime saison
La Renommée eut semé que Jason

Alloit gaigner au rivage Colchide
Le belier d'or, de Helles homicide,
Il ne te plust qu'un voyage si beau
Se fist sans toy ; tu pris le jouvenceau
Portant ton arc et ta trousse fatale,
Qui te suivoit d'une allure inégale.
Car, ô bon Roy, le moindre de tes pas
En valoit cinq des petits pieds d'Hylas.
  Le bien-cheri tu vins en la navire ;
Tu refusas qu'on te voulust eslire
Chef de l'emprise, et allas, demi-Dieu,
Du grand vaisseau prendre place au milieu,
Tenant la rame, et tournant l'eau salée
Qui escumoit autour de la galée,
Si que ton bras ahurté contre l'eau
Faisoit trembler les poutres du vaisseau,
Estant Orphée au plus haut de la poupe,
Qui de sa lyre encourageoit la troupe.
  Ja le rivage apparoissoit au soir
Du Mysien ; le vent se laissa choir,
Et sur le mast flotoit la voile lasche,
Quand ces guerriers, ainsi qu'ouvriers de tasche
Qui vers le soir, alors que le bouvier
Dessous la nuict vient ses bœufs deslier,
Hastent leurs mains à tout outrage dures,
A qui le ventre affamé dit injures ;
Ainsi chacun se print à s'animer
Par un combat honneste de ramer.
  Les avirons vont d'ordre, et la galere,
Poussée avant d'une jeune colere,
Voloit sur l'eau, faisant d'un large tour
Maint gros bouillon escumer à l'entour.
  Chacun adjouste à l'addresse la force,
Et de gaigner son compagnon s'efforce.
Mais toy, Hercule, à qui tout le cœur bat
Du haut desir de vaincre en ce combat,
En t'efforçant contre l'onde azurée,
Rompis ta rame à la pointe ferrée,

Dont de despit tu souspires et plains.
   Un des morceaux te reste entre les mains,
L'autre morceau en tournoyant se joue
Flot dessus flot où la vague le roue.
   Ayant le fiel de colere allumé,
De voir ton poing d'aviron desarmé,
De tel effort tu cheus à la renverse;
Tes pieds s'en-vont d'une longue traverse
Frapper la proue, et la poupe ton chef
Plat estendu; mais nul de ton méchef,
Te regardant, de peur n'osa mot dire :
Seul te levant tu t'en pris à sourire.
Eux d'un grand cœur se banderent si fort,
Que vers la nuict arriverent au port.
   Mais aussi tost que l'aube fut levée,
Hercule entra dans la forest trouvée,
Pour espier des yeux à l'environ
Quelque arbre propre à faire un aviron.
   Hercule estant pensif et fantastique,
Erre tout seul en la forest rustique,
Haute maison des oiseaux; à la fin
Il vid sans nœuds, sans branches, un sapin
Frappé du vent d'une lente secousse.
Il jette à bas son arc courbe et sa trousse,
Et r'affermant contre terre les pas,
Et roidissant les muscles de ses bras,
Enflant d'ardeur les veines du visage,
Mit les deux mains dessus l'arbre sauvage
A dos courbé, et bien qu'il tint beaucoup,
Il l'arracha tout net du premier coup,
Racine et tout; dessus l'espaule forte
Le va chargeant, s'en retourne et l'emporte.
   Ainsi qu'on void aisément l'oiseleur
Cercler la place à cacher le malheur
Du simple oiseau, et arracher sans peine
Le chaume sec, dont la place estoit pleine;
Ainsi Hercule aisément arracha
Ce grand sapin si tost qu'il y toucha.

Ou comme on void qu'en mer une bourrache
Par violence en tempestant arrache
Hors de son lieu le mast qui est debout,
Et le fait choir à bas, cordes et tout,
Dont il se tient aussi fort qu'un polype
Fait contre un roc, qui se grimpe et se gripe,
De ses cheveux si aherd au rocher,
Que le pescheur ne l'en peut arracher ;
Mais à la fin à main forte il l'arrache,
Car fil à fil ses liens il détache,
Et tout joyeux, en le portant parmi
Tant de poissons, rit de son ennemi.
 Tandis Hylas, jeune, gaillard et brusque,
Aux blanches mains, à la longue perruque,
Au beau visage, à l'œil noir et serain,
Prit une cruche aux deux anses d'airain,
Et seul entra dans la forest prochaine
Pour chercher l'eau d'une belle fontaine.
 Comme il alloit, les freres qui avoient
Ailes au dos ([1]), amoureux le suivoient,
Volant sur luy, pour baiser sa chair blanche.
Il destournoit l'embusche d'une branche,
Marchant tousjours pour soudain retourner
Avant qu'Hercule arrivast à disner.
 Il nourrissoit l'enfant pour tel office,
En ce seul fait il luy faisoit service ;
Car en mangeant Hercule ne beuvoit
Que la seule eau dont l'enfant l'abreuvoit,
Ny Telamon, comme Fortune assemble
Deux grands amis en une table ensemble.
C'est un tresor que la bonne amitié,
Quand un amy retrouve sa moitié.
 Or cet enfant, comme son pied le meine,
Dans la forest ombreuse se pourmeine
Errant par tout, ains qu'aviser le bord

---

1. Calaïs et Zéthès, fils de Borée. Voir leur hymne, t. V, p. 19.

De la fontaine où l'attendoit la mort.
　　On dit qu'Hylas n'eust pas trouvé la source
De si belle eau, sans un cerf, dont la course,
•Par le moyen de Junon, qui le cœur
Portoit, marastre, enrouillé de rancœur
Des faits d'Hercule, et en crevoit de rage,
Cest enfant Grec guida sur le rivage.
　　Ceste fontaine estoit tout à l'entour
Riche d'émail et de fleurs, que l'Amour
De corps humains fit changer en fleurettes,
Peintes du teint des palles amourettes :
Le lis sauvage, et la rose et l'œillet,
Le roux souci, l'odorant serpollet,
Le bleu glayeul, les hautes gantelées,
La pasquerette aux fueilles piolées,
La giroflée et le passe-velours,
Et le narcis qui ne vit que deux jours,
Et ceste fleur que l'avril renouvelle
Et qui du nom des Satyres s'appelle (¹),
Et l'autre fleur (²) que Junon fit sortir
Quand d'un coqu voulut son corps vestir,
De tel oiseau empruntant le plumage,
Du frere sien fuyant le mariage
Comme trop jeune, et desdaignant le jeu
D'Amour, qui ard nos cœurs d'un si doux feu.
　　Un chesne large ombrageoit l'onde noire;
Faunes, Sylvains n'y venoient jamais boire,
Ains de bien loin s'enfuyoient esbahis ;
Maison sacrée aux Nymphes du païs,
Et au Printemps, qui de sa douce haleine
Embasmoit l'air, les forests et la plaine,
Que les pasteurs en frayeur honoroient,
Et de bouquets les rives decoroient.

1. Le satyrion, plante du genre des Orchidées.
2. La primevère, qu'on nomme vulgairement fleur de coucou. C'est Jupiter qui prit la forme de cet oiseau pour séduire Junon.

Un ombre lent par petite secousse
Erroit dessus, ainsi que le vent pousse,
Pousse et repousse, et pousse sur les eaux
L'entrelassure ombreuse des rameaux.
    Là mainte source en bouillons sablonneuse
Faisant jaillir mainte conque perleuse,
Peindoit les bords de passemens divers,
De gravois gris, rouges, jaunes et pers.
    Là carolloient à tresses décoifées
De main à main les Nymphes et les Fées,
Foulant du pied les herbes d'alentour,
Puis dessous l'eau se cachoient tout le jour.
    La belle Herbine (1) au haut de l'onde assise,
Voyant l'enfant, soudain en fut esprise,
Et se plongeant à chef-baissé le front,
Alla trouver Printine au plus profond :
    « Royne des eaux, ma maistresse honorée,
J'ay veu là haut sur la rive voirée
Un jeune enfant, par qui seroient vaincus
De gaillardise Apollon et Bacchus.
Venez-le voir, vous verrez une face
De qui le trait les Déesses menace,
Et qui plus est, un crespelu coton
Ne fait que poindre autour de son menton. »
    Printine adonc qui s'estoit amusée
A retourner les plis d'une fusée,
Laissa quenouille et filet tout soudain,
Et le fuseau luy tomba de la main.
    Venus adonq luy darde une sagette
De celles-là qu'aux Nymphes elle jette,
Et aux grands Dieux qu'elle fait langoureux,
Quand des mortels deviennent amoureux,
Quittant du ciel les regions seraines
Pour estre fable à nos femmes humaines,
Et déguiser d'habillement nouveau
Leurs corps changez en cygne ou en taureau.

1. Ces noms de Nymphes sont de l'invention de Ronsard.

Prés de la Nymphe, au plus profond des ondes,
Estoit Antrine aux belles tresses blondes,
Et Azurine aux tetins descouverts,
Verdine, Ondine, et Bordine aux yeux vers.
L'une des deux estoit encor pucelle,
Et l'autre avoit du laict en la mammelle,
Et de Lucine en la fleur de ses ans
Avoit senti les'traits doux et cuisans,
Qui devidoient les toisons Tyriennes
Teintes au sang des huystres Indiennes.
Incontinent tout ouvrage laissé,
Nagent sur l'eau, où d'un œil abaissé
Voyent l'enfant, qui de couleur ressemble
A ces blancs lis qu'une amoureuse assemble
Avec la rose, ou au teint de l'œillet
Qui va nageant sur la blancheur du lait.
Tandis Hylas de la gauche s'appuye
Dessus le bord, de l'autre tient la buye,
Qu'à front panché laissa tomber en l'eau.
L'eau qui s'engouffre au ventre du vaisseau
Fit un grand bruit; en cependant Printine,
Ardente au cœur d'une telle rapine,
Sa gauche main finement approcha,
Et de l'enfant le col elle accrocha;
Coup dessus coup le baise et le rebaise
En l'attirant, à fin que plus à l'aise
Sa pesanteur l'emportast contre-bas;
Puis de la dextre elle happe le bras
Dont il tenoit le vaisseau, et s'efforce
De le tirer sous l'onde à toute force.
Hylas crioit et resistoit en vain;
Dedans le gouffre il tomba tout soudain
Pied-contre-mont, comme on voit par le vuide
Tomber du ciel une flame liquide
Toute d'un coup dans la mer, pour signal
Que la navire est sauve de tout mal;
Lors le patron qui recognoist l'estoille,
Aux matelots sifle qu'on face voile :

Le vent est bon. En la mesme façon
Tomba d'un coup sous l'onde le garçon.
  Sur ses genoux la Nymphe, qui est folle
De trop d'amour, le flatte et le console;
Puis luy fit part de son lit amoureux
Et de son cœur, et d'homme malheureux
Fit à son corps une déité prendre.
  Nul n'avoit peu le cri d'Hylas entendre
Fors Telamon, qui la voix entendit
D'Hylas tombé; Hercule il attendit,
Puis le voyant de bien loin il l'appelle,
Et souspirant luy conta la nouvelle :
  « En attendant, cher amy, ton retour,
J'ay entendu deux ou trois fois autour
De mon aureille une voix lamentable,
Au cri d'Hylas totalement semblable;
Il est en peine, ou bien il s'est noyé,
Ou ta marastre a, despite, envoyé
Quelque lion pour en farcir sa panse;
Bref, ton Hylas est mort, comme je pense. »
  D'aspre courroux le fiel luy bouillonna,
Jetta sa charge, et soudain retourna
Sur le rivage où la troupe éveillée
Faisoit lits d'herbe et tentes de fueillée,
Pour s'enquerir, en sanglotant menu,
Si l'enfant Grec estoit point revenu.
Par tout il cherche et recherche et retourne,
Revient, reva, et jamais ne sejourne.
  Mais quand il vit que l'eschanson Hylas
Vers le logis n'avoit tourné les pas,
Fit un grand cri; il avoit l'âme atteinte
D'une angoisseuse et miserable plainte,
Refrappant l'air de maint souspir profond,
En gemissant comme les vaches font
Quand par les bois appellent leurs genices,
Que le couteau des divins sacrifices
A fait mourir, empourpré de leur sang.
Devant l'autel elles gisent de rang,

A qui le cœur tremblote et les arteres;
L'air retentit dessous le cri des meres!
   Tout furieux retourna dans les bois,
Criant : « Hylas! » Une greslette vois
Foible et sans force il entr'ouït à peine,
Qui luy respond; la voix sembloit lointaine,
Et toutefois bien prochaine elle estoit;
Mais l'eau gardoit qu'à plein son ne sortoit,
En l'estoufant. Ce-pendant par vallées,
Par ronces, bois, par roches reculées
Court et recourt pensant à son malheur,
Quand vers le soir s'endormit de douleur.
   Jason qui vit la nuict estre tombée,
Et le vent bon pour la voile courbée,
Dresse les ponts, monte au vaisseau cognu,
Croyant qu'Hercule y fust déja venu.
   Cest art subtil se fit par la menée
De Meleagre, enfant du grand Œnée,
Qui, bien que tard, un jour se repentit,
Quand le tison ses entrailles rostit,
Lequel estoit envieux des victoires
Et des labeurs d'Hercule aux fesses noires.
   Comme il dormoit, du travail ennuyé,
Ayant le col sur sa trousse appuyé,
L'arc d'un costé, de l'autre la massue,
Voicy venir l'ombre gresle et menue
Du jeune Hylas, qui secouant le chef
De son Seigneur, luy conta son meschef:
   « Mon seul Seigneur, qui fus mon esperance,
Qui les vertus m'appris dés mon enfance,
A fin qu'un jour je peusse devenir
Grand comme toy, puis au ciel parvenir!
Puisant de l'eau pour te servir à table,
Une Déesse au visage amiable
Happe mon bras et sous l'eau m'a tiré,
Bien que ton nom j'eusse en vain souspiré
En t'appelant; mais quoy! la destinée
Avoit ma vie à tel sort terminée,

Pour prendre un jour une mortelle fin :
Hé! qui pourroit resister au Destin? (a)
 » Assez, Seigneur, et par mer et par terre
J'ay veu sous toy le mestier de la guerre,
Assez mon dos a sué sous le fais
De ta massue, assez tes nobles faits
Ont illustré ma vive renommée.
 » Or maintenant ma peine est consommée;
Loin de la terre, et loin de tout soucy
Qu'ont les mortels, heureux je vis icy.
 » Adieu, Seigneur, adieu, ma chere teste!
Par ta marastre encor mainte conqueste
Te reste à faire, et mille maux divers
Que tu auras vaguant par l'univers;
Puis à la fin une mort tres-cruelle
Doit consommer ta figure mortelle.
[Dessus un mont tu brusleras ton corps
Par la douleur que dedans et dehors
Tu sentiras d'une chemise ouvrée,
Au vilain sang du centaure enyvrée.]
 » Ainsi brulé t'en iras dans les cieux
Prendre ta place à la table des Dieux;
Puis tu auras, loyer de ta prouesse,
Pour femme Hebé, la Royne de jeunesse.
Car les beaux faits de l'homme vertueux
Ne meurent point ; mais du voluptueux
Qui a sa vie en plaisirs consommée,
Avec la mort se perd la renomnıée. »

a. Var. :

(*Amour n'est pas, comme on pense, une fable*),
Une Déesse amoureuse me vit,
Qui tout soudain dessous l'eau me ravit.
Je t'appellois pour-neant, quand ma bouche
Fut pleine d'eau; quand rebelle et farouche
De sa houssine en me frappant tourna
Mon corps en Dieu, puis son lict me donna.

Ainsi Hylas à son maistre parla,
La nuict s'enfuit et l'ombre s'en-vola.

Mon Passerat [1], je ressemble à l'abeille
Qui va cueillant tantost la fleur vermeïlle,
Tantost la jaune, errant de pré en pré
Où plus les fleurs fleurissent à son gré,
Contre l'hyver amassant force vivres.
Ainsi courant et fueilletant mes livres,
J'amasse, trie et choisis le plus beau,
Qu'en cent couleurs je peins en un tableau,
Tantost en l'autre, et prompt en ma peinture
Sans me forcer j'imite la nature,
Comme j'ay fait en ce pourtrait d'Hylas
Que je te donne; et si à gré tu l'as,
J'en aimeray mon present davantage,
D'avoir sceu plaire à si grand personnage.

(1573.)

1. C'estoit un des plus grands esprits et des plus rares personnages de son siecle. La maison de Mesmes en sçauroit dire des nouvelles, qui l'a entretenu long-temps honorablement, comme elle est le sacré temple des Muses et de la vertu, aussi bien que de la fortune.

FIN DU PREMIER LIVRE DES POEMES.

LE SECOND LIVRE

DES POEMES

DE

P. DE RONSARD.

LE SECOND LIVRE

DES POEMES

DE

P. DE RONSARD

LES PARQUES.

A TRES-VERTUEUX SEIGNEUR

J. LOYS DE NOGARETH,

Duc d'Espernon, pair et colonel de l'infanterie de France.

Le jour que tu nasquis, les trois Parques chenues,
Fortune et la Vertu main à main sont venues
Danser à ton berceau, et t'ouvrans leur tetin,
T'allaictant et baisant, chanterent ton destin :
« Enfant, qui prens du ciel ta naissance premiere,
Voy ce jour qui te rit d'une belle lumiere ;
Vien citoyen du monde, et tout en-astré d'heur,
Porte au front dés le naistre un signal de grandeur ;
Crois donc pour surmonter toute fortune extréme,
Ne cognoissant qu'un Roy, tes vertus, et toy-mesme.
» Si tost que la vigueur de l'âge qui permet
D'endosser le harnois et d'affubler l'armet,

T'aura fait artizan des mestiers de Bellonne
(Pour servir ton Henry, son sceptre et sa couronne),
Je te voy renverser chevaliers et soldars,
Et d'actes valeureux égaler le Dieu Mars ;
Je te voy de corps morts ensanglanter la place,
Je voy rouge ta main, rouge ta coutelace
Du sang des ennemis, et marchant le premier
Te couronner le front de palme et de laurier.
» Je te voy tout armé, de tes bandes armées
D'un long ordre suivi, comme plis de fumées
Entre-esclairez de feux et de brasiers espais,
Qui se pressent l'un l'autre, et se suivent de prés.
» Ou comme on voit en mer les entorses des ondes
S'enfler dessous le vent, secondes sur secondes
Suivre le maistre flot, qui bruyantes s'en-vont
Se rompre d'un grand heurt contre le premier front
D'un rocher opposé ; ainsi suivront les bandes
File-à-file tes pas, tant que tu leur commandes
D'aller heurter le mur d'un rempart ennemy
Pour l'emporter d'assaut ; ou te suivre parmy
L'escadron plus serré des troupes que la guerre
Mettra devant tes mains pour en paver la terre.
» L'aigle de l'aigle naist ; le lyon genereux
Engendre le lyon ; d'un pere valeureux,
Valeureux comme luy, tu as pris ta naissance,
Et d'un Roy tu prendras ta gloire et ta puissance.
» Mais quand les corcelets auront fait place aux loix,
Et qu'au rateau la lance, et au croc les harnois
Prendront froids et rouillez, et la divine race
D'Astrée embellira les terres de sa face ;
Alors durant la paix, plein d'un soin nompareil
Je te voy le premier assister au conseil,
Les affaires d'Estat en ton esprit comprendre,
Et des peuples les mœurs et la police entendre ;
Afin qu'en guerre armé, et en paix desarmé,
Tu sois chery du Prince, et des peuples aimé,
Ministre des deux temps ; car l'homme en vain s'efforce,
S'il n'estreint d'un lien la prudence et la force. »

La Parque ainsi parla. La Vertu d'autre part
Jettant sur ton berceau doucement son regard,
Enflant sa bouche ronde, inspira son haleine
Sur toy, pour te remplir des biens dont elle est pleine;
Afin qu'on ne vist point les peuples estonnez
Des honneurs et des biens qui te seront donnez,
Les ayant à bon droit par peine et par merite,
Et non par la faveur qui s'en-vole si viste.
 Fortune vint aprés; qui te prenant la main,
Et ton corps tendrelet réchauffant à son sein,
Et ta bouche arrousant du laict de sa mammelle,
Te dist : « Mon cher enfant; car ainsi je t'appelle,
D'autant que par sus tous tu m'es le plus à gré;
Quand mon heureuse main t'aura mis au degré
Le plus haut des honneurs dont souvent je me joue,
Je te seray constante, et casseray ma roue;
Mes ailes je rompray en ta faveur, à fin
Que ton credit soit ferme, et ne bronche à la fin;
Mais sans jamais bouger de ta place asseurée,
Tu conserves ton lieu d'eternelle durée
Jusqu'au jour que plein d'ans, des Muses protecteur,
Tu retournes de terre à ton premier facteur. »
 A-tant sur ton berceau ces Déesses meslerent
Des roses et des lis, puis au ciel revolerent.

(1584.)

A JEAN DU THIER,

Seigneur de Beau-regard, Secretaire d'Estat.

Qui fait honneur aux Roys, il fait honneur à Dieu ;
Les Princes et les Roys tiennent le plus grand lieu
Aprés la Deïté ; et qui revere encore
Les serviteurs d'un Roy, le Roy mesme il honore.
Il est vray, mon Du Thier, qu'un seigneur comme toy
Donne plus de travail à celebrer qu'un Roy ;
Car la gloire des Roys en sujet est fertille,
Et ne travaille guere une plume gentille,
Ny un esprit gaillard, s'il a receu tant d'heur
Que de ne s'effrayer de chanter leur grandeur.
   D'un theme si fecond en abondance viennent
Propos dessur propos qui la Muse entretiennent,
Comme en hyver les eaux qui s'écoulent d'un mont,
Et courans dans la mer file-à-file s'en-vont ;
Mais pour louer un moindre il faut de l'artifice,
Afin que la vertu n'apparoisse estre vice.
   Si est-ce, mon Du Thier, que les plus grands honneurs
Qui sont communs en France à nos plus grands seigneurs
Te sont communs aussi, et si je l'osois dire,
De toy seul à bon droit on les devroit escrire
Comme propres à toy ; mais ces Dieux de la court
Me happent à la gorge, et me font taire court.
   Comme on voit bien souvent aux mines dessous terre,
Soient d'argent, soient de fer, de grands pilliers de pierre,
Qui sont veus soustenir la mine de leurs bras,
Et ahanner beaucoup, et si n'ahannent pas ;
Ce sont d'autres pilliers qui loin du jour se tiennent
Dedans des coings à part qui tout le faix soutiennent ;
Ainsi les grands seigneurs, soit en guerre ou en paix,
En credit eslevez, semblent porter le faix

Des affaires de France avec l'espaule large,
Et toutesfois c'est toy qui en portes la charge.
 S'il arrive un paquet d'Itale, ou plus avant,
Soit de Corse ou de Grece, ou du bout du Levant,
Ils le déplîront bien, mais il te faudra mettre
En ton estude aprés pour respondre à la lettre.
Car ainsi que le ciel ne soustient qu'un soleil,
France n'a qu'un Du Thier, qui n'a point de pareil,
Ou soit pour sagement les estrangers semondre,
Ou soit pour cautement à leurs paquets respondre ;
Car soit en stile bas, ou en stile hautain,
Les graces du François s'écoulent de ta main.
 Nul homme ne se vante estre heureux en la prose,
Que pour certain exemple aux yeux ne se propose
Tes escrits et ton stile, et pour exerciter
Sa main, il ne travaille à te contre-imiter.
 [On dit que Geryon, qui tripla les conquestes
De la masse d'Hercule, avoit au chef trois testes.
Tu en as plus de mille, au moins mille cerveaux
Que tu empesches tous à mille faix nouveaux ;
Car soit que le soleil abandonne la source
De son hoste océan, et appreste à la course
Son char, à qui l'Aurore a de sa belle main
Attelé les chevaux et rangés sous le frein,
Ou soit qu'en plein midy ses rayons il nous darde
Et à plomb dessous luy toutes choses regarde,
Ou soit qu'en devallant plein de soif et d'ahan
Il s'aille rebaigner aux flots de l'océan
Et que son char en garde aux Dieux marins il baille,
Ton esprit n'a repos, qui sans cesse travaille
Et ta langue et ta main : l'esprit en inventant,
La main en escrivant, et la langue en dictant
Quelque lettre à tes clercs ; ou secret tu dechiffres
Dedans ta chambre à part les enigmes de chiffres
Que te baille un courrier nouvellement venu,
Afin que le secret du Roy ne soit cognu.] (¹)

1. Ce passage n'est supprimé que dans les éditions posthumes.

Icy un Alleman des nouvelles t'apporte,
Icy un Espagnol se tient devant ta porte;
L'Anglois, l'Italien, et l'Escossois aussi
Font la presse à ton huis, et te donnent souci;
L'un cecy, l'un cela diversement demande;
Puis il te faut signer ce que le Roy commande,
Qui selon les effets de divers argumens
Te baille en moins d'un jour mille commandemens,
De petits, de moyens et de grande importance.
　　Encor as-tu le soin des grands tresors de France;
Tailles, tributs, empruns, decimes et impos,
Ne laissent ton esprit un quart d'heure en repos,
Qui se plaist d'achever mille choses contraires,
Et plus est vigoureux, tant plus il a d'affaires.
Ainsi comme un poisson se nourrit en son eau,
Et une salemandre au brasier d'un fourneau,
Tu te plais en ta peine; et ta verde vieillesse
Se nourrit du travail qui jamais ne te laisse.
　　Quand tu vas au matin aux affaires du Roy,
Une tourbe de gens fremit toute aprés toy,
Qui deçà, qui delà tes costez environnent,
Et tous divers propos à tes aureilles sonnent;
L'un te baille un placet, l'un te va conduisant
Pour luy faire donner au Roy quelque present;
L'autre (qui a de prés ton aureille approchée)
Demande si sa lettre a esté dépeschée;
L'un est fasché d'attendre, et n'a repos aucun
Que tousjours ne te suive et te soit importun;
L'autre plus gracieux te fait la reverence,
Et l'autre te requiert l'avoir en souvenance;
Bref la foulle te presse, et demeine un grand bruit
Tout à l'entour de toy, comme un torrent qui fuit
Bouillonnant par le fond des pierreuses valées,
Quand dessous le printemps les neiges sont coulées.
　　Tu n'as si tost disné, qu'il ne te faille aller
Au conseil, pour ouïr des affaires parler;
Puis au coucher du Roy, puis selon ta coustume
Presque toute la nuit veiller avec la plume.

Et pource nostre Roy d'un favorable accueil
Te prise et te cherit, et te porte bon œil,
Comme à celuy qui prend en France plus de peine ;
Si fait Montmorency et Charles de Lorraine,
Non seuls, mais tout le peuple, et ceux qui ont l'esprit
De sçavoir discerner combien vaut ton escrit ;
Et moy par dessus tous, qui de plus prés admire
Ta vertu qui me fait ceste lettre t'escrire.
Quand un homme s'éléve auprés de ces grands Dieux,
Il devient bien souvent superbe, audacieux,
Et s'enflant tout le cœur d'arrogance et de gloire,
Se mocque de chacun, et si ne veut plus croire
Qu'il soit homme sujet à supporter l'assaut
De fortune qui doit luy donner un beau sault ;
Mais certes à la fin une horrible tempeste
De la fureur d'un Roy luy saccage la teste ;
Et plus il se vouloit aux Princes égaler,
Et plus avec risée on le fait devaler
Par la tourbe incognue, à fin qu'il soit exemple
D'un orgueil foudroyé, à l'œil qui le contemple.
 Mais toy, qui as l'esprit net d'envie et d'orgueil,
Qui fais aux vertueux un honneste racueil,
Qui te sçais moderer en la fortune bonne,
Qui es homme de bien, qui n'offenses personne,
De jour en jour tu vois augmenter ton bonheur,
Tu vois continuer ta gloire et ton honneur,
Loin de l'ambition, de fraude, et de feintise ;
Et c'est l'occasion pour laquelle te prise
Le peuple, qui tousjours ne cesse d'espier
Les vices des seigneurs, et de les descrier,
Et se plaist en cela ; car de la chose faite
Par les grands, bien ou mal, le peuple est la trompette ;
Et toutefois il t'aime, et dit que nostre Roy
N'a point de serviteur plus diligent que toy.
 Tu ne rouilles ton cœur de l'execrable vice
De ceste orde furie et harpye avarice,
Qui les tresors du monde attire dans sa main ;
Car puis qu'il faut mourir, ou ce soir, ou demain,

Que sert d'amonceller tant d'escus en un coffre?
Las! puis que la nature ingrate ne nous offre
Que l'usufruit du bien, que sert de desirer
Tant de possessions? que sert de deschirer
Le ventre de la terre, et hautement construire
Un palais orgueilleux de marbre et de porphire,
Où peut-estre (ô folie!) il ne logera pas,
Par la mort prevenu? ou aprés le trespas
Quelque prodigue enfant de cest avare pere,
Jeune, fol, desbauché, en fera bonne chere,
Vendra, jou'ra, perdra, et despendra le bien
Par son pere amassé, qui ne luy couste rien?
Car tout l'avoir mondain, quelque chose qu'on face
Jamais ferme n'arreste à la troisiesme race;
Ains fuit comme la bale, alors qu'au mois d'esté
Le grain bien loin du van parmy l'aire est jetté.
Mais sur tout, mon Du Thier, jaloux, je porte envie
A ceste liberté nourrice de ta vie,
Aux bons mots que tu dis, à ton esprit naïf,
Si prompt et si gentil, si gaillard et si vif,
Qui doctement addonne aux vers sa fantaisie,
Te faisant amoureux de nostre poësie.
  Tu n'es pas seulement poëte tres-parfait,
Mais si en nostre langue un gentil esprit fait
Epigramme ou sonnet, epistre ou elegie,
Tu luy as tout soudain ta faveur eslargie,
Et sans le decevoir, tu le mets en honneur
Auprés d'un Cardinal, d'un Prince, ou d'un Seigneur.
Cela ne peut sortir que d'un noble courage,
Et d'un homme bien nay; j'en ay pour tesmoignage
Et Salel [1], et tous ceux qui par les ans passez
Se sont prés du feu Roy [2] par la Muse avancez.
  Or je ne veux souffrir que les vistes carrieres
Des ans perdent le bien que tu me fis nagueres;

1. Hugues Salel, abbé de Saint-Cheron. Il estoit de Quercy.
2. François Ier.

Et si ne veux souffrir qu'un acte grand et beau
Que tu fis à deux Grecs, aille sous le tombeau,
Deux pauvres estrangers qui bannis de la Grece,
Avoient prins à la cour de France leur addresse,
Incogneus, sans appuy, pleins de soin et d'esmoy,
Pensans avoir support ou d'un Prince ou d'un Roy.
Mais ce fut au contraire. O Princes, quelle honte,
D'un peuple si sacré (helas!) ne faire conte!
Ils estoient delaissez presqu'à mourir de faim,
Honteux de mendier le miserable pain,
Quand à l'extrémité, portant un tresor rare,
S'addresserent à toy; c'estoit du vieil Pindare
Un livret incognu, et un livre nouveau
Du gentil Simonide, éveillé du tombeau. (1)
Toy lors comme courtois, benin et debonnaire,
Tu ne fis seulement dépescher leur affaire;
Mais tu recompensas avec beaucoup d'escus
Ces livres qui avoient tant de siecles vaincus,
Et qui portoient au front de la marge pour guide
Ce grand nom de Pindare, et du grand Simonide,
Desquels tu as orné le somptueux chasteau
De Beauregard, ton œuvre, et l'en as fait plus beau
Que si Rome fouillant ses terres despouillées
En don t'eust envoyé ses medailles rouillées.

Pourquoy vay-je contant, moy François, les bien-faits
Qu'à ces Grecs estrangers, liberal, tu as faits,
Et je ne conte pas ceste faveur honneste
Que je receu du Roy naguere à ta requeste?
Si je la celebrois, le vulgaire menteur,
Babillard et causeur, m'appelleroit flateur,
Et diroit que tousjours ma Muse est favorable
Vers ceux qui m'ont receu d'un visage amiable.
[Comme toy, mon Du Thier, à qui certes je suis
Debteur de tant de bien que payer ne le puis,

---

1. Il eût été intéressant de retrouver les noms de ces deux pauvres Grecs, apportant en France pour toute richesse Simonide et Pindare. Je les ai cherchés en vain.

Si pour estre payé tu ne prends ceste Muse
Que j'envoye chez toy pour faire mon excuse.]
Tu ne la mettras pas (s'il te plaist) à mespris ;
La Muse fut jadis vers les Roys en grand pris ;
Des peuples elle fut autrefois adorée,
Et de toy par sus tous maintenant honorée.
  Elle avecques Phœbus hardiment ose entrer
Dedans ton cabinet, à fin de te monstrer
Ces vers mal-façonnez qu'humblement je te donne,
Et (avecques les vers) le cœur et la personne.

                    (1560.)

DISCOURS CONTRE FORTUNE.

A ODET DE COLLIGNY, [1]

Cardinal de Chastillon.

Monseigneur, c'est à vous à qui je me veux plaindre,
A vous qui me portez affection non moindre
Qu'une piteuse mere en porte à son enfant
Qui de jour et de nuict soigneuse le defend ;
[Encores bien souvent on voit assez de meres
Qui sont à leurs enfants superbes et coleres,
Les battent sans propos et, sans nulle raison,
Les chassent par courroux bien loing de la maison.
Mais vous pour quelque offense ou faute que je fasse
Par trop importuner l'aide de votre grace,
Vous ne m'avez chassé, tancé, ny repoussé,
Ainçois de plus en plus vous m'avez avancé ;
Car plus en demandant vers vous je fais d'offense
Et plus vostre bonté gaigne mon impudence,

1. Il se fit huguenot comme ses freres l'Admiral et Dandelot.

Si bien que je vous trouve et pareil et entier
Autant le dernier jour que je feis le premier;]
Tant vaut des Chastillons la gentille nature, (¹)
Qui ne caresse pas chacun à l'aventure,
Puis dés le lendemain perd son affection;
Telle inconstance d'âme et telle passion
Ne convient point à vous, à qui dame Sagesse
A conjoinct les vertus avecques la noblesse.
 A vous donc je me plains, Mecene tres-parfait,
Du miserable tort que Fortune me fait,
De Fortune ennemie, inconstante et legere,
Sourde, muette, aveugle, ingrate et mensongere,
Sans foy, sans loy, sans lieu, vagante sans arrest,
A qui le vice agrée et la vertu desplaist,
Meschante, piperesse, abominable, infame,
Et digne (comme elle est) de l'habit d'une femme.
 Quand ceste aveugle sotte a pris un homme à jeu,
Dés le commencement elle s'en moque un peu,
S'en joue et s'en esbat; puis comme variable,
En riant le trahit et en fait une fable,
Un populaire conte, et l'assied au plus haut
(Pour estre regardé) du tragique eschafaut.
 Elle tant seulement volage n'importune
Les mariniers pendus aux vagues de Neptune,

---

1. Dans l'édition de 1567, les quatre premiers vers de la pièce ont été modifiés ainsi :

> C'est à vous, mon Odet, à qui je me veux plaindre,
> Et comme en un tableau ma fortune vous peindre,
> A vous qui avez soin de mon bien, tout ainsy
> Qu'un pere tres-soigneux de son fils a soucy.

Les suivants ont été conservés jusqu'au dix-septième, où l'on voit cette variante :

> Tant vaut d'un gentil cœur la prudente nature.

Dans l'édition de 1584 et dans les éditions posthumes les vers 5 à 16 ont été supprimés.

Que la maudite soif d'amasser un tresor
Aux naufrages expose à la suite de l'or,
Ny ceux que l'indigence obscurcit par les foules
Des peuples incognus qui portent les ampoules
Dans la main endurcie, et à coups d'aiguillons
Contraignent les taureaux de fendre les sillons ;
Mais brave elle s'attaque aux plus hautes personnes,
Elle renverse à bas les Roys porte-couronnes,
Et des Princes plus hauts atterre les honneurs ;
Elle rompt les credits, elle abat les seigneurs,
Quand en moins d'un clin d'œil son visage elle vire.
　Vostre noble maison (¹) en sçauroit bien que dire,
Laquelle a resisté par la seule vertu,
Et plus s'est veu défaite, et plus a combattu,
Et n'a voulu souffrir que Fortune eust la gloire
D'avoir sur vostre race emporté la victoire.
　Or ce monstre cruel, hideux et plein d'effroy,
Seulement, Monseigneur, ne se moque de moy ;
Mais comme un grand Breton qui luitte d'artifice
Contre un qui n'entend point l'art d'un tel exercice, (a)
M'a pressé contre terre, et m'a froissé le corps
De ses bras ennemis qui dontent les plus forts ;
Aucunefois le ventre, aucunefois la gorge
Me serre, tout ainsi qu'en la fumeuse forge
Des ouvriers de Vulcan, la tenaille dedans
Sa maschoire de fer serre des cloux ardans ;
Et ne puis eschapper de sa griffe cruelle,
Quoyque vostre beau nom à mon secours j'appelle.
　Depuis que le Destin (Destin mauvais et bon)
A vous me presenta pour chanter vostre nom ;

a. Var. :

Contre un nain impuissant de corps et d'exercice,

1. Il dit cela à cause des prisons de guerre du connestable de Montmorency, son oncle, et de ses deux freres, par l'Espagnol, aprés la bataille de Sainct Quentin ; et de la disgrace du connestable sous le declin du regne de François Ier.

Je dy bon et mauvais ; car certes il me semble
Que le Destin fut bon et mauvais tout ensemble ;
Bon, pour avoir trouvé tel seigneur comme vous,
Qui m'estes si benin, si gracieux et dous,
Non maistre, mais amy, tout franc d'ingratitude,
Et qui favorisez les Muses et l'estude,
Qui par mille moyens m'avez monstré combien
Vous me portez au cœur, et me voulez de bien ;
Et mauvais, pour autant que vostre bonne chere
De mon ambition fut la source premiere.

  Avant que d'estre à vous je vivois sans esmoy ;
Maintenant sur les eaux, maintenant à par moy,
Dedans un bois secret, maintenant par les prées
J'errois, le nourrisson des neuf Muses sacrées ;
Il n'y avoit rocher qui ne me fust ouvert,
Ny antre qui ne fust à mon œil découvert,
Ny belle source d'eau que des mains n'espuisasse,
Ny si basse vallée où tout seul je n'allasse.

  Phebus au crin doré son luth me presentoit,
Pan, le Dieu forestier, sous mes flutes sautoit,
Et avec les Sylvains les gentilles Dryades
Fouloient sous mes chansons l'herbette de gambades.

  Il n'y avoit François, tant fust-il bien appris,
Qui n'honorast mes chants et qui n'en fust épris ;
Car tous ceux que la France en ce sçavoir estime,
S'ils ne portent au cœur une envieuse lime,
Justes confesseront, escrire je le puis,
Qu'indonté du travail tout le premier je suis
Qui de Grece ay conduit les Muses en la France,
Et premier mesuré leur pas à ma cadance ;
Si qu'en lieu du langage et Romain et Gregeois
Premier les fis parler le langage François,
Tout hardy m'opposant à la tourbe ignorante ;
Et plus elle crioit, plus elle estoit ardente
De déchirer mon nom, et plus me diffamoit,
Plus d'un courage ardent ma vertu s'allumoit
Contre ce populaire, imitant mille choses
Dedans les livres Grecs divinement encloses.

Je fis des mots nouveaux, je restauray les vieux,
Bien peu me souciant du vulgaire envieux,
Médisant, ignorant, qui depuis a fait conte
De mes vers qu'au premier il me tournoit à honte;
Et alors (mon Odet) tout pur d'ambition,
Eslongné de la cour, sans nulle affection
De parvenir aux biens, je vivois en franchise
Sain, dispos et gaillard, bien loin de convoitise.
  Mais depuis que vostre œil daigna tant s'abaisser
Que de me regarder et de me caresser,
Et que vostre bonté (qui n'a point de pareille)
Promit de m'endormir sur l'une et l'autre aureille;
Adonc l'ambition s'alluma dans mon cœur,
Credule, je conceu la royale grandeur,
Je conceus eveschez, prieurez, abbayes;
Soudain abandonnant les Muses, esbahyes
De me voir transformer, d'un escolier contant,
En courtizan nouveau demandeur inconstant.
O que mal-aisément l'ambition se couvre!
  Lors j'appris le chemin d'aller souvent au Louvre;
Contre mon naturel j'appris de me trouver
Et à vostre coucher et à vostre lever,
A me tenir debout dessus la terre dure,
A suivre vos talons, à forcer ma nature;
Et bref en moins d'un an je devins tout changé,
Comme si de Glaucus (¹) l'herbe j'eusse mangé,
Ou si j'eusse embrassé l'enchanteresse Alcine
Qui transforma l'Anglois (²) en myrteuse racine.
  Apollon, qui souloit m'agréer, me despleut;
Et depuis mon esprit, comme il souloit, ne peut
Se ranger à l'estude, et ma plume fertile,
Faute de l'exercer, se moisit inutile;
Si qu'en lieu d'estre seul, d'apprendre et de sçavoir,
Je bruslay du desir d'amasser et d'avoir;

---

1. Glauque estoit un pescheur, qui fut converty en Dieu de la mer.
2. Astolphe.

J'appris à déguiser le naïf de ma face,
Espier, escouter, aller de place en place,
Cherchant la mort d'autruy, miserable moyen,
Quand par la mort d'autruy on augmente son bien.
 Et alors, à bon droit, les Muses courroussées
Dequoy je les avois si laschement laissées,
Vindrent à la Fortune, et luy dirent ainsi :
 « O Déesse, qui tiens tout ce qui est icy
Enclos dessous la lune, et qui seule as puissance
Sur tout cela qui prend en la terre naissance,
Qui fais tout, qui peux tout, et qui gouvernes tout,
Sans nul commencement, sans milieu, ny sans bout;
A qui les puissans Roys doivent leurs grand's armées,
A qui les mariniers leurs galeres ramées,
A qui le laboureur son travail annuel,
Et à qui le marchand son soin continuel;
Qui tiens dedans tes mains les Roys et les empires,
Qui en bas et en haut les brouilles et les vires
Comme tu veux, Déesse, et qui par l'univers
Seule te fais nommer de mille noms divers,
Selon que tu es dure, ou bonne, ou favorable;
Entens nostre oraison, et nous sois secourable.
 » Nous avions par long temps entre nos bras chery,
Et comme nostre enfant tres-cherement nourry
Un Ronsard Vendomois, luy permettant l'entrée,
Qu'à bien peu nous faisons, de nostre onde sacrée,
Luy permettant de boire en nos divins ruisseaux,
De toucher nostre luth, de monter aux coupeaux
De nostre sainct Parnasse, et comme par conqueste,
Porter de nos lauriers un chapeau sur la teste,
Et aux rais de la lune entre cent mille fleurs
De son pied fouler l'herbe au milieu de nos sœurs.
 » Or ce Ronsard, ingrat de tant de benefices,
Qu'il a receus de nous comme de ses nourrices,
Alleché des faveurs trompeuses de la court
(Le pauvre sot qu'il est) aprés les Princes court,
Et nous met à mespris, nous fuit et nous dédaigne,
Ne fait plus cas de nous ny de nostre montaigne,

Et par despit de nous son luth il a brisé,
Et tellement il a nostre chœur déprisé,
Que plus que le venin maintenant il évite
La source de Pegase (¹), où nostre troupe habite.
 » Pource, grande Déesse, à qui Dieu met és mains
Les verges pour punir les pechez des humains,
Puny cet apostat, et de playes cruelles
Montre-luy qu'il ne doit outrager les pucelles
Filles de Jupiter (²), à qui cent mille autels
Fument à nostre honneur, entre les immortels.
Encore que tu sois pour Déesse tenue,
Si ce n'estoit par nous, tu ne serois cognue;
Car si nous n'escrivions à la posterité
Les divers accidens de ta divinité,
Tu ne serois Déesse, et ton pouvoir si ample
En ce monde n'auroit sacrifices, ny temple.
 » Pour nous recompenser, donne-nous que tousjours
Il voye ses desseins aller tout au rebours,
Et que jamais un seul à son profit n'arrive;
Donne-nous que tousjours en esperance vive,
Et qu'à son Mecenas il donne tant d'ennuy
Qu'à la fin il s'en fasche et s'ennuye de luy.
Là donc, grande Déesse, accomply nos demandes,
Tu peux faire cela; tu fais choses plus grandes. »
 A-tant se teut la Muse; et Fortune du clin
D'un sourcy rabaissé, mit la priere à fin.
 Autour de ses costez ceste grande Déesse
A mille serviteurs en une tourbe espesse,
Qui n'attendent sinon de se voir appeller
De leur maistresse, à fin de promptement aller
A ses commandemens, pour au monde parfaire,
Comme Fortune veut, bonne ou mauvaise affaire.
Là se voit le despit qui se ronge le cœur,
La pasle maladie et la foible langueur;

1. La fontaine d'Helicon.
2. Il entend les Muses. Voyez leur naissance dans l'ode au chancelier de l'Hospital, t. II, p. 68.

Là se voit mainte nef contre un rocher cassée,
Et mainte grande armée à terre renversée ;
Là sied le déconfort qui se rompt les cheveux,
La flambante fureur, le courroux outrageux,
Le dueil, la passion, les sanglots et les larmes,
Le desespoir qui tourne encontre soy les armes,
La perte de procez, de parens et d'amis,
Et mille pauvres Roys de leurs sceptres demis. (*a*)
  Bref, tous les accidens de la terre et de l'onde,
Et tout ce qui tourmente ou réjouist le monde,
Accompagnent la Fée, et d'un spacieux tour,
Ainsi qu'archers de corps la ceignent à l'entour.
  Là couplez pesle-mesle avecques les tristesses
Tiennent rang les plaisirs, la joie et les liesses,
Le credit, les faveurs, qui pendent à filets
Aux soliveaux dorez des malheureux palais ;
Des uns la soye est simple, et des autres retorce,
Que ceste Royne aveugle avecques une force
Coupe en moins d'un moment, et de hauts Empereurs
Les fait en mesme jour devenir laboureurs,
Abaissant leurs estats par les tourbes communes.
  Là se roulent autant de sortes de fortunes
Qu'on voit d'herbes és prez, ou d'estoiles aux cieux,
Ou de sablon aux bords d'un fleuve impétueux. (*b*)
Or de tous les valets qu'elle avoit à la dextre,
Appella le Malheur, valet le plus adextre
Qui soit en sa maison, pour sçavoir finement
Mettre à fin de sa Royne un prompt commandement.
  « Marche, Malheur, dist-elle, et voilé d'une nue
Entre dedans Paris, à fin qu'à ta venue

a. Var. :

La perte de procez, d'amis et de parens,
Et mille autres malheurs d'effets tous différens.

b. Var. :

Qu'on voit d'herbe en un pré de mille fleurs vestu,
Ou de sablon aux bords de l'Euripe tortu.

Homme ne te cognoisse, et puis de part en part
Force une escorce humaine et entre dans Ronsard.
Va donc, et le rencontre au matin en sa couche,
Entre dedans ses yeux, en son cœur, en sa bouche;
Fay-le si mal-heureux, que tout ce qu'il fera,
Songera, pensera, par tout où il ira,
Ce ne soit que malheur. Va, je te le commande,
Et pour tost m'obeïr desloge de ma bande. »
 Ainsi disoit Fortune au Malheur, bien-heureux
De faire comme luy quelqu'autre malheureux.
 C'estoit au poinct du jour que l'Aube retournée
Avoit du vieil Tithon la couche abandonnée,
Et ja l'oiseau cresté avoit tout à l'entour
Du logis de Daurat (¹) annoncé le beau jour,
Quand ce méchant Malheur entra dedans ma chambre,
Entra dedans mon lict, et du lict je n'eu membre
Où promptement n'entrast, plus viste qu'un esclair
Que Jupiter envoye en temps serein et clair.
 Je m'habille en deux coups; mais sortant de la porte
Je heurtay contre l'huis du pied de telle sorte,
Que je m'avisay bien que quelque grand méchef
Qui ja me menaçoit me pendoit sur le chef;
Par trois fois me trembla toute la jambe destre,
Un livre me tomba hors de la main senestre,
Bazané me devint tout le beau teint vermeil,
Et n'esternuay point en voyant le soleil.
 Depuis cette heure là, plein de soin et d'envie,
Par cent mille travaux je retraine ma vie,
Mon cœur, que le malheur par la doute esbranla,
Me promettant cecy et maintenant cela.
 Je vous importunay mille fois la sepmaine,
J'importunay le Roy d'une priere vaine,
Lequel m'a plus donné qu'esperer je n'osé;
Mais tousjours le malheur au don s'est opposé;
Et plus l'avez prié, et plus Fortune a mise
Sa miserable main sur la chose promise.

1. Poëte royal, chez qui Ronsard demeuroit.

Si la fausse nouvelle, ou l'advertissement
De quelque bien arrive à la cour faussement,
Tousjours s'addresse à moy, et la bonne nouvelle
Me fuit de tous costez, et jamais ne m'appelle ;
Ou bien à tel destin (mon Prelat) je suis né,
Ou bien là haut au ciel il est determiné
Que tousjours le bon-heur fuira la poësie,
N'ayant pour tout son bien qu'une lyre moisie,
Ou qu'un luth mal-en-ordre, incognu des seigneurs,
Sonnant par les rochers, sans biens et sans honneurs.
   Et non tant seulement le malheur ne m'offence ;
Je le suis d'autre part de la fausse esperance
Bourrelle de la vie, et qui le genre humain
Amuse d'une baye, et le repaist en vain.
   Quiconques a produit l'Esperance feconde,
Mere des vanitez, il a produit au monde
La semence des maux (miserables bourreaux
Qui de nuict et de jour tourmentent nos cerveaux).
Ah ! mon Dieu, tu devois, pauvre sotte Pandore,
La laisser envoler loin de ta boette encore (*a*)
Au ciel ou en enfer, je ne m'en souci pas,
Pourveu que son sejour ne fust point icy bas.
   Ceste meschante lice, au soir quand je me couche,
Impatientement me dresse l'escarmouche,
Et mille vanitez dans le cerveau me peint,
Et ce qui n'est pas vray, vray-semblable me feint,
Et deçà et delà m'agite et me tourmente
Sous l'espoir incertain d'une menteuse attente.
Quelquefois ceste fausse, en me flatant, me dit :
« Te veux-tu defier, Ronsard, de ton credit?
[Ayant un cardinal de Chastillon pour maistre,
Qui sa grande bonté t'a tousjours faict cognoistre?
Contemple je te pry du mesme cardinal

  a. Var. :

  Pandore, tu devois loin de la terre basse
  Deffermer le couvercle à ta maudite tasse.

Les humbles serviteurs qui prennent tant de mal
A le suivre à la cour; toutesfois à ceste heure
Les uns ont rencontré la fortune meilleure,
Les autres sont aprés, si bien qu'en peu de temps
Leur maistre les fera tous riches et contens.
Pense aprés d'autre part que ce grand connestable,
Son oncle, est revenu pour estre favorable
A ceux qui comme toy en la dure saison,
Comme bons serviteurs, ont aimé sa maison.
Pense qu'il n'y a Prince en France qui ne t'ayme,
Cardinal ny seigneur; pense que le Roy mesme,
Qui jeune t'a nourry selon ta qualité,
Te veut plus avancer que tu n'as mérité.] »
 Lors triste je respons à la vaine Esperance :
« Du temps du Roy François, grand Monarque de France,
Je pouvois esperer, lequel tousjours mettoit
En reserve le bien pour qui le meritoit,
Et sans le pourchasser venoit le benefice
A celuy qui faisoit à la Muse service.
Maintenant je ne suis ny veneur, ny maçon
Pour acquerir du bien en si basse façon,
Et si ay fait service autant à ma contrée
Qu'une vile truelle à trois crosses tymbrée! (¹)
Mais maintenant fuy t'en; mal à gré je reçoy,
Pour ainsi me tromper, un tel hoste que toy. »
 Aucunefois (Prelat) il me prend une envie
(Où jamais je ne fus) d'aller en Italie,
Et par un long voyage effacer le soucy
Et le mauvais destin qui me pipent icy;
Pauvre sot que je suis, qui pense qu'un voyage,
Tant soit-il estranger, m'arrache du courage
Le soucy encharné, qui dans mon cœur vivroit,
Et dessus mon cheval en crope me suivroit.
 Je veux aucunefois abandonner ce monde,
Et hazarder ma vie aux fortunes de l'onde,

---

1. Allusion aux trois abbayes dont jouissoit Philibert de
Lorme, architecte du Louvre, que Ronsard n'aimoit point.

Pour arriver au bord auquel Villegaignon
Sous le pole Antarctique a semé vostre nom;
Mais chetif que je suis, pour courir la marine
Par vagues et par vents, la fortune maline
Ne m'abandonneroit, et le mordant esmoy
Dessus la poupe assis viendroit avecques moy.
  Docte Villegaignon, tu fais une grand' faute
De vouloir rendre fine une gent si peu caute,
Comme ton Amerique, où le peuple incognu
Erre innocentement tout farouche et tout nu,
D'habits tout aussi nu qu'il est nu de malice,
Qui ne cognoist les noms de vertu ny de vice,
De senat ny de Roy; qui vit à son plaisir,
Porté de l'appetit de son premier desir,
Et qui n'a dedans l'âme ainsi que nous empreinte
La frayeur de la loy qui nous fait vivre en crainte;
Mais suivant sa nature et seul maistre de soy,
Soy-mesmes est sa loy, son senat et son Roy;
Qui de coutres trenchans la terre n'importune,
Laquelle comme l'air à chacun est commune,
Et comme l'eau d'un fleuve, est commun tout leur bien,
Sans procez engendrer de ce mot *tien* et *mien*.
Pour ce, laisse-les là; ne romps plus (je te prie)
Le tranquille repos de leur premiere vie;
Laisse-les, je te pri', si pitié te remord,
Ne les tourmente plus et t'enfuy de leur bord.
Las! si tu leur apprens à limiter la terre,
Pour agrandir leurs champs ils se feront la guerre,
Les procez auront lieu, l'amitié defaudra,
Et l'aspre ambition tourmenter les viendra,
Comme elle fait icy nous autres pauvres hommes,
Qui par trop de raison trop miserables sommes.
  Ils vivent maintenant en leur âge doré.
Or pour avoir rendu leur âge d'or ferré
En les faisant trop fins, quand ils auront l'usage
De cognoistre le mal, ils viendront au rivage
Où ton camp est assis, et en te maudissant
Iront avec le feu ta faute punissant,

Abominant le jour que ta voile premiere
Blanchit sur le sablon de leur rive estrangere.
Pource laisse-les là, et n'attache à leur col
Le joug de servitude, ainçois le dur licol
Qui les estrangleroit, sous l'audace cruelle
D'un tyran, ou d'un juge, ou d'une loy nouvelle.
   Vivez, heureuse gent, sans peine et sans souci,
Vivez joyeusement ; je voudrois vivre ainsi !
   L'Iliade des maux qui ma raison travaille,
Et ceux que le malheur en se jouant me baille
En rompant mes desseins, ne m'auroit arresté,
Et gaillard je vivrois en toute liberté.
   Mais de tous les malheurs le plus grand qui me presse,
C'est la douleur que j'ay d'importuner sans cesse
En vain vostre bonté qui tousjours me reçoit,
Et maugré le malheur jamais ne me deçoit.
[Icy donc, mon Prelat, icy je vous adjure,
Par l'air que l'on respire, et par la clarté pure
Du soleil tout voyant, et par cet element
De la mer qui la terre embrasse rondement,
Et par la terre aussi, de tous l'antique mere,
Et par le ciel benin, de toutes choses pere,
Par vertu, par le feu qui tout eschauffe icy,
Et par Montmorency, et par vous-mesme aussy,
Que vous me pardonniez, s'il vous plaist, de l'audace
D'avoir importuné trop souvent vostre grace.]
Vous n'estes ignorant que l'esprit genereux
De tout homme bien né est tousjours desireux (a)
D'acquerir de l'honneur, et ardent de se faire
Apparoistre en credit dessus le populaire.

   a. Var. :

Mais l'extrême regret qui plus le cœur me presse,
C'est qu'il faut qu'à tous coups, tous les jours et sans cesse
Je vous sois importun. Or, comme genereux,
Vous sçavez que l'esprit de l'homme est desireux

Le lourd peuple ignorant, grosse masse de chair,
Qui a le sentiment d'un arbre ou d'un rocher,
Traine à bas sa pensée, et de peu se contente,
D'autant que son esprit hautes choses n'attente ;
Il a le cœur glacé, et jamais ne comprend
Le plaisir qu'on reçoit d'apparoistre bien grand.
Mais le gaillard esprit à la hautesse pense,
Et pour y parvenir il faut de l'impudence ;
L'impudence nourrit l'honneur et les estats ;
L'impudence nourrit les criars advocats,
Nourrit les courtizans, entretient les gendarmes ;
L'impudence aujourd'huy sont les meilleures armes
Dont on se puisse aider, mesme à celuy qui veut
Parvenir à la cour, où la vertu ne peut
Pour vertu se monstrer, si l'impudence forte
A l'huis des grands seigneurs sur son dos ne la porte.
 Mais sur tous le poëte est le plus eshonté ;
Car ainsi qu'une mousche (1), aprés qu'elle a gouté
Ou du miel, ou du laict, quelque chose qu'on face,
Et deust-elle mourir, n'abandonne la place,
Ains vole opiniastre et revole à l'entour,
Coup sur coup redoublant son tour et son retour
Sur le breuvage aimé, jusqu'à tant que gourmande
Ait son ventre affamé remply de la viande ;
Ainsi fait le poëte, alors que le bon-heur
Luy presente l'appast d'une douce faveur ;
La suit opiniastre, et comme une sang-sue
La hume jusqu'à tant que sa faim soit repue.
 J'ay de vostre faveur en telle sorte usé ;
Pardonnez-moy, Prelat, j'en ay trop abusé ;
Et recevez ces vers comme venans d'un homme
Qui réve ayant la fiévre, ou frenetique, ou comme
D'un à qui la douleur fait dégorger en vain
Des mots qu'il ne diroit quand il seroit bien sain.
Ainsi l'affection, l'ambition et l'ire,

1. Les anciens la tenoient pour le symbole de l'impudence.

Mal-rassis du cerveau, me font icy récrire
Un discours fantastique, où je n'eusse pensé
Si mon esprit n'estoit de despit insensé.
 Ce-pendant, Monseigneur, je sens devenir moindre,
En chantant, le souci qui mon cœur souloit poindre,
Et me suis déchargé de ma griéve douleur
De vous avoir chargé d'escouter mon malheur.

(1560.)

LES ISLÉS FORTUNÉES.

A MARC ANTOINE DE MURET. (¹)

Puis qu'Enyon (²), d'une effroyable trope,
Pieds contre-mont bouleverse l'Europe,
La pauvre Europe, et que l'horrible Mars
Le sang chrestien espand de toutes pars,
Or' mutinant contre soy l'Allemagne, (³)
Or' opposant à la France (⁴) l'Espagne,
Joyeux de meurtre, or' le païs François

---

1. Il exhorte Muret, grand personnage de son temps, à quitter les perilleux appas de la cour, pour aller chercher l'agreable repos de la solitude. Qu'aussi bien les Muses sont exilées de la cour des Roys : qu'en leur place l'avarice, la tromperie, la cruauté et le mespris du ciel y tient le haut du pavé.
2. Les anciens ont ainsi appellé une des Furies d'enfer.
3. A cause des guerres de la religion.
4. Pour la guerre d'alors.

A l'Italie (¹), et l'Escosse (²) à l'Anglois ;
Peuple chetif, qui ses forces hazarde
Contre soy-mesme, et qui sot ne prend garde
Que ce grand Turc, helas ! ne faudra pas
Bientost aprés de talonner ses pas, (a)
Les separant comme une ourse cruelle
De cent moutons separe la querelle.

    Et, qui pis est, puis que les bons esprits
Montrez au doigt, sans faveur et sans prix
(Quelque present que les Muses leur donnent),
Comme coquins de pauvreté frissonnent ;
Puis que l'honneur et puis que l'amitié,
Puis que la honte et puis que la pitié,
Puis que le bien, forcé de la malice,
Puis que la foy et puis que la justice
Ont desdaigné ce monde vicieux ; (b)
    Puis que l'on voit tant de foudres aux cieux
En temps serein, puis que tant de cometes,
Puis que l'on voit tant d'horrible planetes

a. Var. :

De renverser leurs puissances à bas,

b. Var. (1584) :

    Et, qui pis est, puis que les bons esprits
Palles de faim, sans faveur et sans pris,
Aux cours des Roys sans Mecenes (³) *frissonnent,*
Bien que le fruict des Muses ils moissonnent,
Disgraciez comme gens vicieux.

1. Sous François II.
2. Quand on vouloit usurper sur l'authorité de la Royne, sœur de François de Lorraine, duc de Guise, et mere de Marie Stuart, qui fut menée en France dés l'âge de quatre ans pour ce sujet.
3. A cause que Mecene estoit un favory d'Auguste, qui favorisoit grandement les lettres, il nomme Mecenes ceux que le ciel a gratifiez de cette recognoissance que les braves gens doivent au merite des lettres.

Nous menacer; puis qu'au milieu de l'air
On voit si dru tant de flames voler,
Puis trebucher de glissades roulantes;
 Puis que l'on oit tant d'Hecates (¹) hurlantes
Toutes les nuicts remplir de longs abois
Les carrefours; et tant d'errantes voix
En cris aigus se plaindre és cimetaires, (²)
Puis que l'on voit tant d'esprits solitaires (³)
[Nous effroyer, et qu'on oit tant d'oiseaux
Divinement rejargonner les maux
Que doit souffrir nostre Europe mutine,
Par ce grand Turc qui desja la mastine.]
 Parton, Muret, allon chercher ailleurs
Un ciel meilleur, et d'autres champs meilleurs;
Laisson, Muret, aux tigres effroyables
Et aux lions ces terres miserables;
Fuyon, fuyon quelque part où nos piez
Ou les bateaux dextrement desliez
Nous conduiront; mais avant que de mettre
La voile au vent, il te faudra promettre
De ne vouloir en France revenir,
Jusques à tant qu'on voye devenir
Le More blanc, et le François encore
Se bazanant, prendre le teint d'un More;
Et tant qu'on voye en un mesme troupeau
Errer amis le lion et l'agneau.
 Donc si ton cœur tressaute d'une envie
De bien-heurer le reste de ta vie,
Croy mon conseil, et laisse seul ici
En son malheur le vulgaire endurci;
Ou si tu as quelque raison meilleure,

---

 1. C'est la Déesse effroyable qui preside aux carrefours et à tous les effects que la magie peut produire. Lisez Noël des Comtes.
 2. On dit *cimetieres* : mais il a esté contraint de mutiler le mot pour adjuster les deux rhythmes.
 3. Fantosmes qui apparoissent dans la solitude.

Sans plus tarder, à ceste heure, à ceste heure,
Dy-la, Muret ; sinon marche devant,
Et mets premier les antennes au vent.
 Que songes-tu ? mon Dieu, que de paresse
T'amuse ici ! regarde quelle presse
Dessus le bord joyeuse nous attend
Pour la conduire, et ses bras nous estend,
Et devers nous toute courbe s'encline,
Et de la teste en criant nous fait signe
De la passer dedans nostre bateau !
 Je voy Baïf, Denizot et Belleau, (a)
Butet, Du Parc, Bellay, Dorat, et celle
Troupe de gens qui court aprés Jodelle ;
Icy L'Huilier une troupe conduit, (b)
Et là j'avise un grand peuple qui suit
Nostre Maigny, et parmy la campagne
Un escadron qui Maumont accompagne.
 Voicy Maclou, voicy d'une autre part
Ton Fremiot, Des Autels et Thyard ;
Icy Grevin, ici Colet arrive,
Et là Gruget s'esveille sur la rive
Avec Naviere et Peruse et Tagault,
Et Tahureau, qui ja tirent en hault
L'ancre mordante, et plantez sur la poupe,
D'un cry naval encouragent la troupe
D'abandonner le terroir paternel,
Pour vivre ailleurs en repos eternel.
Çà que j'embrasse une si chere bande ;
Or sus, amis, puis que le vent commande
De démarer, sus, d'un bras vigoureux
Pousson la nef à ce bord bien-heureux,

a. Var. (1584) :

Je voy Thyard, Des Autels et Belleau,

b. Var. (1584) :

Icy Baïf une troupe conduit,

Au port heureux des isles bien-heurées,
Que l'Ocean de ses eaux azurées,
Loin de l'Europe, et loin de ses combas
Pour nostre bande emmure de ses bras.
[Là nous vivrons sans travail et sans peine.
Là, là tousjours, tousjours la terre est pleine
De tout bonheur et là tousjours les cieux
Se feront voir fideles à nos yeux.]
   Là sans navrer comme icy nostre ayeule
Du soc aigu, prodigue, toute seule,
Fait hérisser en joyeuses forests
Parmy les champs les presens de Cerés ;
Là sans tailler la nourrissiere plante
Du bon Denis, d'une grimpeure lente
S'entortillant fait noircir ses raisins
De son bon gré sur les ormes voisins.
   Là sans mentir les arbres se jaunissent
D'autant de fruits que leurs boutons fleurissent,
[Et sans faillir par la bonté du ciel
Des chesnes creux se distille le miel,
Par les ruisseaux tousjours le lait ondoye,
Et sur les bords tousjours l'herbe verdoye]
Sans qu'on la fauche, et toujours diaprez
De mille fleurs s'y peinturent les prez
Francs de la bize, et des roches hautaines
Tousjours de laict gazouillent les fontaines.
   Là comme icy l'avarice n'a pas
Borné les champs, ny d'un effort de bras
Avec grand bruit les pins on ne renverse
Pour aller voir d'une longue traverse
Quelque autre monde ; ains jamais découverts
On ne les voit de leurs ombrages verts,
Par trop de chaud, ou par trop de froidure ;
Jamais le loup pour quester sa pasture
Hurlant au soir, ne vient effaroucher
Le seur bestail à l'heure de coucher ;
Ains sans pasteur, et sans qu'on luy commande,
Beslant aigu, de son bon gré demande

Que l'on l'ameille, et de luy-mesme tend
Son pis enflé qui doublement s'estend.
Là des dragons les races escaillées,
Dormant aux bords des rives esmaillées,
Ne font horreur à celuy qui seulet
Va par les prés s'ourdir un chapelet.
[Ni là du ciel les menaces cruelles,
La rouge pluie et les sanglantes grelles,
Le tremblement ny les foudres grondans,
Ny la comete aux longs cheveux pendans,
Ny les esclairs des ensouffrez tonnerres,
Au peuple oisif ne promettent les guerres,
Libre de peur de tomber sous la main
D'un senat rude ou d'un prince inhumain.]
 Le vent poussé dedans les conques tortes
Ne bruit point là, ny les fieres cohortes
Des gens armez horriblement ne font
Leurs morions craquer dessus le front.
Là les enfans n'enterrent point leurs peres,
Et là les sœurs ne lamentent leurs freres;
Et l'espousé ne s'adolore pas
De voir mourir sa femme entre ses bras;
Car leurs beaux ans entrecassez n'arrivent
A la vieillesse, ains d'âge en âge vivent,
Par la bonté de la terre et des cieux,
Sains et dispos comme vivent les Dieux.
[Là de Biblis la volonté méchante
Contre nature infâmement n'enchante
Quelque amoureuse, et là pour trop aimer
Comme Léandre on ne passe la mer;
Là ne sera comme en France despite
Encontre toy ta belle Margarite,
Ains d'elle mesme à ton col se pendra.
Avec Baïf sa Meline viendra
Sans qu'il l'appelle, et ma fiere Cassandre
Entre mes bras douce se viendra rendre.
 Le faux tesmoin ny l'advocat menteur,
Ny des procez le subtil inventeur,

Ny la justice avec l'or depravée,
Ny la loy triste en l'airain engravée,
Ny les senats, ny les peuples méchants,
N'ont point troublé le repos de ces champs.]
   Là n'aborda l'impudique Médée
Suyvant Jason, ny là n'est abordée
La nef de Cadme, et là d'Ulysse accort
L'errant troupeau n'aborda dans le port.
[Ny là Postel de sa vaine science
N'a point troublé la simple conscience
Du populaire, ains sans manquer de foy
De leurs ayeux entretiennent la loy.]
   Là venerable en une robe blanche,
Et couronné la teste d'une branche
Ou de laurier, ou d'olivier retors,
Guidant nos pas maintenant sur les bors
Du flot salé, maintenant aux valées,
Et maintenant prés des eaux reculées,
Ou sous le frais d'un vieux chesne branchu,
Ou sous l'abry de quelque antre fourchu,
Divin Muret, tu nous liras Catulle,
Gallus, Ovide, et Properce et Tibulle,
Ou tu joindras au cystre Teïen,
Avec Bacchus l'enfant Cytherien;
Ou fueilletant un Homere plus brave,
Tu nous liras d'une majesté grave
Comme Venus couvrit d'une espesseur
Ja demi-mort le Troyen ravisseur,
Quand Menelas, le plus petit-Atride,
En lieu du chef eut la salade vuide;
Puis comme Hector dessous un faux harnois
Tua Patrocle, et comme les Gregeois
Demi-bruslez de la Troyenne flame,
Prioient Achil' despit pour une femme;
Puis comme luy nouvellement armé
D'un fer divin, contre Hector animé,
Le fit broncher sur sa native poudre,
Comme un pin tombe accablé de la foudre.

A ces chansons les chesnes aureillez
Abaisseront leurs chefs émerveillez,
Et Philomele en quelque arbre égarée
N'aura souci du peché de Terée,
Et par les prez les estonnez ruisseaux
Pour t'imiter accoiseront leurs eaux.

Pan le cornu, doux effroy des Dryades,
Et les Sylvains amoureux des Naïades,
Sçauront par cœur les accents de ta vois
Pour les apprendre aux rochers et aux bois,
Voire si bien qu'on n'oira qu'un Zephyre
Parmy les fleurs tes louanges redire.

Là, tous huilez, les uns sur les sablons
Iront luitant, les autres aux balons,
Parmy les prez, d'une partie égale
Courront ensemble, et jou'ront à la bale;
L'un doucement à l'autre escrimera,
Outre la marque un autre sautera,
Ou d'une main brusquement balancée
Ru'ra la pierre, ou la barre eslancée.

L'un de son dard, plus que le vent soudain,
Decruchera le chevreul ou le dain;
[Les uns montez sur des chevaux d'Espaigne,
De tourbillons poudroyant la campaigne,
Courront le liévre, et les autres és bois
Le cerf pressé de filets et d'abois.]
Les uns plus gais dessus les herbes molles,
Virevoltans à l'entour des carolles,
Suivront ta note, et, dansant au milieu,
Tu paroistras des espaules un Dieu
Les surpassant; mais les autres plus sages,
Dans quelque plaine, ou dessus les rivages
Le long d'un port des villes fonderont,
Et de leur nom ces villes nommeront.

Telles, Muret, telles terres divines
Loin des combats, loin des guerres mutines,
Loin de soucis, de soins et de remors,
Toy, toy, Muret, appellent à leurs bors,

Aux bords heureux des isles plantureuses,
Aux bords divins des isles bien-heureuses,
Que Jupiter reserva pour les siens,
Lors qu'il changea des siecles anciens
L'or en argent, et l'argent en la rouille
D'un fer meurtrier, qui de sang d'hommes souille
La pauvre Europe! Europe que les Dieux
Ne daignent plus regarder de leurs yeux,
Et que je fuy de bon cœur sous ta guide,
Laschant premier aux navires la bride,
Et de bon cœur à qui je dis adieu
Pour vivre heureux en l'heur d'un si beau lieu.

(1560.)

PROSOPOPÉE DE LOYS DE RONSARD,

Chevalier de l'ordre, maistre d'hostel du Roy Henry II, et pere de l'autheur.

Vous qui sans foy errez à l'avanture,
Vous qui tenez la secte d'Epicure,
Amendez-vous, pour Dieu ne croyez pas
Que l'âme meure avecque le trespas.
  La nuict hastoit la moitié de sa course,
Et mi-courbé le gardien de l'Ourse (1)
Viroit son char d'un assez petit tour
Au rond du pole, en attendant le jour;
  Quand j'apperceu sur mon lict une image
Gresle, sans os, qui l'œil et le visage,

---

1. Les astrologues le nomment Arctophylax, autrement le Bouvier. C'est l'estoile du pole, qui ne se plonge jamais dans la mer, mais demeure eternellement sur nostre horison.

Le corps, la taille et la parolle avoit
Du pere mien quand au monde il vivoit.
    En me poussant, trois fois elle me touche;
La retouchant, s'en-vola de ma couche
Loin par trois fois, et par trois fois revint.
A la parfin, plus affreuse, me print
La gauche main, et chargeant ma poitrine
Me dit ces mots tous remplis de doctrine :
    « Mon cher enfant, par le congé de Dieu
Je fais d'enhaut ma descente en ce lieu,
Pour t'enseigner quel chemin tu dois suivre
En ceste terre, et comme tu dois vivre,
Comme tu dois, plein d'ardeur et de foy,
Venir un jour au ciel avecques moy.
    » Premierement, crains Dieu sur toute chose;
Aye tousjours dedans ton âme enclose
Sa saincte loy; et tousjours Jesus-Christ
Nostre Sauveur en ton cœur soit escrit.
    » Aprés, mon fils, autant comme toy-mesme
Ardantement aime ton cher proesme, (a)
Dieu le commande; et ne te ry de luy
Si par malheur luy survient quelque ennuy.
    » D'un serment vain le nom de Dieu ne jure,
Fuy le larcin, abstien-toy de luxure,
Ne sois meurdrier, ne sois point glorieux,
Sois humble à tous, porte honneur aux plus vieux;
En jugement, pour gain, ou pour dommage,
Ou pour rancœur, ne dy faux tesmoignage.
    » Ton cœur ne soit d'avarice entaché;
Ne commets point un scandaleux peché,
Ne sois menteur, ny plein de flaterie;

a. Var. :

Aprés, mon fils, si tu veux que Dieu t'aime,
Aime ton proche (¹) *autant comme toy-mesme,*

1. Prochain.

N'use malin d'aucune tromperie
Vers l'innocent, et tousjours soyes veu
Croire en la foy que tes peres ont creu. (a)
 » Mais par sur tout obeïs à ton Prince,
Et n'enfrain point les loix de ta province ;
Sois doux et sage, et ne sois avancé
De dire à tous ce que tu as pensé,
Ains temporise, et tousjours te conseille
Aux gens de bien, et leur preste l'aureille.
 » Vivant ainsi tu seras bien-heureux,
Riche d'honneur, et de biens plantureux ;
Et mort, ton âme en la vie eternelle
Se viendra joindre à la mienne, et à celle
De ton feus oncle, et de ta mere aussi
Qui voit du ciel la peine et le souci
Qui te tourmente, et fait à Dieu priere,
Pour ton profit, de ne t'y laisser guiere. »
 Ainsi disant, je vins pour l'embrasser,
Et par trois fois je la voulu presser,
La cherissant ; mais la nueuse idole (¹)
Fraudant mes doigts, ainsi qu'un vent s'en-vole,
Trois fois touchée, et de peur estonné
M'a dans le lict tout seul abandonné. (b)

(1560.)

a. Var. :

Vers l'innocent n'use de tromperie ;
Commande-toy, et en toute saison
Fay que tes sens servent à la raison.

b. Var. :

Trois fois touchée, et tout émerveillé,
Au poinct du jour soudain je m'éveillé.

1. L'ombre.

LE HOUS.

A JEAN BRINON,
Conseiller en Parlement.

Les uns chanteront le fresne
Bon à la guerre, ou le chesne
Qui fut jadis és forests
Le vieil oracle des Grecs ;
Les autres l'olive pale,
Ou le laurier qui s'égale,
Maugré le froid Aquilon,
Aux beaux cheveux d'Apollon ;
Les autres la palme heureuse,
Les uns la fueille amoureuse
Du myrte, qui doit un jour
M'eternizer par l'amour
Que la Cyprine m'inspire ;
Mais moy, sans plus je veux dire
En ces vers, d'un style dous,
Le nouueau blason d'un Hous ;
Non de ces Hous solitaires
Batus des vents ordinaires
Sur les monts Caucaseans,
Ou sur les monts Ripheans,
Ou sur la rive Scythique ;
Mais bien un Hous domestique,
Qui pare en toute saison
Le jardin et la maison
De Brinon, qui dés enfance
Mena les Muses en France,

Et les osant devancer,
Premier les mena dancer.
 Mais en chose si petite
Il ne faut pas que j'invite
Les Muses; à ceste fois,
Vous, Nymphes, l'honneur des bois,
Sans autre force plus grande
Direz ce que je demande.
 Le Hous une Nymphe estoit,
Qui par les forests portoit
L'arc de Diane pucelle;
Et l'eust-on prise pour elle,
Sinon qu'elle n'avoit pas
Ny les brodequins si bas,
Ny semblable souqueñie;
Car l'une ondoyoit garnie
De franges d'or recamé,
Et l'autre de fil tramé,
Au reste en beauté pareilles.
Sur les espaules vermeilles
Ores son cheveu mouvant
Servoit de joüet au vent
(Aise d'empestrer ses ailes
Dedans des tresses si belles),
Ores en mille plis joint
Au costé n'empeschoit point
D'une flotante secousse
Ny sa trompe, ny sa trousse.
 Il faisoit chaud, et Phœbus
De ses rayons plus aigus
Recuisoit jusqu'à la lie
Des ondes l'humeur tarie,
Quand le Hous pour éviter
L'ardent Chien de Jupiter,
Se cacha dedans un antre
Où jamais le soleil n'entre.
 Devant cet antre pendoit
Un vieil cep, qui espandoit

Ses bras tortus jusqu'en terre
Entrelassez de lierre.
Là s'élargissoit aussi
Un vieil coudrier racoursi
Retoffu de mille branches,
Où de leurs gorgettes franches
Les oisillons tous les jours
Devisoient de leurs amours.

  Là gemissoit la tourt'relle,
Là roüoit la colombelle ;
Là Philomele un long bruit
Menoit de jour et de nuit,
Dequoy sa sœur outragée
N'estoit pas assez vengée.
Echon, l'image des bois,
Redoubloit leurs belles vois.

  Dedans l'antre une fontaine
Sourdoit d'une noire veine,
Qui trainoit son ruisselet
Par un sentier mousselet,
Plein de Nymphes et de Fées
De jonc simplement coiffées.
Là dessous d'un tuffeau blanc
Nature avoit fait un banc
Tapissé de crespe mousse
Et de jeune herbette douce.

  Dessus ce banc s'assoyant,
Le Somme à l'œil ondoyant
Vint arrouser la paupiere
De la Nymphe Dianiere.
De son poing l'arc s'escoula ;
Icy gist sa trousse, et là
Gist sa trompe détachée ;
Et sa tresse delâchée
Çà et là s'esparpilloit
Loin du chef qui sommeilloit,
A ses pieds estant tombée
Sa couronne recourbée.

A peine eut-elle le sein
Et le nez de somme plein,
Que Pan, le Dieu du bocage,
Sentit l'amoureuse rage
S'écouler jusqu'au milieu
Du cœur, car il n'y a Dieu
Plus prompt à sentir en l'ame
De Venus l'ardente flame.
Impatient de la voir
Ensemble et de ne pouvoir
Alentir sa rage esmeue,
Roidit sa chévrine queue,
Et plus que devant ronflant
L'ire du nez, et enflant
Son visage peint de meures,
Haste les tortes alleures
De ses ergots mi-fourchus
Parmy les buissons branchus,
Tant qu'il fut prés de s'amie
Au fond de l'antre endormie.
Déja Pan à son souhait
Le jeu d'amours avoit fait,
Quand la pucelle s'éveille,
Qui honteusement vermeille
Dressant le front et les yeux
Et les bras devers les Dieux,
Fit une priere telle
A Diane la pucelle :
« Si j'ay porté quelquefois,
Aprés toy parmy les bois,
Ton arc, ta trompe et ta lesse,
Venge-moy, chaste Déesse,
Et puny ce Dieu moqueur,
Ce bouquin, qui de ton chœur
Fait tousjours quelque rapine;
Ou bien, si je n'en suis digne,
Fay que ton pere puissant
De son foudre punissant

Dedans les enfers me rue,
Ou bien dés ceste heure mue
En quelque monstre nouveau
Tout cela que j'ay de beau,
Et vien ma face desfaire
Qui plaist quand je ne veux plaire.
 Ainsi disant, s'esleva,
Et levée elle trouva
Que ja roidissoit sa plante
En neuve racine lente,
Et ses gréves en un tronc,
Et l'escorce tout du long
Luy rampoit dessus la hanche
Et sur la poitrine blanche.
Elle vit ses bras jumeaux
S'allonger en deux rameaux,
Ses doigts en branches couvertes,
Ses cheveux en fueilles vertes,
Qui de piquerons aigus
Se herissoient par dessus
Tout à l'entour de sa souche,
De peur que Pan ne la touche.
 Mais l'esprit qui fut enclos
Dans sa chair et dans ses os
Avant qu'elle fust muée,
Ne se perdit en nuée,
Ains tel qu'il fut, luy resta,
Et sous l'arbre s'arresta ;
Car avec les arbres naissent
Tousjours des esprits qui croissent
Comme l'arbre, et meurent lors
Qu'ils sentent les arbres mors.
 Quelqu'un de ton parentage,
Brinon, dés le premier âge
Que le Hous fut transformé,
En prit un sion ramé,
Et le planta tout sus l'heure
Au jardin de ta demeure,

Pour divertir l'achoison
De toute estrange poison,
Qu'un ver, ou qu'une araignée
Y pourroit avoir trainée;
Et pour servir aux oiseaux
De logis en ses rameaux,
Qui chez luy d'amour se plaignent,
Et sans haine ne dédaignent
Tousjours leur brancher dessus,
Bien qu'on en face la glus
Qui quelquefois les doit prendre
Et serfs en cage les rendre.
 Quel poëte diroit bien
L'heur, le profit et le bien
Que ce Hous fait à son maistre?
En juillet le garde d'estre
Dedans sa chambre hallé,
Lors que le Chien estoillé,
De sa dangereuse flame
Hommes et bestes enflame.
 L'hyver le garde du vent,
Et qui plus est, le defend
Qu'une voisine bavarde
Dans sa chambre ne regarde,
Qui peut-estre conteroit
D'avoir veu ce qu'ell' n'auroit,
Et luy feroit, la jaseuse,
Une farce scandaleuse.
 Croyez quand on vous dira,
Lecteurs, qu'Orphée tira
Jadis par sa voix divine
Les chesnes et leur racine;
Brinon l'Orphé' du jourd'huy
En fait bien autant que luy;
Car, de sa voix douce et belle,
Et de ceux-là qu'il appelle
A sa table humainement
(Table n'est qui plus deument,

Ne plus benine entretienne
Les gens doctes que la sienne), (a)
A ce Hous émerveillé,
Comme s'il fust aureillé,
Fait venir à sa fenestre
Pour ouïr parler son maistre ;
Et peut s'en faut qu'il ne met
Dans la chambre le sommet
De son chef et ses aureilles,
Pour ouïr mille merveilles,
Et pour du tout se laisser
A son Brinon embrasser.

 Et ce faisant il égale
Les amours d'un palme masle,
Qui faict amoureux nouveau,
Se pancha sur un ruisseau,
Pour caresser d'un grand zele
A l'autre bord sa femelle ;
Et tant il courba le dos
De sa souche sur les flos
Pour l'enlasser de sa branche,
Qu'aux pasteurs servoit de planche.

 Or vy, Hous, d'oresnavant
Le chef au ciel eslevant ;
Vy plus fameux par ma lyre
Que les vieux chesnes d'Epire.
Jamais choüans ne corbeaux
Ne diffament tes rameaux,
Ny corneilles ny choüetes ;
Mais les rossignols poëtes
Y puissent bruire tousjours
Les plaintes de leurs amours.

a. Var. :

Car de sa voix toute belle,
Que Calliope en-mielle,

Jamais foudre ne tempeste
Ne s'esclate sur ta teste,
Ny le feu tombé des mains
Des mal-avisez humains;
Mais en tout temps, de rosée
Soit ta perruque arrosée,
Et de la manne du ciel;
Et tousjours la mouche à miel
Mesnage au creux de ta souche
Un fruict digne de la bouche
De ton maistre bien-heureux.
    Jamais le temps rigoureux
Ne te livre à la vieillesse;
Mais, Hous, puisses-tu sans cesse
Vivre en autant de renom
Que ton possesseur Brinon.

(1560.)

A PIERRE L'ESCOT,

Abbé de Cleremont, seigneur de Clany, aumosnier ordinaire du Roy. [1]

Puis que Dieu ne m'a fait pour supporter les armes,
Et pour mourir sanglant au milieu des alarmes
En imitant les faits de mes premiers ayeux,
Si ne veux-je pourtant demeurer ocieux;

---

1. Ceste pièce est adressée au sieur L'Escot de Clany, qui a fait le dessein du pavillon du Louvre. Dans l'édition de 1572, elle commence le second livre des Poëmes, qui est dedié tout entier à Pierre L'Escot. L'amitié de Ronsard pour ce fameux architecte explique son antipathie contre Ph. de Lorme, rival de L'Escot. (V. p. 166 de ce volume.)

Ains comme je pourray, je veux laisser memoire
Que les Muses jadis m'ont acquis de la gloire,
A fin que mon renom, des siecles non vaincu,
Rechante à mes neveux qu'autrefois j'ay vescu
Caressé d'Apollon et des Muses aimées,
Que j'ay plus que ma vie en mon âge estimées.
Pour elles à trente ans j'avois le chef grison,
Maigre, palle, défait, enclos en la prison
D'une melancholique et rheumatique estude,
Renfrongné, mal-courtois, sombre, pensif et rude,
A fin qu'en me tuant je peusse recevoir
Quelque peu de renom pour un peu de sçavoir.
 Je fus souventes-fois retansé de mon pere
Voyant que j'aimois trop les deux filles d'Homere, (¹)
Et les enfans de ceux qui doctement ont sceu
Enfanter en papier ce qu'ils avoient conceu.
Et me disoit ainsi : « Pauvre sot, tu t'amuses
A courtiser en vain Apollon et les Muses!
Que te sçauroit donner ce beau chantre Apollon,
Qu'une lyre, un archet, une corde, un fredon,
Qui se respand au vent ainsi qu'une fumée,
Ou comme poudre en l'air vainement consumée?
Que te sçauroient donner les Muses qui n'ont rien,
Sinon autour du chef je ne sçay quel lien
De myrte, de lierre, ou, d'une amorce vaine,
T'allecher tout un jour au bord d'une fontaine,
Ou dedans un vieil antre, à fin d'y reposer
Ton cerveau mal-rassis, et béant composer
Des vers qui te feront, comme pleins de manie,
Appeller un bon fol en toute compagnie?
 » Laisse ce froid mestier qui ne pousse en avant
Celuy qui par sus tous y est le plus sçavant ;
Mais avec sa fureur qu'il appelle divine,
Tout sot se laisse errer accueilly de famine.
Homere, que tu tiens si souvent en tes mains,
Que dans ton cerveau creux comme un Dieu tu te peins,

---

1. Il entend l'Iliade et l'Odyssée.

N'eut jamais un liard; si bien que sa vielle,
Et sa Muse qu'on dit qui eut la voix si belle,
Ne le sceurent nourrir, et falloit que sa faim
D'huis en huis mendiast le miserable pain.
    » Laisse-moy, pauvre sot, ceste science folle;
Hante-moy les palais, caresse-moy Bartolle,
Et d'une voix dorée au milieu d'un parquet
Aux despens d'un pauvre homme exerce ton caquet,
Et fumeux et sueux, d'une bouche tonnante
Devant un president mets-moy ta langue en vente;
On peut par ce moyen aux richesses monter,
Et se faire du peuple en tous lieux bonneter.
    » Ou bien embrasse-moy l'argenteuse science
Dont le sage Hippocrate eut tant d'experience,
Grand honneur de son isle (¹); encor' que son mestier
Soit venu d'Apollon (²), il s'est fait heritier
Des biens et des honneurs, et à la poësie,
Sa sœur, n'a rien laissé qu'une lyre moisie.
    » Ne sois donc paresseux d'apprendre ce que peut
La nature en nos corps, tout cela qu'elle veut,
Tout cela qu'elle fuit; par si gentille addresse
En secourant autruy on gaigne la richesse.
    » Ou bien si le desir genereux et hardy,
En t'eschauffant le sang, ne rend accouardy
Ton cœur à mespriser les perils de la terre,
Pren les armes au poing, et va suivre la guerre,
Et d'une belle playe en l'estomac ouvert,
Meurs dessus un rempart de poudre tout couvert;
Par si noble moyen souvent on devient riche,
Car envers les soldats un bon Prince n'est chiche. »
    Ainsi en me tançant mon pere me disoit,
Ou fust quand le soleil hors de l'eau conduisoit
Ses coursiers, haletans de la penible trette,
Ou fust quand vers le soir il plongeoit sa charette;

---

1. Hippocrate, prince des medecins, estoit né dans l'isle de Coë.

2. A cause d'Esculape, fils d'Apollon.

Fust la nuict, quand la lune avec ses noirs chevaux,
Creuse et pleine reprend l'erre de ses travaux.
　O qu'il est mal-aisé de forcer la nature!
Tousjours quelque genie, ou l'influence dure
D'un astre nous invite à suivre maugré tous
Le destin qu'en naissant il versa dessur nous.
　Pour menace ou priere, ou courtoise requeste
Que mon pere me fist, il ne sceut de ma teste
Oster la poësie; et plus il me tansoit,
Plus à faire des vers la fureur me poussoit.
　Je n'avois pas douze ans, qu'au profond des vallées,
Dans les hautes forests des hommes reculées,
Dans les antres secrets de frayeur tout couvers,
Sans avoir soin de rien je composois des vers;
Echo me respondoit et les simples Dryades,
Faunes, Satyres, Pans (1), Napées, Oreades,
Egipans qui portoient des cornes sur le front,
Et qui ballant sautoient comme les chévres font,
Et le gentil troupeau des fantastiques fées
Autour de moy dansoient à cottes agrafées.
　Je fu premierement curieux du latin;
Mais cognoissant, helas! que mon cruel destin
Ne m'avoit dextrement pour le latin fait naistre,
Je me fey tout françois, aimant certes mieux estre
En ma langue ou second, ou le tiers, ou premier,
Que d'estre sans honneur à Rome le dernier.
　Donc suivant ma nature aux Muses inclinée,
Sans contraindre ou forcer ma propre destinée,
J'enrichy nostre France, et pris en gré d'avoir,
En servant mon païs, plus d'honneur que d'avoir.
　Toy, L'Escot, dont le nom jusques aux astres vole,
En as bien fait ainsi; car estant à l'escole,
Jamais on ne te peut ton naturel forcer
Que tousjours avec l'encre on ne te vist tracer
Quelque belle peinture, et ja fait geomettre,

---

1. Dieux des bois et des champs.

Angles, lignes et poincts sur une carte mettre ;
Puis arrivant ton âge au terme de vingt ans,
Tes esprits courageux ne furent pas contens
Sans doctement conjoindre avecques la peinture
L'art de mathematique et de l'architecture,
Où tu es tellement avec honneur monté,
Que le siecle ancien est par toy surmonté.
   Car bien que tu sois noble et de mœurs et de race,
Bien que dés le berceau l'abondance te face,
Sans en chercher ailleurs, riche en bien temporel,
Toutefois si as-tu suivi ton naturel ;
Et tes premiers regens n'ont jamais peu distraire
Ton cœur de ton instinct pour suivre le contraire.
   On a beau d'une perche appuyer les grands bras
D'un arbre qui se plie, il tend tousjours en bas :
La nature ne veut en rien estre forcée,
Mais suivre le destin duquel elle est poussée.
   Jadis, le Roy François, des lettres amateur,
De ton divin esprit premier admirateur,
T'aima par dessus tous. Ce ne fut en son âge
Peu d'honneur d'estre aimé d'un si grand personnage,
Qui soudain cognoissoit le vice et la vertu,
Quelque déguisement dont l'homme fust vestu.
   Henry, qui aprés luy tint le sceptre de France,
Ayant de ta valeur parfaite cognoissance,
Honora ton sçavoir, si bien que ce grand Roy
Ne vouloit escouter un autre homme que toy,
Soit disnant et soupant, et te donna la charge
De son Louvre enrichy d'edifice plus large,
Ouvrage somptueux, à fin d'estre montré
Un Roy tres-magnifique en t'ayant rencontré.
   Il me souvient un jour que ce Prince à la table
Parlant de ta vertu, comme chose admirable,
Disoit : « que tu avois de toy-mesmes appris,
Et que sur tous aussi tu emportois le pris ;
Comme a fait mon Ronsard, qui à la poësie,
Maugré tous ses parens, a mis sa fantaisie. »
Et pour cela tu fis engraver sur le haut

Du Louvre une Déesse (¹), à qui jamais ne faut
Le vent, à joue enflée, au creux d'une trompette,
Et la monstras au Roy, disant qu'elle estoit faite
Exprés pour figurer la force de mes vers,
Qui comme vent portoient son nom par l'univers.
 Or ce bon Prince est mort, et pour faire cognoistre
Que nous avons servy tous deux un si grand maistre,
Je te donne ces vers, pour eternelle foy
Que la seule vertu m'accompagna de toy.

       (1560.)

A ODET DE COLLIGNY,

Cardinal de Chastillon.

L'homme ne peut sçavoir de qui parfaitement
Il se peut dire aimé, quand il est hautement
Assis dessus la roue, et quand dame Fortune
Le souleve aux honneurs d'une main opportune ;
Car à l'entour de luy pesle-mesle sont mis
Aussi bien les flateurs que sont les vrais amis,
Qui font semblable mine, et prompts à tout office
Pressent les grands seigneurs à leur faire service
D'une pareille ardeur, sinon que le moqueur
Presse plus que celuy qui aime de bon cœur.
 Si quelque grand seigneur quelque chose commande,

---

1. Il entend la Renommée, qui est en effet sculptée sur une des façades intérieures de la cour du Louvre, du côté du couchant.

Si bonnet, ou chappeau, ou mules (¹) il demande,
S'il veut aller dehors, s'il faut chercher quelqu'un,
S'il faut l'accompagner, le flateur importun
Est tousjours prest d'aller, et plein de diligence
Devant les vrais amis tout le premier s'avance,
Courant, suant, pressant, pour mieux se faire voir
Du seigneur dont il veut quelque bien recevoir. (a)
   Si ce gentil pipeur se trouve en compaignie,
Il a de mots dorez la parole garnie,
De louanges, d'honneurs, à tous propos louant
Le seigneur courtizé dont il se va jouant,
Et dit à haute voix : « O mon Dieu, que je nomme
Heureux le serviteur avoué d'un tel homme !
O le gentil seigneur ! jamais l'œil du soleil
(Ce dira le flateur) ne voirra son pareil. »
   Mais quand la roue tourne et l'aveugle Déesse
Le fait tomber en bas, la tourbe flateresse,
Qui ne suit que le bien, à grand erre s'enfuit.
Ainsi qu'une putain, quand elle voit destruit
Le ribaut qu'elle aimoit, plus amy ne l'appelle,
Le laisse en la prison et fait amour nouvelle ;
Ainsi font les flateurs, qui arrachent alors
Le masque de leur face et suivent les plus forts,
Traistres et desloyaux, desdaignans la personne
Qu'ils adoroient naguere en la fortune bonne.
   Et non tant seulement ils s'en reculent loin
Ainsi que d'un aspic, de peur d'en avoir soin,

a. Var. (1584) :

Courant, suant, pressant, à fin de mieux user
Du seigneur dont il veut du credit abuser.

1. L'édition de 1584 met *son coche*. C'est une indication de l'époque où les grands seigneurs commencèrent à avoir des voitures, et où le mot *coche,* qui étoit d'abord féminin, commença à changer de genre.

Mais comme mal-heureux en tous lieux le mesprisent,
L'appellant un coyon, et de son nom mesdisent.
Permettez-moy, Prelat, de parler librement
A vous qui n'aimez point les flateurs nullement.
Voyez-vous la plus-part de ceux qui vous talonnent,
Qui matin et qui soir vos costez environnent
En allant au chasteau? si le Roy par courrous
Vous commandoit un jour vous retirer chez vous,
Ou si quelque envieux, ou si Fortune adverse
Vous donnoit en passant le heurt d'une traverse,
S'ils pensoient que vostre oncle et vostre frere aussi,
Captifs (ô creve-cœur!) ne revinssent icy
Heureux comme devant; ceste importune bande
De corbeaux affamez ne seroit plus si grande;
Et de cent ou deux cens qui vous suivent par fois,
Le nombre deviendroit ou à deux ou à trois,
Nombre qui bien petit plaindroit vostre fortune,
Portant avecques vous une douleur commune.
Car le parfait ami qui aime de bon cœur,
Aime au temps du mal-heur et au temps du bon-heur.
Tout cela qui depend de nostre vie humaine,
De nature s'engage au soin et à la peine,
Au change et au rechange, et n'a rien tant certain
Qui ne soit esbranlé du soir au lendemain.
 Comme un arbre planté sur les monts solitaires,
Battu diversement de deux vents tout contraires,
L'un le souffle deçà, et l'autre de rechef
Le resouffle de là; les fueilles de son chef
Volent de tous costez, qui jusqu'en terre ondoye.
Caché dessous un roc le pasteur s'en effroye.
 Ou comme on voit les bleds espessement plantez,
Branler au mois de may leurs tuyaux éventez,
Deçà delà pliez sous le vent de Zephyre
Ou sous l'astre moiteux; l'un à gauche les vire,
L'autre les souffle à dextre, et poussez en avant
Et poussez en arriere obeïssent au vent;
Ou comme un tourbillon qui chassé du tonnerre
Premier en limaçon vient baloyer la terre,

Puis venteux et poudreux s'eslance dans la mer,
Et fait l'un dessus l'autre horriblement armer
Les flots qui maintenant aux estoiles s'égalent,
Maintenant jusqu'au fond de l'arene devalent,
Avecques un grand bruit pesle-mesle fuyans,
Bossez, voûtez, courbez, escumans et bruyans;
L'un se voûte devant, l'autre se courbe arriere,
L'autre roule à costé; presque en telle maniere
S'esbranle nostre vie et rien n'est en ce lieu
Ferme sinon l'amour que nous portons à Dieu,
Lequel est plus certain que n'est pas l'alliance
Des grands seigneurs mondains tout pleins de défiance.
   On dit que Jupiter, devant le sueil de l'huis
De l'Olympe, là haut a fait mettre deux muis,
L'un tout comblé de biens, l'autre de maux; sa destre
Verse le mal au monde et le bien la senestre;
Monstrant que pour un bien il donne doubles maux,
Et pour un seul plaisir cinq cens mille travaux.
   Mais ainsi qu'un rocher oppose au vent sa teste,
Et ses pieds endurcis aux flots de la tempeste,
Il faut contre fortune opposer la vertu,
Et plus avoir bon cœur tant plus on est batu.
[Pource, mon cher Odet, si en ce temps contraire
Vous ne voyez, helas, comme vous souliez faire
Vostre oncle auprés du Roy tout seul l'entretenir
Compagnon-serviteur, veuillez vous souvenir
Que les plus valeureux chevaliers de la terre
Ont quelquefois senty quelque desastre en guerre.
Contemplez-moy Cyrus, Crœsus et Hannibal,
Qui aprés tant de gloire ont senty tant de mal.
Le premier fust occis des mains d'une princesse;
Le second, prisonnier, en perdant sa richesse
Perdit royaume et vie; et le tiers fust chassé
Aprés avoir aux siens tant de biens pourchassé.
Or ainsy qu'un liege au haut d'une eau profonde
Plus est tiré du plomb et plus il va sur l'onde;
Car plus il est contraint de ce pesant fardeau,
Plus sur le haut il noue et se monstre sur l'eau;

Ainsy plus le malheur veut enfondrer la gloire
De vostre oncle perdant le prix d'une victoire,
Plus l'honneur le soustient, et plus il doit un jour
Faire en la court du Roy un desiré retour.
Ce sont les fleaux de Dieu, lequel nous admoneste
En la prosperité ne lever trop la teste
Mesprisant les petits ; aussy ne faut-il pas
En nostre adversité avoir le cœur trop bas.
Il n'y a point d'estat ny de mestier au monde,
Fust-ce d'un laboureur, où tant de peine abonde
Qu'aux seigneurs de la court, qui n'ont pas le loisir
De gouster en un an seulement un plaisir.
Je m'en rapporte à vous, soit que par destinée
Ou par vostre nature à la court inclinée,
Tousjours en action du matin jusqu'au soir,
N'avez pas le loisir en repos de vous seoir.
Si tost que le matin resveille la lumiere,
Le soing en vostre lict vous ouvre la paupiere ;
L'huissier ouvre vostre huis, et alors un chaqu'un
Y entre pesle-mesle et vous est importun.
L'un demande une grace et l'autre un benefice,
L'autre un present du Roy ; l'autre veut un office.
L'un cecy, l'un cela vous requiert humblement,
Vous baise le genoil et la main bassement.
Vous prenez leurs placets avec un clin d'oreille,
Puis vous allez trouver nostre Roy qui s'esveille,
Et là comme espiant avec beaucoup d'ennuy
Le moyen sans fascher de parler bien à luy,
Souvent vous rougissez vers le Prince, pour faire
Plaisir à mil et mil dont vous n'avez affaire.
De sa chambre à l'eglise allez en appareil,
Puis vous allez disner et de là au conseil,
Puis au coucher du Roy, si bien qu'il ne vous reste
Une heure en tout le jour qui ne vous soit moleste ;
Et tout à celle fin qu'un Roy vous tienne cher.
Que maudit soit l'honneur qui s'achette si cher !]
    Mais ainsi que Milon ne trouvoit point la charge
Pesante d'un grand bœuf sur son espaule large,

Pour avoir dés enfance appris à le porter;
Ainsi un tel fardeau vous est à supporter
Honorable et leger, pour avoir dés enfance
Accoustumé l'espaule aux choses d'importance,
Mais mal-aisé pour moy qui suy parmy les bois
Les Nymphes qui n'ont rien que le luth et la vois. (1)
O bien-heureux celuy qui peut user son âge
En repos, labourant son petit heritage!
Qui loin de ses enfans charitable ne part,
Qu'une mesme maison a veu jeune et vieillart;
Et qui par les moissons au printemps retournées,
Et non pas par les Rois, va contant les années;
Qui se soustient les bras d'un baston appuyez,
Parmy les champs où jeune alloit à quatre piez;
Qui voit les grand's forests qu'il plantoit en jeunesse
D'un mesme âge que luy parvenir à vieillesse;
Et qui, loin de la ville et d'horologe, a mis
Un cadran naturel à l'essueil de son huis!
Luy tout devocieux envers les Dieux appreste
Tousjours un chappelet pour mettre sur leur teste,
Fait honneur à Cerés, à Palés et à Pan, (2)
A Bacchus (3), au soleil, qui nous rameine l'an,
Aux Lares (4) de son toict, aux Faunes et aux Fées;
Il dort au bruit de l'eau qui court parmy les prées,
Aimant mieux les ouïr qu'un bruit d'un tabourin,
Ou le mugissement d'un orage marin.
Heureux doncques heureux qui de son champ ne bouge,
Qui ne voit le senat vestu de robe rouge,
Ny le palais criard, les Princes, ny le Roy,
Ny sa trompeuse cour qui ne tient point de foy.
Si dés le poinct du jour quelqu'un ne le salue,

---

1. Presque tout ce qui suit est traduction d'Horace et de Virgile, lesquels ont loué la vie rustique.
2. Ce sont la Déesse des bleds, le Dieu du bestail et le Dieu des champs.
3. Dieu du vin.
4. Dieux domestiques.

S'il n'est comme un grand Prince honoré par la rue,
Si le velours, la soye, et le rouge chapeau
Né luy flamboye au chef, si allant au chasteau
Une suite de gens sa trace ne talonne ;
Il vit heureusement, et la terre tres-bonne,
Mere égale de tous, ne laisse pas pourtant
A luy donner les biens dont il se tient contant.
Il vit loin de la guerre et des querelles feintes
Dont ces grands courtizans ont les ames atteintes,
Plus brulez qu'en un feu sans intermission,
D'une secrette envie et d'une ambition,
Pour avoir seulement ce vain honneur que d'estre
Les premiers en credit, et gouverner leur maistre ;
Miserables valets, vendant leur liberté
Pour un petit d'honneur servement acheté !
Quoy ? faut-il pas mourir ? Bien que l'homme se face
Riche en tresor mondain et tous ceux de sa race,
Si mourra-il pourtant, et ne sera cognu
Non plus qu'un crocheteur lequel est mort tout nu.
  Or aille qui voudra mendier à grand' peine
D'un Prince ou d'un grand Roy la faveur incertaine ;
Quant à moy j'aime mieux ne manger que du pain
Et boire d'un ruisseau puisé dedans la main,
Sauter, ou m'endormir sur la belle verdure,
Ou composer des vers près d'une eau qui murmure,
Voir les Muses baller dans un antre de nuit,
Ouïr au soir bien tard pesle-mesle le bruit
Des bœufs et des aigneaux qui reviennent de paistre ;
Et bref j'ayme trop mieux ceste vie champestre,
Semer, enter, planter, franc d'usure et d'esmoy,
Que me vendre moy-mesme au service du Roy.
  Ainsy vesquit jadis Saturne le bonhomme,
Et le grand fondateur des murailles de Rome,
Romule, avec son frere, et le bel Adonis, (¹)
Et celuy qui jugea les Déesses, Paris.

1. Prince de Grece, que Venus aima.

Comme ces peres vieux, je veux user ma vie
Incogneu, par les champs, loin d'honneur et d'envie,
S'il vous plaist m'en donner seulement le moyen
Et me favoriser d'un mediocre bien.
 Certes, mon cher Prelat, ce que je vous demande
Est plus que tres-petit. Ma priere n'est grande,
Aussy ne dois-je pas de trop vous requerir,
Qui par service grand ne le puis acquerir.
Si vous me l'octroyez, je poursuivray de faire
Comme j'ay commencé; s'il advient au contraire,
Je prendray patience et si ne laisseray
D'estre vostre servant tant que vif je seray,
Car ceste affection que je vous porte est telle
Qu'elle sera vers vous à jamais immortelle. (*a*)

(1560.)

a. Var. (en 1584 la pièce se termine ainsi) :

Ainsy vesquit jadis Saturne le bonhomme,
Et le pasteur Romule autour des murs de Rome,
Le berger Adonis, et celuy qui jugea
Des Déesses la noise, et qui depuis changea
En rame sa houlette, et par les eaux salées
Alla ravir Helene és terres Amyclées,
Ayant si fort les sens par telle amour trahis,
Qu'en fin il se perdit, son pere et son païs.
Comme ces trois premiers je suis content de vivre,
Pourveu que je vivote en fueilletant un livre,
Sans avoir soin des biens, des Roys et de la cour :
Aussi bien nostre vie a le terme trop court.

A CHRISTOPHLE DE CHOISEUL,

Abbé de Mureaux.

EN LA LOUANGE DE BELLEAU. (¹)

Non, je ne me deuls pas qu'une telle abondance
D'escrivains aujourd'huy fourmille en nostre France;
Mais certes, je me deuls que tous n'escrivent bien,
Sans gaster ainsi l'encre et le papier pour rien.
[Je diray sans mentir que la pluspart ressemble
Aux grenouilles de mars, que le printemps assemble
En un monceau bourbeux oisif dessus le bord,
Qui sonne du gousier sans grâce ni accord,
Enroué, malplaisant, bien que leur gueule verte
Horriblement se montre en coassant ouverte.
Mais ce n'est pas le tout que d'ouvrir le bec grand,
Il faut garder le ton, dont la grace despend,
Ny trop haut ny trop bas, suivant nostre nature
Qui ne trompe jamais aucune creature.] (*a*)
Du regne de Henry (²) cinq ou six seulement
Vindrent, qui d'un accord moderé doucement
Et d'un pouce attrempé firent doctement bruire
Maintenant la guiterne, et maintenant la lyre,

a. Var. (1578) :

Poussez plus d'une ardeur que polis de doctrine,
Le plus certain rempart de l'humaine poitrine.

1. Belleau avait offert à Choiseul sa version d'Anacréon.
2. Henry II.

Et maintenant le luth, et oserent tenter
Quelque peu la trompette afin de haut chanter. (a)
   Incontinent aprés une tourbe incognue
De serfs imitateurs pesle-mesle est venue
Se ruer sans esgard, laquelle a tout gasté
Cela que les premiers avoient si bien chanté ;
Chetifs ! qui ne sçavoient que nostre poësie
Est un don qui ne tombe en toute fantaisie ;
Un don venant de Dieu, que par force on ne peut
Acquerir, si le ciel de grace ne le veut.
   Mais ainsi que la terre a la semence enclose
Des bleds un an entier, et l'autre an se repose
Oisive sans produire, ou bien s'elle produit,
Ce ne sont que chardons et que ronces sans fruit,
Attendant que l'autre an pour concevoir revienne,
A fin d'estre plus grasse et plus cererienne ;
Ainsi la France mere a produit pour un temps,
Comme une terre grasse, une moisson d'enfans
Gentils, doctes, bien-naiz, puis ell' s'est reposée,
Lasse, ne se trouvant à porter disposée
Bon fruit comme devant, ains ronces et buissons
En lieu du premier fruit de ses riches moissons ;
Maintenant à son tour fertile elle commence
A s'enfler tout le sein d'une belle semence,
Et ne veut plus souffrir que son gueret oiseux
De chardons se herisse et de buissons ronceux,
Te concevant, Belleau, qui vins en la brigade
Des bons, pour accomplir la septiesme Pleïade ; (1)
Qui as (comme bien-né) ton naturel suivi,
Et que les Muses ont naïvement ravi

a. Var. (1573) :

Et maintenant le luth, et oserent la main
Mettre sur l'instrument que Pallas fit d'airain.

1. Les sept poëtes du temps de Ronsard eurent ce nom de pleiade. Pleiades sont certaines estoilles qui sont au nombre de sept.

Aux contemplations de leurs sciences belles,
Te faisant enfanter choses toutes nouvelles,
Sans imiter que toy, et la gentille erreur
Qui t'allume l'esprit d'une docte fureur,
Ne faisant cas de ceux qui en mesme langage
Ensuivent les premiers par faute de courage,
Et faute de n'oser aller boire de l'eau
Sur le mont d'Helicon par un sentier nouveau.
 Or avant que vouloir te declairer au monde,
Tu as daigné tenter d'exprimer la faconde
Des Grecs en nostre langue, et as pour ton patron
Choisi le doux archet du vieil Anacreon,
Qui monstre comme il faut d'une parolle douce
Plaindre nos passions, lors que Venus nous pousse
Sa fleche dans le cœur; comme il faut souspirer,
Comme il faut esperer et se desesperer;
Comme il faut adjuster la lyre chanteresse,
Et le pere Bacchus à Cypris la Déesse;
Comme il faut s'esgayer ce-pendant qu'Atropos
Nous permet les plaisirs d'un amoureux repos;
Comme il faut que l'on danse, et comme il faut qu'on saute,
Non pas d'un vers enflé plein d'arrogance haute,
Obscur, masqué, brouillé d'un tas d'inventions
Qui font peur aux lisans, mais par descriptions
Douces, et doucement coulantes d'un doux style,
Propres au naturel de Venus la gentile
Et de son fils Amour, qui ne prend à plaisir
Qu'on luy aille un sujet estrangement choisir,
Que luy-mesme n'entend, bien que Dieu, et qu'il sçaiche
Toutes les passions que peut causer sa fleche.
 Mais loue qui voudra les replis recourbez
Des torrens de Pindare en profond embourbez,
Obscurs, rudes, fascheux, et ses chansons cognues
Que je ne sçay comment par songes et par nues.
Anacreon me plaist, le doux Anacreon!
Encores voulust Dieu que la douce Sapphon,
Qui si bien réveilloit la lyre Lesbienne,
En France accompagnast la Muse Teïenne!

Mon Belleau, si cela par souhait avoit lieu,
Je ne voudrois pas estre au ciel un demi-Dieu,
Pour lire dessous l'ombre un si mignard ouvrage,
Qui comme nous souspire un amoureux dommage,
Une plaisante peine, une belle langueur
Qu'Amour pour son plaisir nous grave dans le cœur.
Encore je voudrois que le doux Simonide,
(Pourveu qu'il ne pleurast) Alcman, et Bacchylide,
Alcée et Stesichore, et ces neuf chantres grecs
Fussent ressuscitez ; nous les lirions exprés
Pour choisir leurs beaux vers pleins de douces paroles ;
Et les graves seroient pour les maistres d'escoles,
A fin d'espouvanter les simples escoliers
Au bruit de leurs gros vers furieux et guerriers.
Mais Dieu ne le veut pas, qui couvre sous la terre
Tant de livres perdus, naufrages de la guerre,
Tant d'arts laborieux et tant de gestes beaux
Qui sont ores sans nom, les hostes des tombeaux ;
Puis il nous faut doubter si le sort a puissance
(O cruauté du ciel) sur l'humaine science ! (a)
   Mais quoy ? du demeurant qu'il nous en est resté
Le plus doux (à mon gré) t'est icy presenté,
Mon Choiseul, mon demy, par ton Belleau, qui ores
Te le donne et le voue, et le consacre encores ;
Et ce faisant, Choiseul, je te puis asseurer
Qu'il te donne beaucoup ; car cecy peut durer
Ferme contre le temps, et la richesse humaine
Ondoyante s'enfuit comme le temps l'emmeine,
Errant puis çà puis là, sans arrest ny sejour ;
Et ce present mettra ton beau renom au jour
Sans jamais s'effacer, pour revivre par gloire
Autant qu'Anacreon a vescu par memoire.

(1560.)

a. Var. (Édit. posth.) :

Puis nous faut-il douter que tout çà bas ne meure
Puis que de tant d'esprits le labeur ne demeure !

EXHORTATION

AU CAMP DU ROY HENRY II POUR BIEN COMBATTRE
LE JOUR DE LA BATAILLE. (¹)

L'heure que vous avez si longtemps attendue, (²)
Maintenant (ô soldats) en vos mains s'est rendue.
Il ne faut plus courir pour voir les ennemis ;
Auprés de vostre camp leurs tentes ils ont mis,
Si bien qu'on voit ensemble en la mesme campagne
Et les forces de France, et les forces d'Espagne
S'appeller au combat, et attendre des cieux
Lequel d'un si beau camp sera victorieux.
 Dieu qui tient maintenant le party de la France,
Punira l'Espagnol de son outrecuydance (a)
Et r'envoyra sur luy le malheureux destin
Qui défit nostre armée aux murs de Sainct Quentin.
Ne luy suffisoit-il d'avoir perdu la ville
De Guines, de Calais, Hammes, et Thionville, (³)

a. Var. :

Du soldat ennemy punira l'arrogance,

1. Imprimé pour la première fois à Paris, chez A. Wechel, 1558, 8 pages in-4°.
2. Il exhorte l'armée du Roy à combattre valeureusement à une bataille que l'on alloit donner à Philippes II d'Espagne.
3. Et toute la comté d'Oye que Monsieur de Guise prit en peu de jours, revenant de secourir Rome contre le duc d'Albe, lieutenant de l'Empereur, aprés la malheureuse journée de Sainct Quentin, autrement dicte de Sainct Laurens.

Sans vouloir derechef retomber en vos mains
Pour estre à la mercy de nos Princes Lorrains, (¹)
Ainçois de nostre Roy (²), qui luy-mesme en personne
Veut les armes au poing defendre sa couronne?

  Vous, Princes et Seigneurs, monstrez-vous diligens
A ranger bien en ordre et vous et tous vos gens;
Que la noble vertu de vostre race antique
Ne soit point démentie en cet honneur bellique;
Mais comme grands seigneurs et les premiers du sang,
En défiant la mort, tenez le premier rang,
Et par vostre vertu (qu'on ne sçauroit abbatre)
Monstrez à vos soldats le chemin de combatre.

  Vous gendarmes, serrez la cuisse en vos arsons,
Brisez-moy vostre lance en cent mille tronsons,
Prenez le coutelas et la pesante mace,
Et de vos ennemis pavez toute la place.
Le pied de vos roussins marche sur les monceaux
Des Bourguignons occis, la proye des corbeaux,
Et qui sans recevoir l'honneur de sepulture
Aux mastins et aux loups serviront de pasture. (a)

  Sus donc poussez dedans, et de vos gros plastrons,
De vos chevaux bardez, forcez les escadrons
Des Flamans ennemis, qui vous faisant outrage,
De vos premiers ayeux occupent l'heritage;
Car Flandres, et Holande, et Brabant, et Artois, (³)
Jadis obeïssoient aux sceptres de nos Rois.

  Et vous, jeunes soldats, à qui la barbe encore
D'un petit poil doré tout le menton decore,

---

    a. Var. (Édit. posth.) :

Des ennemis occis, dont les larges ruisseaux
De sang puisse' engraisser la plaine fromenteuse,
Pour n'estre au laboureur sterile ny menteuse.

1. Messieurs de Guise.
2. Henry II, qui campa son armée près d'Amiens.
3. Tout cela estoit à la France.

Serrez-vous en bon ordre, et chacun en son cœur
S'enflame de combatre, et de mourir vainqueur.
　Mourez donc en la guerre, ou bien si de fortune
Vous eschappez la mort à tout homme commune,
Au moins dans l'estomac au logis rapportez
Une playe honorable; ainsi reconfortez
Vos peres, qui seront pleins de rejouissance,
Voyant dans l'estomac peinte votre vaillance.
　Sus donc branlez la pique au son du tabourin,
Maugré les ennemis baignez-vous dans le Rhin,
Et en vos morions puisez l'eau pour en boire,
Comme si ce fust l'eau de Garonne ou de Loire.
　Vous Allemans aussi, qui de loin estrangers
Venez pour secourir la France en ses dangers,
Bandez vos pistolets, et faites apparaistre
Que de vostre pays est issu nostre ancestre.
　Et vous nobles François, monstrez-vous gens de bien
Vers le Roy qui jamais ne vous refusa rien,
Soit offices, ou dons, ou amendes, ou graces,
Qui par force ne prend vos terres ny vos places,
Comme un cruel tyran, et qui dans vostre lit
Jamais ny vostre fille ou femme ne ravit;
Qui ne vous fait mourir par fraude ou par colere,
Mais comme un Roy chrestien est doux et debonnaire,
Et, comme son enfant duquel il a souci,
Vray pere, aime son peuple et sa noblesse aussi.
　[Je voy desja ce semble en ordre nos gens d'armes;
J'oy le bruit des chevaux, j'oy le choquer des armes;
Je voy de toutes parts le fer estinceler,
Et jusques dans le ciel la poudre se mesler;
Je voy comme forests se herisser les piques;
J'oy l'effroy des canons, œuvres diaboliques;
J'oy fausser les harnois, enfoncer les escus;
J'oy le bruit des vainqueurs, j'oy le cri des vaincus;
J'oy comme l'on se tue et comme l'on s'enferre,
Et dessous les chevaux les cavaliers par terre
Je voy dans un monceau, les foibles et les forts
Pesle mesle assemblez, et les vifs et les morts.]

Là donc, qu'opiniastre en sa place on s'arreste ;
Tenez pied contre pied, et teste contre teste,
Bouclier contre bouclier, et pour nous secourir
Serrez ferme le pas, et deussiez-vous mourir, (a)
Mordez plustost la terre en mourant, que de faire
Place à vostre ennemy ; non, laissez-vous desfaire
Plustost de mille morts que reculer un pas.
   Nobles enfans de Mars, vous ne combatez pas
Pour le prix d'un tournoy, pour une chose vile ;
Vous combatez pour vous et pour vostre famille,
Pour garder vos maisons et vos peres ja vieux,
Qui prians Dieu pour vous tiennent les mains aux cieux.
   Si vainqueurs vous gaignez par armes la journée,
La gloire des Flamans est du tout ruinée
Sans plus se relever, et en toutes saisons
Desormais vous serez sans crainte en vos maisons ;
Mais si vous la perdez par lasche couardise,
La gloire des François à neant sera mise, (b)
Et perdrez en un jour l'honneur qu'avoient conquis
En mille ans vos ayeux. Donques s'ils l'ont acquis
Aux despens de leur sang, il faut avoir envie
De le garder de mesme aux despens de la vie ;
Car aprés vostre mort ces bons peres vieillars
Se moqueroient de vous d'avoir esté couars.
Courage donc, amis, c'est une saincte guerre
De mourir pour son prince et defendre sa terre,
De garder sa maison, sa femme et ses enfans,
Par un petit de sang qui nous rend triomphans !
Immortels en mourant, ne craignez de respandre
La vie qu'on ne peut en plus beau lieu despendre

a. Var. :

Marchez teste baissée, et deussiez-vous mourir,

b. Var. (1578) :

Mais si vous la perdez par faute de courage,
Vous mettez vostre gloire et la France en servage,

Que lors qu'on la respand pour sa terre et pour soy,
Au milieu des combats devant les yeux du Roy !
Ne craignez de mourir en gaignant la victoire ;
La mort de vostre los ne perdra la memoire.
Nostre Roy qui vous aime y a si bien pourveu,
Que vostre beau renom à jamais sera leu
Et releu dans mes vers, ausquels ce noble Prince
A commis les honneurs de toute sa province,
Pour louer les vaillans qui le meritent bien,
Et blasmer les couars qui ne meritent rien.
 Sus donques que chacun à son fait prenne garde,
Ayant un tel flambeau qui si prés vous regarde ;
Aussi bien en fuyant la mort vous assaudroit,
Et dedans vos maisons mourir il vous faudroit
De catherre ou de fiévre, ou par l'ire secrette
D'un procez mal-vuidé, ou d'une vieille dette,
De peste, ou de poison, ou d'un autre meschef,
Qui tousjours poursuit l'homme, et luy pend sur le chef.
 Là donc, mourez plustost d'un plomb ou d'une lance,
Repoussez l'Espagnol des frontieres de France,
Ouvrez-vous par le fer le beau chemin des cieux.
Dieu qui donne courage aux cœurs victorieux,
Ce Dieu qui est le Dieu des camps et des armées,
Puisse rendre au combat vos forces animées ;
La victoire et l'honneur dependent de sa main,
Car rien ne peut sans luy tout le pouvoir humain.

EXHORTATION POUR LA PAIX. (¹)

Non, ne combatez pas, vivez en amitié,
Chrestiens, changez vostre ire avecques la pitié ;
Changez à la douceur les rancunes ameres,
Et ne trempez vos dars dans le sang de vos freres,

1. Imprimé pour la première fois chez A. Wechel, 1558, in-4° de 11 pages.

Que Christ le fils de Dieu, abandonnant les cieux,
En terre a rachetez de son sang precieux,
Ensemble nous liant par sa bonté divine,
De nom, de foy, de loy, d'amour et de doctrine,
Nous monstrant au partir comme il falloit s'aimer,
Sans couver dans le cœur un courroux si amer.
   C'est à faire aux lions remplis de tyrannie,
Aux loups Apuliens (1), aux tigres d'Hyrcanie,
De se faire la guerre, et de courroux ardans
Se rompre à coups de griffe, et à grands coups de dents;
Et non pas aux chrestiens, de qui la loy tres-sainte
A saintement des cœurs toute rancune estainte.
   Sus donc, saluez-vous d'une amiable vois;
Avecques le courroux despouillez le harnois,
Détachez vos boucliers, vos piques non touchées
Soient le fer contre bas à la terre fichées;
Estuyez au fourreau vos luisans coutelas,
Froissez ainsi qu'un verre en million d'esclas
La lance mesprisée, et les creuses tempestes
Des canons, foudre humaine, eslongnez de vos testes;
Au profond des enfers, ou au creux de la mer
(Pour ne les plus revoir) faites-les abysmer.
   Ou bien si vous avez les ames eschauffées
Du desir de louange et du los des trofées,
Et si en vos maisons le repos vous desplaist,
Revestez le harnois; encores le Turc n'est
Si eslongné d'icy, qu'avecques plus de gloire
Qu'à vous tuer ainsy, vous n'ayez la victoire
Dessus tel ennemy, qui usurpe à grand tort
Le lieu où Jesus-Christ pour vous receut la mort.
C'est là, soldats, c'est là, c'est où il faut combatre,
Et de nostre Sauveur l'heritage debatre,
Et repousser les chiens qui honnissent le lieu
Du sepulchre où fut mis le Messias de Dieu.
   Respondez, je vous pri', pourquoy dés vostre enfance
Tenez-vous asseurée en Christ vostre fiance?

---

1. Apulie est une contrée d'Italie.

Et pourquoy en son nom estes-vous baptisez?
Pourquoy des mescreans estes-vous divisez?
Pourquoy jusqu'à la mort haïssez-vous leur race,
S'ils ont, sans coups ruer, occupé vostre place?
S'ils ont, sans coups ruer, en Europe passé?
Par armes l'ont gaignée, et vous en ont chassé?
Pourquoy par feu, par fer, et par guerre cruelle
N'avez-vous fait mourir ceste gent infidelle?
Et pourquoy desormais, comme les vrais soldars
De Christ, ne portez-vous pour Christ les estendars?
  Quand vous serez batus et bien rompu la teste
Vingt ou trente ans durant, encores la conqueste
De nos Rois ne sera si grande que la main;
Et auront fait mourir cent mille hommes en vain
Autour d'un froid village ou d'une pauvre ville,
Ou d'un petit chasteau pour le rendre servile.
Si vous voulez gaigner plus d'honneur et de bien,
Laissez-moy vos combats qui ne servent de rien, (a)
Et pour vous enrichir par les faicts de la guerre,
Chassez les Sarrasins hors de la saincte terre,
Où la moindre cité que d'assaut on prendra,
D'un butin abondant tres-riches vous rendra.
  Là sont les grands palais et les grandes rivieres
Qui d'un sablon doré roullent braves et fieres;
Là coule le Jourdain, Gange, Eufrate, et le Nil;
Là sans le cultiver le païs est fertil;
Là le Caire et Damas, Memphis et Cesarée,
Tyr, Sidon, Antioche, et la ville honorée
Du grand nom d'Alexandre, eslevent jusqu'aux cieux
De leurs superbes murs les fronts audacieux,
Où de tous les costez, soit de la mer Egée,
Soit des flots Adrians, une flote chargée
Maintenant de lingots, maintenant de joyaux,
Maintenant de parfums, maintenant de metaux,

a. Var. (Édit. posth.) :

Laissez-moy vos combats empoulez d'un beau rien,

Avecques un grand bruit dedans le hâvre viennent,
Ou prés de la muraille à la rade se tiennent.
Ce sont là les butins que vous, soldats chrestiens,
Devriez ravir du sceptre et des mains des payens,
Sans vous tuer ainsi en Espagne et en France,
O honte! à l'appetit d'une froide vengeance.
    Quelle fureur vous tient de vous entre-tuer,
Et devant vostre temps aux enfers vous ruer
A grands coups de canons, de piques et de lance?
La mort vient assez tost, helas! sans qu'on l'avance;
Et de cent millions qui vivent en ce temps,
Un à peine vient-il au terme de cent ans.
    Ah! malheureuse terre, à grand tort on te nomme
Et la douce nourrice et la mere de l'homme;
Par toy seule nous vient ce malheureux souci
De s'entre-guerroyer et se tuer ainsi!
    On dit que quelquefois te sentant trop chargée
D'hommes qui te fouloient, pour estre soulagée
Du fardeau qui pressoit ton eschine si fort,
Tu prias Jupiter de te donner confort;
Et lors il envoya la meschante Discorde
Exciter les Thebains d'une guerre tres-orde,
Vilaine, incestueuse, où l'infidelle main
Des deux freres versa leur propre sang germain.
Aprés elle alluma la querelle Troyenne,
Où la force d'Europe et la force Asienne
D'un combat de dix ans, sans se donner repos,
De toy, terre marastre, ont deschargé le dos.
Mille combats aprés venus par violance
Ont si bien esclaircy des peuples l'abondance,
Que tu ne sçaurois plus, ô grossier animal,
Te plaindre que le dos te face plus de mal.
    Ah! mal-heureux humains, ne sçauriez-vous cognaistre
Que la nature, helas! ne vous a point fait naistre
Pour quereller ainsi, vous qui naissez tous nus
Sans force et desarmez? Les animaux cognus
Par les grandes forests, dragons, lions, tigresses,
Sont armez ou de griffe, ou d'escailles espesses,

Et sortant hors du ventre au profond d'un rocher,
Desja naissent guerriers et se paissent de chair ;
Les veines de leur col noircissent de cholere,
Ja font mine de guerre, et ensuivent leur mere.
Mais vous humains, ausquels d'un seul petit cousteau,
Ou d'une esguille fresle on perceroit la peau,
Les muscles et les nerfs (contre vostre nature
Qui ne cherche que paix), allez à l'avanture
Au milieu des canons oubliant vos maisons,
Enflez de trop d'orgueil et de trop de raisons.
 Que maudit soit celuy qui deschira la terre,
Et dedans ses boyaux le fer y alla querre,
Que la nature avoit d'un art si curieux
Au profond de son ventre eslongné de nos yeux !
De là se fit l'espée et la dague meurtriere,
L'homicide canon et la lance guerriere,
Et le dur coutelas en lune recourbé.
 Maudit soit Promethé', par qui fut dérobé
Le feu celestiel, et qui forgea la lame
Qui si tost hors du corps nous fait enfuïr l'ame ;
Tu devois, Jupiter, luy foudroyer le chef,
Et resserrer au ciel ta flame derechef,
Et cacher plus avant dessous la terre basse
Le fer qui maintenant se façonne en cuirasse,
Maintenant en armet, et tu devois encor
Jusqu'au fond des enfers cacher les mines d'or ;
Car le fer et l'acier nuire aux hommes ne peuvent,
Si pour leur compagnon l'autre metal ne treuvent.
Que maudit soit celuy qui premier le trouva,
Qui premier le fondit, et premier l'approuva ;
Il eust plus fait pour nous s'il eust remis au monde
Une chimere, une hydre, en cent testes feconde,
Un pithon tout enflé de venin dangereux,
Que d'avoir descouvert ce metal mal-heureux.
[Qu'heureuse fut la gent qui vivoit sous Saturne,
Quand l'aise et le repos et la paix taciturne,
Bien loin de la trompette et bien loin des soldars,
Loin du fer et de l'or, erroit de toutes parts

Par les bois asseurée, et du fruit de la terre
En commun se paissoit sans fraude ny sans guerre.
Helas! que n'ay-je esté vivant de ce temps-là,
Non du temps que la foy legere s'envola
Du monde vicieux, ne laissant en sa place
Que la guerre et la mort, la fraude et la fallace!
Las! je ne verrois point tant de glaives tranchans,
Tant de monceaux de morts qui engraissent les champs,
Tant de chevaux occis, dechargez de leur somme,
Empescher tout le cours de Moselle ou de Somme,
Ny tant de morions, ny de plastrons ferrez
Tenir les rouges flots de la Meuse enserrez.]
Par la guerre cruelle on renverse les villes,
On deprave les loix divines et civilles,
On brule les autels et les temples de Dieu;
L'equité ne fleurit, la justice n'a lieu,
Les maisons de leurs biens demeurent dépouillées.
Les vieillards sont occis, les filles violées;
Le pauvre laboureur du sien est devestu,
Et d'un vice execrable on fait une vertu.
 N'aimeriez-vous pas mieux, ô soldats magnanimes!
Pour ne commettre point l'horreur de tant de crimes,
Bien vivre en vos maisons sans armes, et avoir
Femme tres-belle et chaste entre vos bras, et voir
Vos enfans se jouer autour de la tetine,
Vous pendiller au col d'une main enfantine,
Vous frisoter la barbe, ou tordre les cheveux,
Vous appeller papa, vous faire mille jeux;
Que de vivre en un camp, que coucher sur la dure
L'esté à la chaleur, l'hiver à la froidure?
Et prés de ses parens mourir bien ancien,
Que d'avoir pour sepulchre un estomac d'un chien?
 Pource, nobles soldats, et vous, nobles gendarmes,
Et de bouche et de cœur detestez-moy les armes;
Au croc vos morions pour jamais soient liez,
A l'entour l'araignée, en filant de ses piez,
Y ourdisse ses rets, et en vos creuses targes
Les ouvrieres du miel y deposent leurs charges;

Reforgez pour jamais le bout de vostre estoc,
Le bout de vostre pique en la poincte d'un soc;
Vos lances desormais en vouges soient trempées,
Et en faulx desormais courbez-moy vos espées,
Et que le nom de Mars, ses crimes et ses faits
Ne soient plus entendus, mais le beau nom de Paix.
La Paix premierement composa ce grand monde,
La Paix mit l'air, le feu, le ciel, la terre et l'onde
En paisible amitié, et la Paix querella
Au chaos le Discord, et le chassa de là
Pour accorder ce tout; la Paix fonda les villes,
La Paix fertilisa les campagnes steriles;
La Paix dessous le joug fit mugir les taureaux,
La Paix dedans les prez fit sauter les troupeaux,
La Paix sur les coustaux tira droict à la ligne
Les ordres arrangez de la premiere vigne;
De raisins empamprez Bacche elle environna,
Et le chef de Cerés de froment couronna;
Elle enfla tout le sein de la belle Pomonne
D'abondance de fruicts que nous produit l'autonne;
Elle défaroucha de nos premiers ayeux
Les cœurs rudes et fiers, et les fit gracieux,
Et d'un peuple vagant és bois à la fortune,
Parmy les grand's citez en fit une commune.

 Donc, Paix, fille de Dieu, vueille-toy souvenir,
Si je t'invoque à gré, maintenant de venir
Rompre l'ire des Roys, et pour l'honneur de celle
Que Jesus-Christ a faite au monde universelle,
Entre son pere et nous, repousse de ta main
Loin des peuples chrestiens le Discord inhumain
Qui les tient acharnez, et veuilles de ta grace
A jamais nous aimer, et toute nostre race.

         (1560.)

LA PAIX.

AU ROY HENRY II. (¹)

Sire, quiconque soit qui fera vostre histoire
Honorant vostre nom d'eternelle memoire,
A fin qu'à tout jamais les peuples à venir
De vos belles vertus se puissent souvenir ;
Dira, depuis le jour que nostre Roy vous fustes,
Et le sceptre François en la dextre receustes,
Que vous n'avez cessé en guerre avoir vescu,
Maintenant le vainqueur, maintenant le vaincu.
   Dira que vostre esprit, tres-magnanime Prince,
Ne s'est pas contenté de sa seule province,
Mais par divers moyens, et par diverses fois,
A tenté d'augmenter l'empire des François ;
Et si Fortune, adverse aux braves entreprises
De vostre Majesté, ne les a toutes mises
A bien-heureuse fin, toutefois on a veu
Que vous avez osé et que vous avez peu.
Du premier coup d'essay Boulongne vous gaignastes,
Dedans les eaux du Rhin vos chevaux abreuvastes ;
L'Escossois, dont le sceptre est maintenant à vous, (²)
S'est fait grand par vostre aide, et l'Anglois, qui de coups
Se sent encor douloir, mesmes en vostre absence

---

   1. Imprimé pour la première fois chez A. Wechel, à Paris, 1559, 22 pages in-4°. A la suite se trouvent la Bienvenue de Monseigneur le Connestable (ci-dessous, page 224), et l'Envoy des chevaliers aux dames (tome IV, page 206 de cette édition).
   2. A cause qu'il maria François II, son fils, à l'heritiere d'Escosse, après avoir secouru sa mere contre l'Anglois.

A cogneu que pouvoit vostre forte puissance ;
Vous fistes tout soudain, par les eaux de la mer,
Bien loin du bord François, vos navires armer,
Et comme avantureux, vous conquistes par force
Maugré le Genevois la belle isle de Corse ;
Maugré le Florentin vous avez sous vos lois
Gouverné par trois ans le peuple Siennois ;
Et sous le magnanime et sage duc de Guise
En armes et en peur avez l'Itale mise. (*a*)
    Vous avez de Calais regaigné vostre port,
Que les Roys vos ayeux ont estimé si fort
Que non du seul penser l'oserent entreprendre ;
Vous l'avez entrepris et si l'avez sceu prendre.
Bref, vous estes le Roy qui plus avez esté
Et en guerre et en paix, qui plus avez tenté
Le hazard de Fortune, et comme sur sa roüe
Des Princes et des Roys se remoque et se joue ;
Elle vous a monstré que peuvent les combas ;
Aucunefois en haut, aucunefois en bas
Elle vous a tourné ; pour exemple qu'au monde
Un Roy, tant soit-il grand, d'infortunes abonde.
    Or aprés mainte guerre et mainte tréve aussi,
Vostre grand Cardinal (*b*) avec Montmorency (¹)
Vous ont traité la paix, il faut bien qu'on la garde ;
Ceux qui la gardent bien, le haut Dieu les regarde,
Et ne regarde point un Roy de qui la main
Tousjours trempe son glaive au pauvre sang humain.

a. Var. (Édit. posth.) :

Naples, de droict Françoise, en frayeur avez mise.

b. Var. (1584) :

L'un des Princes Lorrains.....

1. Il pratiqua la paix estant prisonnier, et l'alliance de Philippes d'Espagne avec Elisabeth de France.

[D'une si belle paix je vais chanter merveille,
S'il vous plaist me prester vostre royale aureille,
Et qu'entre vos pensers mes vers puissent entrer
Et de vostre faveur le bonheur rencontrer.
 Avant l'ingenieuse ordonnance du monde,
Le feu, l'air et la terre, et l'enfleure de l'onde
Estoient en un monceau confusement enclos.
Monceau que du nom grec on nomme le chaos,
Sans forme, sans beauté, lourde et pesante masse,
Comme un corps engourdy ne bougeoit d'une place.
Le chaud avoit debat avecque la froideur,
Le pesant au leger, le froid contre l'ardeur,
Et contre le corps sec l'humide avoit querelle,
Sans jamais appaiser leur noise mutuelle.
Mais la bonne nature et le grand Dieu qui est,
A qui tousjours la guerre et le discord desplaist,
Chassa l'inimitié de leurs guerres encloses,
Par l'ayde de la paix, mere de toutes choses.
Loing au long de la terre elle fist escumer
A part en leur vaisseau les vagues de la mer,
Et plus loing de la mer separa la closture
Du ciel qui va bornant les œuvres de nature;
Et du feu tres-subtil et du ciel ethéré,
L'air le plus espaissi en bas a retiré.
 Aprés avoir par ordre arrangé la machine
Et lié ce grand corps d'une amitié divine,
Elle fist accrocher à cent chaines de fer
Le malheureux Discord aux abysmes d'enfer,
Puis au trosne de Dieu qui tout voit et dispose
Alla prendre sa place où elle se repose.
 Quand les pechez d'un peuple ou les fautes d'un Roy,
En rompant toute honte ont violé la loy,
Et le sang innocent la vengeance demande;
Le grand Dieu tout puissant à ses Anges commande
Deschainer le Discord, à fin que destaché
Du peuple vitieux punisse le peché.
Mais avant sa venue, en cent mille presages,
Le ciel nous fait certains de nos futurs dommages.

Sans nue en temps serain à dextre il fait tonner;
Par l'obscur de la nuict il nous vient estonner
D'un grand chevron de feu qui hydeux le traverse;
Puis dessus quelque ville il tombe à la renverse.
La comete aux grands crins tout sanglans et ardens
Predit de nos malheurs les signes evidens;
Le Tybre desbordé de son canal fourvoye
Et l'Arne tous les champs de la Tuscane noye.
Une chasse de chiens s'eslance par les cieux;
Les monstres contrefaicts et de testes et d'yeux,
Comme avant-messagers de mauvaise adventure,
Apparoissent au monde en depit de nature.
Adoncques le Discord, caut, mechant et subtil,
En sa main deschainée apporte le fusil,
La pierre et la flammeche, et d'un brandon qui fume
D'un feu lent et secret tous les peuples allume.
Et alors la Justice et la simple Amitié,
Vergogne, Preudhommie, Innocence et Pitié,
Couvertes d'une nue au monde ne sejournent
Et pour se plaindre à Dieu dans le ciel s'en retournent.
Une frayeur, un bruit, une esclatante vois
De tous costez s'entend d'hommes et de harnois.
Un peuple contre l'autre en armes se remue;
Une forte cité contre l'autre est esmeue,
Un prince contre l'autre ordonne son arroy
Et un Roy dans son camp deffie un autre Roy.
Dessur la dure enclume on rebat les espées,
Et d'acier et de fer les lames destrampées
Se tournent en cuirasse, et se laissent forger
En dague et en poignard pour nous entre-égorger;
Car on ne combat plus pour l'honneur d'une jouste,
D'un prix ou d'un tournoy; mais afin que l'on s'ouste
L'un à l'autre la vie, et afin que la mort
Du foible combattant soit le prix du plus fort.
Toutes meschancetez aux soldats sont permises;
Du pauvre sang humain on baigne les eglises;
Le docte et l'ignorant ont une mesme fin;
La finesse ne peut servir à l'homme fin,

Ny les pieds au craintif; la cruelle arrogance
Du fer ambitieux se donne la licence
De vaguer impunie, et sans avoir egard
A la crainte des lois, perce de part en part
Aussi bien l'estomach d'une jeune pucelle
Que celuy d'un enfant qui pend à la mamelle.
Les vieillards de leurs lits tremblans sont deboutez,
Et l'image de mort paroist de tous costez.
Aucunes fois la peste et la maigre famine
Accompaignent la guerre; ainsi la main divine
De trois verges punist le peuple vicieux
Qui s'arme de son vice et despite les cieux.
Mais au peuple reduit qui recognoist sa faute,
Qui craint de l'Eternel la puissance tres-haute,
Il luy donne la paix et le rend plus heureux
Que jamais le Discord ne le fist malheureux.
　Adoncques en repos les campaignes jaunissent
Toutes pleines d'espis, les fleurs s'espanouissent
Le long d'un bas rivage, et plus haut les raisins
Aux sommets des coustaux nous meurissent leurs vins.
Le peuple à l'aise dort, les citez sont tranquilles,
Les Muses et les arts fleurissent par les villes,
La gravité se monstre avecques la vertu,
Et par la saincte loy le vice est abattu.
Les navires sans peur dans les hâvres abordent;
Avec les estrangers les estrangers s'accordent,
Et s'entre-saluant arrachent la rancœur
Que par une vengeance ils se portoient au cœur.
Venus avec son fils (elle, de ses flammeches,
Luy, enfant, tout armé de trousses et de fleches)
Errent parmy le peuple, et aux jeunes plaisirs
Des combats amoureux chatouillent nos desirs.
Amour comme une flamme entre dans nos courages;
Il assemble les cœurs, il joinct les mariages,
Fait danses et festins, et en lieu de tuer
Les humains comme Mars, les faict perpetuer.
On ne s'esveille point aux effrois des allarmes,
Le dos n'est point courbé sous la charge des armes;

On n'oit plus les canons horriblement tonner,
Mais la lyre et le luth doulcement resonner
Auprés de l'amoureuse, et se nourrir l'oreille
Du son, et le baiser en la bouche vermeille.
Puis de là sans danger les embusches se font
Aux cerfs qui vont portant un arbre sur le front,
Aux daims qui sont craintifs; ou de retz on enferme
Le sanglier furieux qui cruellement s'arme
D'une outrageuse dent, ou l'on poursuit au cours
Le chevreul qui a mis en ses pieds son secours.
On chante, on saute, on rit par les belles prairies;
On fait tournois, festins, masques et momeries;
Chacun vit sans contrainte et à son aise aussy,
Et du pied contre terre on foule le soucy. (¹)

Mais pourquoy m'amuser à chose si petite,
Quand les astres du ciel et tout ce qui habite
D'escaillé dans la mer, les grands monstres des eaux,
Tout ce qui vit en terre, et les legers oiseaux
Qui pendus dedans l'air sur les vents se soutiennent,
Sont tous remplis d'amour et par luy s'entretiennent.

Quand, pour trop abonder, les elemens divers
L'un à l'autre ont discord, tout ce grand univers
Languist en maladie et nous monstre par signe
Qu'une haine nouvelle offense la machine;
Car l'air qui la reçoit comme subtil et prompt
Se deult de telle haine et soudain se corrompt,
Et en se corrompant les terres il offense,
Versant ores la fiévre, ores la pestilence;
Il gaste bleds et vins et respand mille maux
Sur l'homme miserable et sur les animaux.

Ainsy quand les humeurs qui nostre corps composent
En tranquille amitié dedans nous ne reposent,
Mais en se haïssant abondent en discord,
Lors vient la maladie et bien souvent la mort,
Si le bon medecin ne trouve la maniere,

1. Les cinquante-six vers qui précèdent sont supprimés dans l'édition de 1584.

Par art, de les remettre en l'amitié premiere.
Ainsy par l'amitié la vie s'entretient,
Et la mauvaise mort par la noise survient ;
Or voilà donc combien la paix est trop plus belle
Et meilleure aux humains que n'est pas la querelle.] (¹)
　　Sire, je vous suppli' de croire qu'il vaut mieux
Se contenter du sien, que d'estre ambitieux
Sur les sceptres d'autruy ; mal-heureux qui desire
Ainsi comme à trois dez hazarder son empire
Sous le jeu de Fortune, et auquel on ne sçait
Si l'incertaine fin doit responder au souhait.
　　Que desirez-vous plus? vostre France est si grande!
L'homme qui n'est content et qui tousjours demande,
Quand il seroit un Dieu, est mal-heureux d'autant
Que tousjours il desire et n'est jamais contant.
　　Bien! imaginez-vous des Flamans la victoire!
Quel honneur auriez-vous d'une si pauvre gloire,
D'avoir un Roy chrestien, comme vous, enchainé,
Et par vostre Paris en triomphe mené? (²)
Il vaudroit mieux chasser le Turc hors de la Grece
Qui miserable vit sous le joug de destresse,
Que prendre un Roy chrestien, ou que meurtrir de coups
Un peuple en Jesus-Christ baptisé comme vous.
　　Il vaudroit beaucoup mieux, vous qui venez sur l'âge
Ja grison, gouverner vostre royal mesnage,
Vostre femme pudique et vos nobles enfans,
Qu'acquerir par danger des lauriers triomphans ; (a)

　　a. Var. (Édit. posth.) :

　　Et vos petits enfans encores aux berceaux,
　　Qu'acquerir par danger des sceptres tout nouveaux ;

　　1. Ce long passage, sauf les cinquante-six vers signalés plus haut, se trouve dans toutes les éditions données par l'auteur. Le tout n'a complétement disparu que dans les éditions posthumes.
　　2. C'est quand Philippes Auguste ayant vaincu les Flamans amena sur une litiere enchaisné Ferrand.

Il vaudroit beaucoup mieux joyeusement bien vivre,
Ou bastir vostre Louvre, ou lire dans un livre,
Ou chasser és forests, que tant vous travailler,
Et pour un peu de bien si long temps batailler.
Que souhaittez-vous plus? La Fortune est muable;
Vous avez fait de vous mainte preuve honorable.
Il suffit, il suffit; il est temps desormais
Fouler la guerre aux pieds et n'en parler jamais.
Pensez-vous estre Dieu? L'honneur du monde passe :
Il faut un jour mourir quelque chose qu'on face;
Et aprés vostre mort, fussiez-vous empereur,
Vous ne serez non-plus qu'un simple laboureur.
  Donc, Sire, puis que Dieu (qui de vostre couronne
Et de vous a pris soin) Paix, sa fille, vous donne,
Present qu'il n'avoit fait aux Princes vos ayeux,
Gardez-la tousjours bien; il vous enrichist mieux
Que s'il avoit domté par une longue guerre
Dessous vostre pouvoir l'Espagne et l'Angleterre.
Sus donc embrassez-la, et embrassez aussi
Cest honneur de Lorraine et de Montmorency,
Qui, par divers moyens d'une entreprise sage,
L'ont faite à vostre honneur et à vostre avantage.
  O Paix fille de Dieu! qui nous viens réjouyr
Comme l'aube du jour qui fait r'espanouyr
Avecques la rosée une rose fleurie
Que l'ardeur du soleil avoit rendu' flétrie;
Aprés la guerre ainsi venant en ce bas lieu,
Tu nous as réjouis, ô grand' fille de Dieu!
  Chasse je te suppli' la guerre et les querelles
Bien loin du bord chrestien dessur les Infideles,
Turcs, Parthes, Mammelus, Scythes et Sarrasins,
Et sur ceux qui du Nil sont les proches voisins.
Pends nos armes au croc, et en lieu des batailles
Attache à des crampons les lances aux murailles,
Et que le coutelas du sang humain souillé,
Pendu d'une couraye au fourreau soit rouillé,
Et que le corcelet au plancher se moisisse,
Et l'araigne à jamais ses filets y ourdisse.

Donne-nous que celuy qui sera le moyen
Entre ces deux grands Roys (¹) de rompre le lien,
Meure trahy des siens d'une playe cruelle,
Et qu'aux champs les mastins luy succent la cervelle;
Que ses enfants bannis puissent mourir de faim
D'huis en huis, sans trouver qui leur jette du pain.
    Donne-nous que celuy qui mettra soin et peine
De te faire regner, voye sa maison pleine
De faveurs et de biens, et qu'il voye fleurir
Ses enfants en honneur avant que de mourir.
    Donne-nous tout cela; donne-nous d'avantage,
Afin que le repos n'énerve le courage
De Henry, nostre Roy, en jeux voluptueux,
Qu'il soit pour tout jamais (comme il est) vertueux;
Que son esprit s'addonne aux choses d'importance,
Et qu'imitant son pere il aime la science,
Afin qu'au temps de paix il fleurisse en sçavoir
Autant qu'il fit en guerre en force et en pouvoir.

LA BIENVENUE

DE MONSEIGNEUR LE CONNESTABLE ANNE DE MONTMORENCY,

AU REVERENDISSIME ODET DE COLLIGNY,

Cardinal de Chastillon, son nepveu. (²)

On ne doit appeller pendant qu'il vit icy,
Un homme bien-heureux ny mal-heureux aussi;
Tout çà-bas est douteux : la seule heure derniere
Parfait nostre bon-heur, ou bien nostre misere.

---

1. Philippes II et Henry II.
2. Ce poëme se trouve page 375 des *Preuves de l'histoire de la maison de Colligny,* par Du Bouchet (Paris, Du Puis,

Tel fleurit aujourd'huy qui demain flestrira,
Tel flestrit aujourd'huy qui demain fleurira.
La Fortune gouverne, et en tournant sa roue
Rit de nostre conseil et de nos faits se joue.
 Rien n'y sert la raison, ny la force de cœur,
Noblesse ny parens, richesse ny faveur,
Ny mesme la vertu, ny la philosophie
Qui s'arme en son sçavoir ; la Fortune défie
Les humaines raisons, et sans avoir lié
Sa force à nos conseils, les escarbouille au pié ;
Force qui n'a jamais nostre plainte escoutée,
Qui domte tout le monde, et n'est jamais domtée.
Quoi ! ne vois-tu, Prelat que le mesme destin
Qui nous fit mal-heureux aux murs de Sainct Quentin,
Luy-mesme notre dueil change en réjouissance,
Redonnant aujourd'huy ton oncle en nostre France? (a)
La France estoit malade en l'absence de luy,
Souspiroit son malheur, se tourmentoit d'ennuy,
Frappoit son estomac, de pleurs estoit couverte,
S'arrachoit les cheveux, et lamentoit sa perte.
 Comme un petit enfant que sa nourrice avoit
Allaité longuement, pleure s'il ne la voit,
De ses petites mains au berceau se tourmente,
En souspirant l'appelle, et tousjours se lamente
D'une voix enfantine, et ne veut s'éjouir
Jusqu'à tant qu'il la voye ou qu'il la puisse ouïr ;
Mais si tost qu'il la voit, en luy riant s'appaise,
Luy embrasse le col, et doucement la baise ;

 a. Var. (Du Bouchet) :

En redonnant ton oncle et ton frere à la France?

1662, in-fol.). Il est ainsi intitulé : *Le retour du connestable de Montmorency et de l'admiral de Coligny, prisonniers de guerre en Flandres l'an* 1558, tiré de l'original de la main de Ronsard. Il a été imprimé pour la première fois à la suite de la pièce précédente.

Elle en ses bras l'eschauffe, et depuis le matin
Soigneuse jusqu'au soir le pend à son tetin.
Ainsi toute la France, à l'heureuse venue
De ton oncle captif, joyeuse est devenue,
Revoyant de retour celuy qui tant de fois
L'avoit si bien servie en bien servant nos Rois.
   Elle s'est réjouie, ainsi qu'on voit la terre
En avril s'égayer, quand le printemps desserre
Les huis de la nature, et quand l'hyver neigeux
A mis à part sa gresle et ses vents orageux.
Adonques par les prez les fleurs s'espanouissent,
Et avecques le ciel les terres s'éjouissent :
Ainsi toute la France et ses estats aussi
Se sont tous réjouis voyant ton oncle ici.
Le pauvre laboureur qui conduit sa charrue,
Celuy qui d'avirons la marine remue,
Le prestre, l'advocat, et le noble qui tient (a)
L'espée à son costé, d'aise ne se contient,
Ains le montre par signe, et sautant de liesse
Foule la guerre aux pieds, le soin et la tristesse ;
Tant ton oncle est de tous estimé dignement
Qui n'a jamais le peuple offensé nullement; (b)
Que la seule vertu sans reproche et sans vice,
Que l'esprit vigilant et le loyal service
Qu'il a fait à deux Roys, de chevalier privé
L'ont au plus haut degré de la France élevé.
   Sus donc, France! sus donc, que gaillarde on te voye
Parmi les carrefours dresser les feux de joye ;
Qu'on respande du vin, et que le peuple émeu

a. **Var.** (Du Bouchet) :

Le rustre, l'advocat, et le noble qui tient

b. **Var.** (1578) :

Tant il est de la France à bon droit estimé,
Non de confiscations ny de biens affamé;

D'allegresse, en dansant tout à l'entour du feu,
De chapelets de fleurs se couronne la teste ;
Et qu'à jamais le jour de son retour soit feste !
    Sus donc, embrasse-moy ce seigneur desiré,
Que hors de la prison tu eusses retiré
Aux despens de ton sang et de ta propre vie,
Et que le peuple avoit de racheter envie,
Si le Prince vainqueur eust de grace permis
Qu'une riche rançon en liberté l'eust mis.
    Rembrasse derechef ce vieillard honorable,
Ton avisé Nestor, ton sage Connestable,
Lequel à son retour ne te r'ameine pas
Querelle ny discord, ny guerre, ny combas ;
Mais la paix bien-heureuse à son retour arrive
Ceinte tout à l'entour des branches de l'olive.
[Regarde, je te pry, peuple François, combien
Son malheur bienheureux nous rapporte de bien !
C'est un secret de Dieu, lequel sage propose ;
Puis le conseil humain execute la chose.
    Voy donc quelle inconstance abonde dans nos faits !
Un malheur a trouvé le bonheur de la paix.
Ce que les Roys defunts à fin n'avoient sceu mettre,
Ny François, ny Henry ne s'oserent promettre,
Un malheur nous l'a faict. O malheur bienheureux !
Pour nous mettre en repos tu es venu des cieux.
Qui eust jamais pensé qu'un malheur miserable
Eust engendré de soy un bonheur desirable,
Eust trouvé le repos d'un peuple infortuné ?
    L'ordre de la nature est maintenant tourné ;
Les chesnes desormais se chargeront de roses,
Les buissons porteront des fleurettes descloses ;
L'âge d'or reviendra en son premier honneur,
Puis qu'on voit le malheur engendrer le bonheur.
    Quel olivier sacré, en signe de conqueste,
Oseroit bien ramper sur sa divine teste ?]
Quel palme, quel laurier oseroit couronner
Ce grand Montmorency, qui vient pour nous donner
La paix, ayant deffait le monstre de la guerre ?

Les belliqueurs Romains qui vainquirent la terre,
Ne sçauroient s'égaler à sa belle vertu ;
Le sage Scipion, bien qu'il ait combatu
Le vaillant Hannibal, et receu de Carthage
Pour les siens et pour luy le surnom en partage ;
Ny le premier Cesar qui mit dessous sa main
Par trop d'ambition tout l'empire Romain,
[Ny ces braves guerriers dont les vives histoires
Maugré le cours des ans eternisent les gloires,
Ne sont pareils à luy, bien qu'il ait une fois
Eprouvé la fortune au danger des François.]
 Ce n'est pas de merveille, en suivant mainte année
Les guerres, si l'on trouve une heure infortunée,
De perdre une bataille et d'estre prisonnier,
Cela souvent arrive à maint grand chevalier ;
Mais tirer du profit de sa propre défaite,
Et faire d'une guerre une amitié parfaite,
Accorder deux grands Roys, et leur flechir le cœur,
Et faire le vaincu pareil à son vainqueur,
Et d'un Duc ennemy (¹) tirer une alliance,
Et joindre estroittement l'Espagne avec la France
D'un nœud qui pour jamais en amour s'entretient,
Au seul Montmorency cest honneur appartient,
Qui plus a fait pour nous, que s'il avoit par armes
Déconfit tout un camp de cent mille gendarmes,
D'autant que la vie est meilleure que la mort,
Et que la douce paix vaut mieux que le discord.
 Cependant, mon Prelat, de la fortune amere
Pren maintenant le fruit, en revoyant ton frere
Et ton oncle en faveur à l'entour de leur Roy,
Qui plaignoit leur mal-heur aussi bien comme toy ;
Et appren desormais pour chose tres certaine
Qu'il ne faut s'asseurer de nulle chose humaine.

          (1560.)

1. Le duc de Savoie.

A JEAN DE MOREL,

Gentil-homme ambrunois de la maison de la Royne, mere du Roy. (¹)

Quand le fameux Jason et la fleur de la Grece
Portant leur mere au dos (²) surmonterent la presse
De l'ardente Libye, et à force de bras
La pousserent au lac qui surnomma Pallas; (³)
Triton le Dieu de l'eau découvrant jusqu'aux costes
Son beau corps monstrueux, pour caresser ses hostes,
Leur donna le present le premier qu'il trouva;
Ce fut un verd gazon de terre qu'il leva
En haste l'arrachant de son rivage mesme,
Et le mit en la main de l'Argonaute Eupheme,
Qui joyeux le receut, bien qu'il ne pensast pas
Que ceste motte fust (comme c'estoit) grand cas.
  Or la nuict il songea qu'une douce rousée
De laict avoit par tout ceste motte arrousée,
Qu'il tenoit cherement embrassée en son sein,
Et qu'elle se changeoit en fille sous sa main,
Et que luy tout ardant de la grand' beauté d'elle
Accolloit par amour ceste jeune pucelle,
Qui sembloit dans le lict piteusement crier
Comme une de quinze ans que l'on va marier.
  Eupheme à son réveil ne perdit la memoire
Du songe merveilleux qu'il n'avoit osé croire
Devant qu'il appellast à son conseil Jason,

---

1. Dedicace qu'il avoit faite de quelques sonnets amoureux au sieur de Morel, gentilhomme ambrunois.
2. Au dos de leur navire.
3. Il entend le lac Lenian où Minerve fut lavée par un Triton.

Et luy eust dit le songe avenu du gazon.
　　Lors Jason luy respond : « O Dieux que tel augure
Promet d'heur et de bien à ta race future !
Jette-moy ceste motte au profond de la mer,
Les Dieux incontinent la feront transformer
En isle, qui sera la tres-belle nommée
There, de tes enfans nourrice renommée,
De tes nobles enfans qui feront jusqu'aux cieux
De bouche en bouche aller leurs faits victorieux. »
Lors la motte fut mise à l'abandon de l'onde,
Dont une isle se fit la plus belle du monde.
　　Ainsi, mon cher Morel, la fleur de mes amis,
Je t'ay offert le don le premier qui s'est mis
De fortune en ma main, à fin qu'en quelque sorte
Je descouvrisse au jour l'amour que je te porte,
Comme voulant trop mieux te donner seulement
Un don qui fust petit, que rien totalement,
A toy qui as esgard au cœur de la personne,
Et non à la valeur du present qu'on te donne.
　　Or ce petit labeur que je consacre tien,
Est de petite monstre, et je le sçay tres-bien ;
Mais certes il n'est pas si petit que l'on pense.
Peut-estre qu'il vaut mieux que la grosse apparence
De ces tomes enflez, de gloire convoiteux,
Qui sont fardez de mots sourcilleux et venteux,
Empoullez et masquez, où rien ne se décœuvre
Que l'arrogant jargon d'un ambitieux œuvre.
　　Ne vois-tu ces chasteaux jusqu'au ciel élevez
Tomber tousjours devant qu'ils soient parachevez ?
S'ils ne tombent du tout, volontiers quelque pierre
Tousjours de quelque part trebuche contre terre ;
Et pendant que la salle ou la cuisine on fait,
D'autre costé la chambre ou la tour se défait.
　　Je te confesse bien que le fleuve de Seine
A le cours grand et long, mais tousjours il attreine
Avec soy de la fange, et ses plis recourbez,
Sans estre jamais nets, sont tousjours embourbez.
Un petit ruisselet a tousjours l'onde nette.

Aussy le papillon et la gentille avette (a)
Puisent en la fontaine, et non en ces torrens
Qui tonnent d'un grand bruit par les rochers courans.
Petits sonnets bien faits, belles chansons petites,
Petits discours gentils, sont les fleurs des Charites,
Des Sœurs et d'Apollon, qui ne daignent aimer
Ceux qui chantent un œuvre aussi grand que la mer,
Sans rive ny sans fond, de tempestes armée,
Et qui jamais ne dort tranquille ny calmée.
  Peut-estre que ce livre un jour se formera
En vive renommée, et volant semera
Tes honneurs par le monde, et ceux dont ton espouse
Sa pudique maison d'artifices dispose;
Et ne voudra souffrir que la despite mort
Emporte avec le corps vos noms outre le bord
Qu'on ne peut repasser, si ce n'est par la barque
Des vers, qui font outrage à la cruelle Parque. (1)
  Mais tout ainsi, Morel, que par les beaux pourpris,
Ou par les champs qui sont diversement fleuris,
On void errer l'abeille, et de ses cuisselettes
Ne prendre également des prez toutes fleurettes,
Mais avec prevoyance un jugement elle a
De cueillir ceste-cy, et laisser ceste-la;
Ainsi, en fueilletant ce mien petit ouvrage,
Tu sçauras bien tirer (comme prudent et sage)
Les vers qui seront fols, amoureux, éventez,
D'avec ceux qui seront plus gravement chantez,
Et plus dignes de toy, qui n'as l'aureille atteinte
Sinon de chastes vers d'une Muse tres-sainte,
Qui parle sagement, et qui point ne rougit
De honte, ny l'auteur, ny celui qui la lit.

    a. Var. :

C'est pourquoy de Cerès les ministres Melisses
Voulans de leur Déesse orner les sacrifices,

    1. C'est-à-dire qui vivent en despit de la Parque.

Le suject amoureux que maintenant je traite,
Ne me veut conceder une plume discrete,
Qui sans choix me fait dire ore mal, ore bien,
Ainsi qu'Amour le veut qui m'a rendu tout sien ;
Imitant en ce point Nature ingenieuse,
Qui met en mesme prée une herbe venimeuse
Tout auprés d'une bonne, et met dedans les cieux
Un astre qui est bon prés d'un malicieux ;
Et mesmes Jupiter le bien et le mal donne
De ses pipes (¹) là haut, à chacune personne,
Afin qu'homme ne soit parfait en ce bas lieu ;
Car la perfection appartient seule à Dieu.

(1560.)

A ODET DE COLLIGNY,

Cardinal de Chastillon.

Tout ce qui est enclos sous la voûte des cieux
N'est sinon un theatre ouvert et spacieux,
Auquel l'un desguisé, l'autre sans faux visage
Joue sur l'eschaufaut un divers personnage ;
Où madame Fortune aux grands et aux petits,
Ainsi qu'un bon chorege, appreste les habits ;
Aucunes fois Vertu en preste, si Fortune,
Qui fait jouer les jeux, ne luy est importune.
  L'un joue avec l'habit d'un pompeux empereur,
Et l'autre d'un soldat, l'autre d'un laboureur,
Et l'autre d'un marchand ; ainsi la farce humaine
Au plaisir de Fortune au monde se demeine.
Tel jouoit maintenant le prince Agamemnon,
Ou Œdipe, ou Telephe, ou Ajax, ou Creon,

---

1. Les tonnes d'où, selon Homère, Jupiter nous verse le bien et le mal.

Qui deviendra marchand, ou nocher, qui chemine
Dans un logis de bois au gré de la marine;
Et tel est dans du bois sur les ondes marchant,
Qui deviendra sur terre advocat ou marchand;
Et tel changeant d'habit contre-faisoit le maistre,
Qu'on ne voudroit aprés pour un valet cognoistre;
Ou soit que de nature on n'est jamais contant,
Ou soit que le Destin est toujours inconstant.
   Dés le commencement que je fus donné page,
Pour user la pluspart de la fleur de mon âge
Au royaume Escossois de vagues emmuré;
Qui m'eust en m'embarquant sur la poupe, juré
Que changeant mon espée aux armes bien apprise,
J'eusse pris le bonnet des pasteurs de l'eglise,
Je ne l'eusse pas creu; et me l'eust dit Phœbus,
J'eusse pensé son dire et luy n'estre qu'abus;
Car j'avois tout le cœur enflé d'aimer les armes,
Je voulois me braver au nombre des gendarmes,
Et de mon naturel je cherchois les debats,
Moins desireux de paix qu'amoureux de combats.
   Mais Fortune voyant que je suivois sans elle
Mon inclination gaillarde et naturelle,
Changea ma volonté, et m'arracha du sein
Ma premiere entreprise et mon premier dessein.
   Je devins escolier, et mis ma fantaisie
Au folastre mestier de nostre poësie,
A fin de vous servir, et les Princes de nom,
Pour ensemble acquerir des biens et du renom;
Car l'honneur sans le bien laisse l'homme en arriere,
Et le bien sans l'honneur ne profite de guiere.
   Or puis que homme d'eglise il faut en bonnet rond
Jouer publiquement comme les autres font, (*a*)
Je vous pri' ne souffrez (si quelque soin vous touche
De Ronsard qui vous sert et de cœur et de bouche)

a. Var. :

Achever mon roulet comme les autres font,

Que l'envieux malin ne luy reproche point
De l'avoir veu jouer sans tiltre et mal-empoint,
Sans grace, sans maintien, sans geste et sans parolle, (a)
Ayant en vous servant tres-mal joué son rolle.

(1560.)

L'EXCELLENCE DE L'ESPRIT
DE L'HOMME. (1)

SUR LA TRADUCTION DE TITE-LIVE
FAITE PAR HAMELIN.

Nous ne sommes pas naiz de la dure semence
Des caillous animez (2); d'une plus noble essence
Nostre esprit est formé, lequel a retenu
Le naturel du lieu duquel il est venu.
 Car tout ainsi que Dieu en variant exerce,
Estant seul, simple et un, sa puissance diverse,
Et se monstre admirable en ce grand univers

---

a. Var. :

Sans argent, endetté, sans table et sans parolle,

1. Les éditions posthumes portent : *l'Exercice de l'esprit de l'homme.*
2. Il ne resta dans le monde, aprés le deluge universel, que Deucalion et Pyrrhe. Se voyans seuls, ils eurent envie de repeupler le monde, et en allerent demander les moyens à l'oracle de Themis. Il leur fut respondu qu'ils semassent les os de leur grand' mere; eux prindrent des cailloux de la terre et les jetterent par derriere : ceux que Deucalion jetta se changerent en hommes, et ceux de Pyrrhe en femmes.

Pour la variété de ses effects divers ;
Ainsi nostre âme seule, image tres-petite
De l'image de Dieu, le Tout-Puissant imite
D'un subtil artifice, et de sa Deïté
Nous monstre les effects par sa diversité.

Quand elle trouve un corps d'une masse legere
Qui honore craintif son hostesse estrangere,
Et qui sans grommeler obeït promptement
Comme un bon serviteur à son commandement,
Elle achéve des faits qui donnent d'âge en âge
Et d'elle et de son corps illustre tesmoignage ;
Car de son naturel sans quelque chose ourdir,
Oisive dans le corps ne se veut engourdir,
D'autant que son essence est disposte et mobile,
Et qui ne peut jamais demeurer inutile.

Comme une bonne mere aprés que son fils dort
Couché seul au berceau, hors de la chambre sort,
Et dedans un jardin s'esbat et se promeine
Jusqu'à tant que le soin de son fils la r'ameine,
Duquel elle est soigneuse, et le trouvant seulet
Découvre sa mammelle, et luy donne du laict ;
Ainsi nostre ame sort quand nostre corps repose,
Comme d'une prison où elle estoit enclose ;
Et en se promenant et jouant par les cieux,
Son païs naturel, banquette avec les Dieux ;
Puis ayant bien mangé de sa saincte ambrosie,
Redevalle en son corps pour le remettre en vie,
Qui pasmé sommeilloit, et qui soudain mourroit,
Si l'ame à retourner trop long temps demeuroit.

Si tost qu'elle est r'entrée, elle luy communique
Ce qu'elle apprend de Dieu, luy monstre la pratique
Du mouvement du ciel, luy marque les grandeurs
Des astres etherez, leur force et leurs splendeurs,
Des grands et des petits ; car comme en une ville
Où chacun garde bien la police civile,
On voit les senateurs au premier rang marchans
Tenir leur gravité, au second les marchans,
Au tiers les artizans, au quart la populace ;

Ainsi dedans le ciel les astres ont leur place
Et leur propre degré, grands, petits et moyens,
De la maison du ciel eternels citoyens.
    Elle luy dit aprés s'il y a d'autres mondes,
Si le vague reçoit les formes vagabondes,
Si le Soleil, si Mars, et si la Lune aussi
D'hommes sont habitez, comme est la terre icy,
De villes, de forests, de prez et de rivieres ;
Si leurs corps sont formez de plus simples matieres
Que les nostres mortels, qui sont faits grossement,
Comme habitans ce sombre et grossier element.
    Luy dit comme se fait la foudre dans les nues,
Les gresles, les frimats, et les pluyes menues,
Les neiges et les vents, et luy fait mesurer
Le ciel, la mer, la terre, à fin de l'asseurer
Par mysteres si hauts, que nostre ame est divine,
Ayant prise de Dieu sa premiere origine.
    Elle fait que les uns deviennent inventeurs
Des secrets plus cachez, les autres orateurs,
Les autres medecins ; aux uns la poësie
Imprime brusquement dedans la fantaisie,
Et aux autres la loy ; aux autres de pouvoir
D'un luth bien accordé les hommes esmouvoir,
Aux autres de sacrer la venerable histoire
Des humains accidens au temple de Memoire ;
Comme a fait cest autheur, qui du peuple Romain
A descrit les combats, peuple qui sous sa main
Tenoit ce que la mer dedans ses bras enserre,
Que nous pauvres humains soulons nommer la terre.
    Or ce peuple de Mars jamais rien n'entreprit
En ses premiers combats, que Live n'ait escrit,
Et n'a voulu souffrir que l'envieux silence
Engloutist sans honneur la Romaine puissance.
Car luy comme prudent prevoyoit assez bien (*a*)

---

  a. Var. :

Or luy grand discourut, comme prevoyant bien

Que tout ce qui est né devoit finir en rien,
Et que Rome à la fin, son marbre et son porphire,
Sa hauteur, sa grandeur, et bref tout son empire,
Par la charge des ans deviendroit un tombeau,
Sur lequel le pasteur conduiroit son troupeau ;
Il a contre le temps ceste Rome allongée
Par les doctes filets d'une encre bien purgée,
Et d'une heureuse plume, outil duquel le sort
S'oppose à la rigueur du temps et de la mort.
Qui cognoistroit Hector, qui cognoistroit Troïle,
Ny d'Ulysse les faits, ny le courroux d'Achille,
Alexandre, Cesar, sans l'encre qui combat
Contre la faux du temps qui toute chose abat ?

Mais par-sur tout l'histoire est la plus profitable
Et la plus propre à nous, quand elle est veritable ;
Elle fait d'un jeune homme un vieillard à vingt ans,
D'un vieillard un enfant, s'il ne cognoist des temps
Et des mutations les miseres communes,
Et l'heur et le malheur des diverses fortunes.
L'histoire, sans nous mettre au hasard des dangers,
Nous apprend les combats des Princes estrangers
Et des nostres aussy, et comme une peinture
Nous represente à l'œil toute humaine aventure ;
Nous montre qu'à la fin le meschant est deceu,
Nous montre quel loyer l'homme juste a receu,
Afin que par exemple un chacun puisse suivre
Loin de meschanceté le chemin de bien-vivre.

L'histoire sert aux Roys, aux senats, et à ceux
Qui veulent par la guerre avoir le nom de preux ;
Et bref, tousjours l'histoire est propre à tous usages ;
C'est le tesmoin du temps, la memoire des âges,
La maistresse des ans, la vie des mourans,
La tableau des humains, miroir des ignorans,
Et de tous accidens messagere chenue,
Par qui la verité des siecles est cognue,
Qui n'enlaidit jamais ; car tant plus vieille elle est,
Plus elle semble jeune, et plus elle nous plaist.

Or des historiens nul antique n'arrive

Ny moderne à l'honneur du Romain Tite-Live,
Lequel (las!) toutesfois en tenebres gisoit,
Et des peuples Latins seulement se lisoit.
Maintenant les François auront son bel ouvrage
Traduit fidelement en leur propre langage
Par le docte Hamelin, lequel avoit devant
En cent façons monstré combien il est sçavant,
Soit en philosophie, ou en l'art d'oratoire,
Soit à sçavoir traiter les faits de nostre histoire,
Ou soit pour contenter l'aureille de nos Rois
Et par ses vers Latins, et par ses vers François.
  Si tous les bons autheurs de Rome et de la Grece
Estoient ainsi traduits, la Françoise jeunesse
Sans tant se travailler à comprendre des mots
(Comme des perroquets en une cage enclos)
Apprendroient la science en leur propre langage.
Le langage des Grecs ne vaut pas davantage
Que celuy des François; le mot ne sert de rien,
La science fait tout, qui se dit aussi bien
En François qu'en Latin, nostre langue commune:
Les mots sont differens, mais la chose est toute une.
  Et pource l'on devroit par presens inviter
Ce gentil translateur, à fin d'en exciter
Mille par son exemple à rendre à nostre France,
Ainsi qu'un propre acquest, les arts et la science;
Car jamais moindre honneur à l'homme n'est venu
D'augmenter richement son langage cognu,
Que sur les ennemis en servant sa province
Par armes allonger l'empire de son Prince.

                    (1560.)

LE NARSSIS,

PRIS D'OVIDE.

A FRANÇOIS CHARBONNIER,
Angevin. (¹)

Sus dépan, Charbonnier, de son croc ta musette, (*a*)
Qui durant tout l'hyver avoit esté muette,
Et loin du populace allons ouïr la vois
De dix mille oiselets qui se plaignent és bois.
Ja des monts contre-val les tiedes neiges chéent,
Ja les ouvertes fleurs par les campaignes béent,
Ja l'espineux rosier desplie ses boutons
Au lever du soleil, qui semblent aux tetons
Des filles de quinze ans, quand le sein leur pommelle
Et s'éleve bossé d'une enflure jumelle.
  Ja la mer git couchée en son grand lit espars ;
Ja Zephyre murmure, et ja de toutes pars
Le nocher hait le port qui lui fut secourable, (*b*)

a. Var. (1584) :

Sus, dépan, mon Daurat, de son croc ta musette,

b. Var. (1578) :

Calfeutrant son vaisseau le nocher hait le sable,

1. Cette pièce qui, en 1560 fait partie des Poëmes, passe, en 1567, au nombre des Élégies. En 1578, elle s'appelle *le Narcis*; en 1584, elle est intitulée *la Mort de Narcisse en forme d'elégie*, et est dédiée à *Jean Daurat, son précepteur*. Dans les éditions posthumes, elle reprend son rang dans les Poëmes sous le titre de *Narcisse*, et reste dédiée à Daurat.

Le pastoureau la cendre, et le troupeau l'estable. (¹)
[Ja sous la claire nuict les Graces et Venus
Avecque les Sylvans et les Satyres nus
Gambadent sur les prez, tandis que le bon feuvre,
Dessous l'antre Ætnéan, coqu, haste son œuvre,
Et des deux pieds boiteux, asprit la flamme d'eau,
Pince la masse ardente, et la bat au marteau.]
 Ja l'arbre de Bacchus rampe en sa robe neuve,
Se pend à ses chévreaux, et ja la forest veuve
Herisse sa perruque, et Cerés du ciel voit
Ja se crester le blé qui couronner la doit.
Ja prés du verd buisson, sur les herbes nouvelles,
Tournassent leurs fuseaux les gayes pastourelles,
Et d'un long lerelot, aux forests d'alentour,
Et aux prochains taillis racontent leur amour.
[Ja les tourtres és bois de leur nid se souviennent ;
Ja haves bec à bec les coulombes se tiennent ;
Ja l'alouette en l'air des aisles tremoussant
Degoise ses amours, et l'avette, paissant
De la cuisse les fleurs (²), par son piaisant murmure
Invite à sommeiller sur la jeune verdure,
Où Progné se complaint que l'honneur outragé
De Philomel sa sœur n'est pas assez vengé.]
 Ceste belle saison me remet en memoire
Le printemps où Jason espoinçonné de gloire
Esleut la fleur de Grece, et de son aviron

---

1. Les six vers suivants sont remplacés, en 1578, par ceux-ci :

  Qui desire dés l'aube aller brouter les prez,
  Costoyez des ruisseaux aux Naïades sacrez.

Et par ces deux autres dans les éditions posthumes :

  Desireux dés l'aurore aller brouter les fleurs
  Qui peignent les ruisseaux de dix mille couleurs.

2. Il veut dire que l'abeille rassemble sur ses cuisses le miel qu'elle extrait des fleurs.

Baloya le premier de Tethys le giron ;
Et me remet encor la meurtriere fontaine
Par qui le beau Narcis aima son ombre vaine,
Coulpable de sa mort ; car pour trop se mirer,
Sur le bord estranger luy convint expirer.
   Une fontaine estoit, nette, claire et sans bourbe,
Enceinte à l'environ d'un beau rivage courbe,
Tout bigarré de fleurs ; là fleurissoit l'anis ;
Là contremont dressoit ses beaux sceptres le lis ;
Là sentoit bon le thym, l'œillet, la marjolaine, (a)
Et la fleur d'Adonis, jadis la douce peine
De la belle Venus, qui chetif ne sçavoit
Que le destin si tost aux rives le devoit,
Pour estre le butin des vierges, curieuses
A remplir leurs cofins de moissons amoureuses.
Nulle Nymphe d'auprés, ny bœuf, ny pastoureau,
Ny du haut d'un buisson la cheute d'un rameau,
Ny cerf venant des bois, n'avoient son eau troublée.
   Or le soleil avoit sa chaleur redoublée,
Quand Narcisse aux beaux yeux, pantoisement lassé
Du chaud et d'avoir trop aux montaignes chassé,
Vint là pour estancher la soif qui le tourmente ;
Mais las ! en l'estanchant une autre luy augmente ;
Car en beuvant à dent, son semblant apperceut
A fleur d'eau renversé, qui fraudé le deceut. (b)
Helas que feroit-il, puis que la destinée
Luy avoit au berceau ceste mort ordonnée ?

   a. Var. :

Tout bigarré d'esmail : là le rosier pourpré,
Le glayeul, et le lis à Junon consacré
A l'envy respiroient une suave haleine,

   b. Var. (1578) :

Sur l'eau representé, qui fraudé le deceut.

En vain son ombre il aime, et simple d'esprit croit
Que ce soit un vray corps de son ombre qu'il voit,
Et sans se remuer, soy-mesmes il s'affole (a)
De regarder en vain une menteuse idole ;
Et de luy s'emerveille, et sur le bort fiché
Bée en vain dessus l'eau, par les yeux attaché.
  Il regarde esbahi son poil qui s'escarmouche
Tout crespi sur son dos, et l'honneur de sa bouche,
Et ses yeux tres-luysans plus clairs que le soleil,
Et le lustre rosin de son beau teint vermeil ;
Il admire son bras et sa main merveillable,
Et tout ce dont il est luy-mesmes admirable.
  Il se prise, il s'estime, et de luy-mesme aimé
Allume en l'eau le feu dont il est consumé.
Il ne sçait ce qu'il voit, et de ce qu'il ignore
Le desir trop goulu tout le cœur lui devore,
Et la pareille erreur qui l'incite à se voir,
Luy nourrit l'esperance et le fait decevoir.
Quantes fois pour neant de sa lévre approchée
Voulut toucher son ombre et ne l'a point touchée ?
Quantes fois pour neant de soy-mesmes épris,
En l'eau s'est voulu prendre et ne s'est jamais pris ?
  Leve, credule enfant, tes yeux, et ne regarde
En vain comme tu fais une idole fuyarde.
Ce que tu quiers n'est point ; si tu verses parmy
L'onde un pleur seulement, tu perdras ton amy ; (b)
Il n'a rien propre à soy : tu as seul apportée
L'image que dans l'eau tu vois representée,
Et la remporteras avecques toy aussi,
Si tu peux sans mourir te remporter d'icy.

  a. Var. :

Et perdant la raison sottement il s'affole

  b. Var. (Éd. posth.) :

La fontaine une larme, adieu ton vain amy ;

Ny faim, ny froid, ny chaud, ny de dormir l'envie
Ne peurent retirer sa miserable vie
Hors de l'eau menteresse, ains couché sur le bort
Ne fait que souspirer sous les traits de la mort;
Ne sans tourner ailleurs sa simple fantasie,
De trop se regarder ses yeux ne rassasie,
Et par eux se consume. A la fin s'élevant
Un petit hors de l'eau, tend ses bras en avant
Aux forests d'alentour, et plein de pitié grande
D'une voix casse et lente en pleurant leur demande :
 « Qui, dites-moy, forests, fut oncques amoureux
Si miserablement que moy sot malheureux?
Hé! vistes-vous jamais, bien que soyez agées
D'une infinité d'ans, amours si enragées?
Vous le sçavez, forests; car mainte et mainte fois
Vous avez recelé les amans sous vos bois.
 » Ce que je voy me plaist, et si je n'ay puissance,
Tant je suis desastré, d'en avoir jouissance,
Ny tant soit peu baiser la bouche que je voy,
Qui ce semble me baise et s'approche de moy.
 » Mais ce qui plus me deult, c'est qu'une dure porte,
Qu'un roc, qu'une forest, qu'une muraille forte
Ne nous separe point, seulement un peu d'eau
Me garde de jouyr d'un visage si beau.
 » Quiconque sois, enfant, sors de l'eau je te prie;
Quel plaisir y prens-tu? ici l'herbe est fleurie,
Icy la torte vigne à l'orme s'assemblant
De tous costez espand un ombrage tremblant;
Icy le verd lierre, et la tendrette mousse
Font la rive sembler plus que le sommeil douce. »
 A peine il avoit dit, quand un pleur redoublé
(Qui coula dedans l'eau) son plaisir a troublé.
 « Où fuis-tu? disoit-il; celuy qui te supplie,
Ny sa jeune beauté, n'est digne qu'on le fuye.
Las! demeure, où fuis-tu? les Nymphes de ces bois
Ne m'ont point desdaigné, ny celle qui la vois
Fait retentir és monts d'une complainte lente,
Et si n'ont point jouy du fruit de leur attente;

Car moy, lors sans amour, d'elles n'estois espoint
Pour aimer maintenant ce qui ne m'aime point.
 » Las! tu me nourrissois tantost d'une esperance;
Car dans l'eau tu tenois la mesme contenance
Que je tenois au bord; si mes bras je pliois,
Tu me pliois les tiens; moy riant, tu riois,
Et autant que mon œil de pleurs faisoit espandre,
Le tien d'autre costé autant m'en venoit rendre.
Si je faisois du chef un clin tant seulement,
Un autre clin ton chef faisoit également;
Et si parlant j'ouvrois ma bouchette vermeille,
Tu parlois, mais ta voix ne frappoit mon aureille.
 » Je cognois maintenant l'effet de mon erreur,
Je suis mesme celuy qui me mets en fureur,
Je suis mesme celuy, celuy-mesme que j'aime,
Rien je ne voy dans l'eau que l'ombre de moy-mesme.
 » Que feray-je chetif? pri'ray-je, ou si je doy
Moy-mesme estre prié? je porte avecques moy
Et l'amant et l'aimé, et ne sçaurois tant faire,
Las! que de l'un des deux je me puisse défaire.
 » Mais seray-je tousjours couché dessus le bort
Comme un froid simulachre en attendant la mort?
O bien-heureuse mort, haste-toy, je te prie,
Et me trenche d'un coup et l'amour et la vie,
Afin qu'avecques moy je voye aussi perir
(Si c'est quelque plaisir) ce qui me fait mourir. »
 Il avoit achevé, quand du front goute à goute
Une lente sueur aux talons luy degoute,
Et se consume ainsi que fait la cire au feu,
Ou la neige de mars qui, lente, peu à peu
S'écoule sur les monts de Thrace ou d'Arcadie,
Des rayons incertains du soleil attiedie.
 Si bien que de Narssis qui fut jadis si beau,
Qui plus que laict caillé avoit blanche la peau;
Qui de front, d'yeux, de bouche et de tout le visage
Ressembloit le pourtrait d'une Adonine image,
Ne resta rien sinon une petite fleur
Qui d'un jaune safran emprunta la couleur,

Laquelle n'oubliant sa naissance premiere,
Hante encor aujourd'huy la rive fontainiere,
Et tousjours prés des eaux apparoist au printemps,
Mais non plus que son maistre en fleur ne vit longtemps. (a)
[J'ay chanté, Charbonnier, dessus les bords de Seine
En ton los ce Narssis, son ombre et sa fontaine,
Comme pour l'avant-jeu de plus haute chanson
Que desja je t'appreste et à ton d'Avanson,
Ains au mien d'Avanson, à qui ma poësie
Doit la plus grande part, s'elle vit de sa vie;
Car luy sage et courtois assez longtemps davant
Que ma barque eust trouvé en ma faveur le vent,
Avecques L'Hospital me donna bon courage
A grands coups d'aviron ramer contre l'orage
Et de gaigner le port, où maintenant sauvé
Tout au plus haut du mast je leur pends eslevé
Un vœu que je leur fis : ma robe despouillée,
Des flots de la tempeste encor toute mouillée.] (¹)

(1560.)

a. Var. :

Que le vent qui tout soufle abat en peu de temps.

1. Ces quatorze derniers vers, supprimés dans toutes les autres éditions, ont été remplacés dans celle de 1584 par les vers suivants :

> Aux arbres la nature a permis longue vie :
> Ceste fleur du matin ou du soir est ravie.
> Ainsi l'ordre le veut et la necessité,
> Qui dés le premier jour de la nativité
> Allonge ou raccourcit nos fuseaux, et nous donne,
> Non ce que nous voulons, mais cela qu'elle ordonne.

PROMESSE. (¹)

C'estoit au poinct du jour que les songes certains
Ne deçoivent l'esprit ny les yeux des humains;
Mais comme du haut ciel prophetes veritables
Viennent maintenant vrais, maintenant vraisemblables,(a)
Et sans tromper nos sens par une vanité,
Dessous un voile obscur monstrent la verité.
  Ainsi que je dormois donnant repos à l'ame,
En songe m'apparut l'image d'une dame,
Qui monstroit à son port n'estre point de bas lieu,
Ains sembloit, à la voir, sœur ou femme d'un Dieu.
  Ses cheveux estoient beaux, et les traits de sa face
Monstroient diversement je ne sçay quelle grace
Qui dontoit les plus fiers, et d'un tour de ses yeux
Eust appaisé la mer et serené les cieux.
Elle portoit au front une majesté sainte;
Sa bouche en souriant de roses estoit peinte;
Elle estoit venerable, et quand elle parloit
Un parler emmiellé de sa lévre couloit;
Elle avoit le sein beau, la taille droitte et belle;
Et soit qu'elle marchast, soit qu'on approchast d'elle,

---

a. Var. :

D'un faux imaginer n'abusent les humains,
Par la porte de corne entrez en nos pensées,
Des labeurs journaliers debiles et lassées,

1. Cette pièce fut publiée pour la première fois en 1564 (13 pages in-4° sans nom de lieu). Elle est intitulée *Élégie à la Royne* en 1573, et *Discours* en 1578.

Soit riant, soit parlant, soit en mouvant le pas,
Devisant, discourant, elle avoit des appas,
Des rets, des hameçons, et de la glus pour prendre
Les credules esprits qui la vouloient attendre ;
Car on ne peut fuir, si tost qu'on l'apperçoit,
Que de son doux attrait prisonnier on ne soit,
Tant elle a de moyens, d'engins, et de manieres
Pour captiver à soy les ames prisonnieres.
　　Sa robe estoit dorée, à boutons par devant ;
Elle avoit en ses mains des ballons pleins de vent,
Des sacs pleins de fumée, et des bouteilles pleines
D'honneurs et de faveurs, et de parolles vaines ;
Si quelque homme advisé les cassoit de la main,
En lieu d'un ferme corps n'en sortoit que du vain ;
Telle enflure se voit és torrens des vallées,
Quand le dos escumeux des ondes ampoullées
S'enfle dessous la pluye en bouteilles, qui font
Une monstre d'un rien, puis en rien se deffont.
　　Autour de ceste Nymphe erroit une grand' bande
Qui d'un bruit importun mille choses demande,
Seigneurs, soldats, marchans, courtisans, mariniers ;
Les uns vont les premiers, les autres les derniers,
Selon le bon visage, et selon la caresse
Que leur fait en riant ceste brave Déesse ;
Elle allaicte un chacun d'esperance, et pourtant
Sans estre contenté chacun s'en-va contant.
Elle donne à ceux-cy tantost une accolade,
Tantost un clin de teste, et tantost une œillade ;
Aux autres elle donne et faveurs et honneurs,
Et de petits valets en fait de grands seigneurs.
　　A son costé pendoit une grande escarcelle
Large, profonde, creuse, où ceste damoiselle
Mettoit cent mille biens, et en monstroit le front
Tout riche par dehors, comme les marchans font ;
En estaloit la monstre, à fin qu'on eust envie,
Voyant l'ombre du bien, de luy sacrer la vie.
Dedans ceste escarcelle estoient les eveschez,
Abbayes, prieurez, marquisats et duchez,

Comtez, gouvernemens, pensions, et sans ordre
Pendoient au fond du sac Sainct Michel et son ordre,
Credits, faveurs, honneurs, estats petits et hauts,
Connestables et pairs, mareschaux, admiraux,
Chanceliers, presidens, et autre maint office
Qu'elle promet à fin qu'on luy face service.
   Tous les peuples estoient envieux et ardans
D'empoigner l'escarcelle et de fouiller dedans ;
Admiroient son enflure, et avoient l'ame esmeue
D'extréme ambition si tost qu'ils l'avoient veue ;
Ils ne pensoient qu'en elle, et, sans plus, leurs desseins
Estoient de la surprendre et d'y mettre les mains ;
Et pource ils accouroient autour de l'escarcelle,
Comme guespes autour d'une grappe nouvelle.
Quand quelqu'un murmuroit, la dame l'appaisoit ;
Car de sa gibeciere un leurre elle faisoit,
Qu'elle monstroit au peuple, et comme trop legere,
Aux uns estoit marastre, aux autres estoit mere.
L'un devenoit content sans s'estre tourmenté ;
L'autre attendoit vingt ans sans estre contenté,
L'autre dix, l'autre cinq, puis au lieu d'une abbaye
Ou d'une autre faveur, luy donnoit une baye,
Ou bien un *attendez*, (a) ou bien *il m'en souvient ;*
Mais oncques en effect ce souvenir ne vient.
   Le peuple, ce-pendant, souffloit à grosse haleine,
Qui, suant et pressant et courant, mettoit peine
De courtizer la Nymphe, et d'un cœur indonté,
Sans craindre le travail, luy pendoit au costé.
   En pompe devant elle alloit dame Fortune,
Qui sourde, aveugle, sotte, et sans raison aucune
Par le milieu du peuple à l'aventure alloit

a. Var. :

L'autre dix, l'autre cinq, puis au lieu d'un office,
Estat ou pension, remboursoit leur service,
Ou bien d'un attendez......

Abaissant et haussant tous ceux qu'elle vouloit,
Et folle, et variable, et pleine de malice
Mesprisoit la vertu, et cherissoit le vice.
 Au bruit de telle gent, qui murmuroit plus haut
Qu'un grand torrent d'hyver, je m'éveille en sursaut,
Et voyant prés mon lict une dame si belle,
Je m'enquiers de son nom, et devise avec elle :
 « Déesse, approche-toy, conte-moy ta vertu,
D'où es-tu? d'où viens-tu? et où te loges-tu?
A voir tant seulement ta fiere contenance,
D'un pauvre laboureur tu n'as pris ta naissance ;
Tes mains, ton front, ta face, et tes yeux ne sont pas
Semblables aux mortels qui naissent icy bas. »
 Ainsi je luy demande, et ainsi la Déesse
Me respond à son tour : « Ronsard, je suis *Promesse*,
Dont le pouvoir hautain, superbe et spacieux
Commande sur la mer, en la terre et aux cieux ;
La troupe que tu vois me suit à la parole,
Et pour un petit mot qui de ma bouche vole,
Je suis crainte et servie, et si puis esbranler
Le cœur des plus constans, m'ayans oüy parler ;
J'habite ces palais et ces maisons royalles,
Je loge en ces chasteaux et en ces grandes salles
Qui ont les soliveaux argentez et dorez,
Superbes en piliers de marbre elabourez ;
Les Roys, les Empereurs, les Seigneurs et les Princes
Ne peuvent rien sans moy ; je garde leurs provinces,
Je flate leur sujets, et puissante, je fais
La guerre quand je veux, les tréves et la paix ;
Je destruy les citez, je perds les republiques,
Je corromps la justice et les loix politiques,
Je fay ce que je veux, tout tremble dessous moy,
Et ma seule parole est plus forte qu'un Roy.
 » Le soldat pour moy seule abandonne sa vie ;
Celle du marinier des ondes est ravie,
Flotante à mon service ; et tout homme sçavant,
Pour penser m'acquerir, met la plume en avant.
Le barbu philosophe en son cœur me desire,

Le théologien en ma faveur respire,
Le poëte est à moy, à moy l'historien,
L'architecte et le peintre, et le musicien ;
L'advocat en mon nom preste sa conscience,
Le brave courtisan se destruit de despense,
Le sot protenotaire icy vient pour m'avoir,
Mesmes les cardinaux sont joyeux de me voir ;
Le president, amy de la loy plus severe,
Le grave conseiller m'estime et me revere.
  » J'ay tousjours au costé pendu quelque importun,
Je ne chasse personne, et retiens un chacun,
Non pas également ; car les uns je colloque
Aux suprêmes honneurs, des autres je me moque ;
Je les tiens en suspens, puis quand ils sont grisons,
Malades s'en revont mourir en leurs maisons. (a)
Les autres finement je deçoy d'une ruse,
Les autres doucement je pipe d'une excuse ;
Je flatte en commandant, et tellement je sçay
Mesler bien à propos le faux avec le vray,
Que paissant un chacun d'une vaine esperance,
Chacun est asseuré sans avoir asseurance.
  » Or si tu veux me suivre, et venir de ma part,
Je n'useray vers toy de fraude ny de fard,
Je te tiendray parole, et auras en peu d'heure,
Comme ceux que tu vois, la fortune meilleure.
Tu es trop escollier, laisse tout et me suy,
Et deviens habile homme à l'exemple d'autruy ;
Je suis, je n'en mens point, bien aise quand je trompe
Ces braves courtisans enflez de trop de pompe,
Qui tousjours importuns à mes aureilles sont ;
Mais honteuse je porte une vergongne au front,
Quand il me faut tromper, par trop d'ingratitude,
Ou les hommes de guerre, ou les hommes d'estude ;
Les uns gardent le sceptre, et les autres des Rois

a. Var. :

Mourir je les r'envoye auprés de leurs tisons.

Eternisent l'honneur par une docte vois.
Je crains plus les derniers, d'autant que blanche ou noire
Ils font, comme il leur plaist, des hommes la memoire.
J'ay tousjours bon vouloir, mais tousjours je ne puis
Contenter un chacun, tant quelquesfois je suis
D'affaires accablée ; et alors, comme sage,
Je me sers au besoin d'un gracieux langage
Pour retenir les cœurs des sujets ; autrement
Je perdrois mon credit en un petit moment.
  » La parolle, Ronsard, est la seule magie ;
L'ame par la parolle est conduite et régie ;
Elle émeut le courage, émeut les passions,
Emeut les volontez et les affections ;
Par elle l'amoureux peut flechir sa maistresse,
Par elle l'usurier adoucit sa rudesse
Prestant sans interest, et le courroux des Dieux
S'appaise par l'effort d'un parler gracieux ;
Je m'en aide souvent comme d'un artifice
Qui contraint toute France à me faire service.
Et c'est le seul moyen qui mon nom fait vainqueur,
Car tousjours la parole est maistresse du cœur.
  » Dieu mesme qui tout peut, ne sçauroit jamais faire
Que sa volonté puisse à tous hommes complaire ;
L'un desire la pluye, et l'autre le beau temps,
Et jamais icy bas on ne les voit contens ;
Mais une heure à la fin accomplit toutes choses.
Tousjours une saison ne produit pas les roses,
Et de tous les humains le sort n'est pas égal,
Il faut l'un aprés l'autre endurer bien et mal ;
Et l'homme qui se deult d'une telle avanture,
Peche contre les loix du ciel et de nature. »
  Ainsi disoit Promesse, et je luy respondi :
« O visage effronté, impudent et hardi !
Aprés m'avoir trompé quinze ans, sans recompense
De tant de beaux labeurs dont j'honore la France,
Me veux-tu retromper ? va-t'en ! je te promets,
Par mon sainct Apollon, de ne t'aimer jamais !
Ce n'est pas d'aujourd'huy que ton fard je découvre,

Je t'ay mille fois veue en ces salles du Louvre,
Et tu m'as mille fois par ton langage beau
Pipé à Saint Germain et à Fontaine-bleau,
Et en ces grand's maisons superbes et royales
Où jamais on ne voit les promesses loyales;
Pource va-t'en d'icy, car je te hay plus fort
(Et certes à bon droit) que je ne hay la mort.
Tu as, comme une ingrate, impudente et rusée,
De tes appas trompeurs ma jeunesse abusée,
Tu m'as nourri d'espoirs, tu m'as fait asseurer,
Tu m'as fait esperer pour me desesperer
De toy, cruelle, ingrate, et digne de martyre,
Qui me donnes la baye, et ne t'en fais que rire.
Tu ne gardes jamais ny parole ny foy,
Ce n'est que piperie et mensonge que toy,
Que fard, que vanité; et pour les cœurs attraire,
Tu penses d'une sorte, et parles au contraire.
Tu as à ton service un tas de courtisans,
De moqueurs, de flateurs, de menteurs, de plaisans,
Tes valets éhontez, qui sont faits à ta guise.
L'un en faisant le fin toutes choses déguise,
L'autre fait l'entendu, et l'autre le rusé;
Ainsi l'homme de bien est tousjours abusé.
Malheureux est celuy qui te suit, pour se faire
Le jouet de ta fraude, et fable du vulgaire!
T'en s'en faut que je veuille à tes loix me ranger,
Que je ne voudrois pas tant seulement loger
Un quart d'heure chez toy. Sors d'icy, piperesse,
Tu portes à grand tort l'estat d'une Déesse! »
 Ainsi tout furieux la Nymphe je tançois,
Quand elle me respond que j'estois un François,
Inconstant et leger, et vray'ment un poëte,
Qui a le cerveau creux et la teste mal faite.
« Il faut, ce me disoit, corrompre ton destin,
Changer ton naturel, te lever au matin,
Te coucher à mi-nuict, et apprendre à te taire,
Et qui plus est, Ronsard, à n'estre volontaire.
 « Il faut les grands seigneurs courtizer et chercher,

Venir à leur lever, venir à leur coucher,
Se trouver à leur table, et discourir un conte,
Estre bon importun et n'avoir point de honte.
Voyla le vray chemin que tu dois retenir,
Si tu veux promptement aux honneurs parvenir,
Et non faire des vers ou jouer sur la lyre ;
Ce sont pauvres mestiers dont on ne fait que rire.

  « Au temps des Roys passez j'avois le front menteur,
Le parler d'un trompeur, les yeux d'un affronteur,
Maintenant je suis ferme, et pleine d'asseurance ;
Car aujourd'hui la Royne a toute ma puissance :
Elle a le cœur entier, magnanime et hautain,
Et sa seule parole est un arrest certain ;
Sa bouche est un oracle, et sa voix prononcée,
Comme celle d'un Dieu, ne dément sa pensée.
Avant que de promettre elle songe long temps ;
Aprés avoir promis, ses propos sont constans,
Et l'importunité ne la sçauroit combattre ;
Car de promettre à deux, ou à trois ou à quatre,
C'est signe d'inconstance, et le cœur genereux
Ne doit jamais promettre un mesme bien à deux.
C'est à faire aux enfants, et aux simples pucelles
Qui n'ont rien de vertu ny de parfait en elles,
Et non à la Princesse, à qui le ciel a mis
Dessous sa Majesté tant de peuples soumis,
Lesquels tout d'un accord admirent sa prudence,
Qui poise tant de peuple en egale balance ;
Ouvrage mal-aisé ; toutesfois elle fait
Que chacun vit sous elle heureux et satisfait.

  » Ceste Royne de biens et d'honneurs couronnée,
Ne veut comme autrefois se voir importunée,
Ou que par la priere on force son plaisir ;
Sa providence veut elle-mesme choisir
Les hommes vertueux, et en credit les mettre,
Les faisant bien-heureux avant que leur promettre ;
Et c'est le vray moyen d'avoir des serviteurs,
Et non pas d'avancer des sots ny des flateurs,
Qui sont autour des Roys élevez en la sorte

Qu'est un pilier muet soubs une image morte. (a)
    » Or si la Muse a fait enfanter ton cerveau,
Estreine sa Grandeur d'un ouvrage nouveau;
Et tout ainsi qu'on voit en mieux changer l'année,
Tu pourras voir changer en mieux ta destinée. »
    Ainsi disoit Promesse, et bien loin de mes yeux,
S'enfuyant de mon lit, se perdit dans les cieux.

PARADOXE,

QUE LES MAINS SERVENT PLUS AUX HOMMES QUE LA RAISON.

AU ROY CHARLES IX.

Bonne Pallas, je voudrois te chanter,
Mais je ne puis un ouvrage inventer
Digne de toy, digne de ta puissance,
Et du cerveau dont tu pris ta naissance,
Quand esbranlant un bouclier Gorgontin
Tu fis trembler tout le ciel aimantin
[Aux murs de fer, aux fondemens de cuivre,
Branler la terre où Dieu nous laisse vivre,

---

a. Var. :

Qu'un marmouset joufflu, qui rechignant supporte,
Ce semble, tout le fais d'une voûte, et combien
Qu'il semble tout porter, son dos ne porte rien;
Il ne fait que la mine, affreux d'ouverte gueule :
La voûte de son poids se porte toute seule.

Pauvres mortels, esclaves de tous maux,
Et compaignons des autres animaux,
Naiz pour brouter les doux fruits de la terre,
Pour nous tuer, pour nous faire la guerre,
Naiz pour la gloire et pour l'ambition,
Et transportez de toute passion.]
  Il est bien vray que nostre ame divine
Peut inventer suivant son origine,
Et par esprit s'en-voler dans les cieux.
Mais dequoy sert ce titre ambitieux,
Quand les lions bien armez de nature,
Font par les champs des hommes leur pasture,
Et plus puissans ensanglantent leur flanc,
Ongles et dents tousjours en nostre sang?
Et toutesfois l'homme se vante maistre
Des animaux, dont la nature et l'estre
Et le berceau où il est attaché,
Monstre que vivre est presques un peché.
  Bien peu nous sert la race Titanique
De Promethée et son argile antique,
Et le feu pris en la haute maison
Contre un lion qui n'a point de raison.
  Les seules mains qui en dix doigts s'allient,
Comme il nous plaist qui s'ouvrent et se plient,
Nous font seigneurs des animaux ; et non
Une raison qui n'a rien que le nom,
Bien qu'arrogante et venteuse se fie
Aux vains discours de la philosophie,
Et pour fumée au ciel veut faire aller
Nos corps bourbeux qui ne peuvent voller.
Voyez-vous pas que ceux qui dés naissance
Perdent esprit, raison et cognoissance,
Fols, idiots, la honte des humains,
Font seulement pour manier les mains
Crainte au lion et au tigre sauvage ;
Tant vaut la main et son gentil usage!
  Si les sangliers, les tigres, et les loups
Avoient des mains et des doigts comme nous,

Ils seroient Roys des terres où nous sommes,
Et donneroient commandement aux hommes ;
Mais bien peu sert un cœur superbe et haut
A l'ennemy quand la main luy defaut.
 La main fait tout ; les murailles sont fermes
Par nostre main ; la main forge les armes,
Et fait tourner en coutres bien tranchans
Le rouge fer laboureur de nos champs.
 La main ourdit rets, cordages et toiles,
Creuse les nefs, leur attache des voiles
Au haut du mast, les ailes des vaisseaux.
 La main bien jointe en cinq souples rameaux,
Commence tout, parfait tout, et ne cesse
De travailler, des mestiers la princesse,
Qui peut son œuvre aux estoilles pousser,
Royne des arts, ministre du penser.
 Les mains font l'homme, et le font de la beste
Estre vainqueur, non les pieds ny la teste.
Ta main, Pallas, ton olivier planta,
Huile et pressouers ta main nous inventa,
Filer la laine, escarder et la teindre,
Un bel ouvrage avec l'aiguille peindre
De soye et d'or ; par là tu te vengeas
Quand en araigne Arachné tu changeas,
Et pour chef-d'œuvre, et l'honneur de ton voile
Tu la fis pendre au milieu de sa toile.
 Par les cinq doigts les hommes se font preux ;
Que diray plus ? la bataille de Dreux,
De Sainct Denis par la main fut gaignée. (¹)
Si la raison n'en est accompagnée,
Ce n'est que vent, d'autant qu'elle ne peut
Parachever les desseins qu'elle veut.

---

1. Il veut dire la bataille de Dreux et celle de Sainct Denis. C'est la seconde bataille gaignée pour le Roy contre les Huguenots : la premiere par Monsieur de Guise François de Lorraine, où le Prince de Condé fut pris ; l'autre par le Connestable, où il fut blessé à mort par Stuard, escossois.

J'ay, mon grand Prince, en ce vers memorable
Escrit des Mains la louange admirable;
Car peu vaudroit l'entendement humain,
Bien que divin, sans l'aide de la main;
Et je diray comme ma fantaisie
Fut réveillée en telle poësie.
  Voyant un loup qui mangeoit un taureau,
Et menassoit des dents le pastoureau,
Le pasteur prit par un cas d'aventure
Deux longs cousteaux pendus à sa ceinture,
Et les faisant l'un sur l'autre choquer
Fit peur au loup; voyant le loup moquer
Par telle ruse, et d'une main si prompte,
J'eu tout le cœur environné de honte
Dequoy personne encores n'avoit fait
L'hymne des Mains par qui tout se parfait.

(1573.)

LES NUES,

OU NOUVELLES DE P. DE RONSARD,

Vendomois. (1)

Quand le soleil, ce grand flambeau qui orne
De son regard le front du Capricorne,
Retient plus court le frein de ses chevaux,
Et paresseux n'allonge ses travaux,
Monstrant au monde une face lointaine,
Palle, deffaite, inconstante, incertaine,

---

1. Ceste piece et la suivante n'ont pas esté imprimées durant la vie de l'Autheur.

Qui ne veut plus de rayons se peigner,
Mais fait semblant de vouloir desdaigner,
Par un amour froidement endormie,
La belle Flore et la terre s'amie.
  Adonc l'hyver, que la jeune saison
Du beau printemps enchaisnoit en prison,
Vient deslier les superbes courages
Des vents armez de gresles et d'orages,
Qui tout soudain, comme freres mutins,
Frappent les monts, desracinent les pins,
Et d'un grand bruit à la rive voisine
Flot dessus flot renversent la marine
Blanche d'escume, et aux pieds des rochers
Froissent, helas! la maison des nochers,
Faisant bransler sur les vagues profondes
Les corps noyez pour le jouet des ondes,
Jettez aprés dessus le sable nu,
Hostes puants du rivage incognu.
  L'air ce-pendant, qui s'imprime des nues,
Forme en son sein des chimeres cornues,
Et comme il plaist aux grands vents de souffler,
On voit la nue estrangement s'enfler,
Representant en cent divers images
Cent vains pourtraits de differens visages,
Qui du soleil effacent le beau front,
Et sur la terre effroyables se font;
Car dedans l'air telles feintes tracées
Des cœurs humains estonnent les pensées;
L'une en sautant et courant en avant,
Vuide, sans poids, sert d'une balle au vent;
L'autre chargée est constante en sa place,
L'une est de rien, l'autre est pleine de glace,
L'autre de neige, et l'autre ayant le teint
Noir, azuré, blanc et rouge, s'espreint
Comme une esponge aux sommets des montagnes;
L'autre s'avalle aux plus basses campagnes,
Et se rompant en sifflemens trenchans,
Verse la pluye et arrose les champs.

Un tel brouillart dessus Paris arrive
Quand de ses rais nostre soleil (1) nous prive,
Et que bien loin il emporte autre part
Sa Majesté, qui le jour nous départ,
Avec la vostre et celle de son frere (2),
Car sans vous deux la sienne n'est pas claire.
   Incontinent que le Roy, nostre jour,
Nostre soleil, fait ailleurs son sejour,
Et que tournant les rayons de sa face
Loin de nos yeux, reluit en autre place,
L'hiver nous prend; lors mille impressions
Se font en l'air d'imaginations,
Qui d'un grand tour se pourmeinent ensemble,
Puis tout le corps en un monceau s'assemble,
Et ce monceau qui fantastique pend
Deçà, delà, divisé se respand
En cent façons, et se démembre en nues,
Non pas de gresle ou de pluyes menues,
Neiges, frimats, ou de glâce qui perd
Le jeune bled dessus le sillon verd.
   L'air imprimé ne respand choses telles
Dessus Paris; mais cent mille nouvelles,
Qui font pleuvoir, bruyantes d'un grand son,
Leurs nouveautez en diverse façon.
A l'impourveu tantost vient une nue,
Et ne sçait-on comment elle est venue,
Laquelle espand que les Huguenots font
Un grand amas, et qu'assemblez se sont;
Et qu'au synode ils ont conclud de prendre
La force en main, et trompez ne se rendre
Sous une paix, qui frivolle retient
Que l'evangile en lumiere ne vient,
Et que bien tost les peuples d'Allemagne
Viendront pour eux couvrir nostre campagne,

1. Charles IX.
2. Henry III.

Pareils en nombre aux sablons de la mer,
Ou aux flambeaux que l'on voit allumer
Aux nuits d'hyver, quand la grand' couverture
Du ciel ardant est bien claire et bien pure.
    L'autre au contraire aprés laisse pleuvoir
Que la prestrise ardante fait mouvoir
Guerre à Geneve, et que ja la Savoye
Sous son grand Duc en a trassé la voye;
Et que le Roy à son âge venu,
Les doit froisser comme sablon menu,
Les punissant de leurs fautes commises
D'avoir pillé son bien et ses eglises.
    L'autre soudain en cheminant par l'air,
Tout en un coup sa charge fait couler,
Versant par tout que la partie est forte
Des Huguenots et des Romains, de sorte
Qu'il ne faut rien remuer des deux parts,
Que le profit en viendroit aux soldarts;
Et que le Roy de puissance asseurée
A fait l'edit d'eternelle durée;
Que le Papiste à ses messes ira,
Le Huguenot du presche jouïra.
    L'autre fait choir qu'on brasse quelque chose,
Dont la menée encore n'est déclose;
Et que bien tost on verra de grands cas.
Puis l'autre au Turc fait avancer le pas,
Et va semant que sa grand' cymeterre
Doit commander bien tost à nostre terre,
Et que pour trop disputer de la foy
A la parfin nous n'aurons plus de loy.
    L'autre, en ouvrant ses ombres espaissies
Pleines d'horreur, fait choir des propheties,
Qu'on dit venir du cabinet de Dieu;
C'est qu'au palais il n'y a plus de lieu
Pour nostre Prince, et que c'est certain signe
Que de nos Roys prochaine est la ruine;
Et que la France, aprés tant de dangers,
Doit enrichir les sceptres estrangers;

Et que du lys la royalle teinture
Des leopars deviendra la pasture.
 On dit, alors que le palais fut fait,
Qu'un grand devin en son art tres-parfait,
Prophetisa qu'aprés un long espace,
Quand au palais n'y aura plus de place
Pour y dresser l'image de nos Rois,
Que tout soudain l'empire des François
Seroit destruict, ou seroit en discorde,
Et qu'à cela Brigide (¹) s'y accorde,
Et ceux qui pleins d'un prophetique esprit
Avant mille ans de la France ont escrit.
 L'autre en tombant une frayeur distille
Qui fait trembler les peuples de la ville :
C'est que le sang des fideles vangé
Voirra bien tost par armes saccagé
Ce grand Paris, comme ville maudite ;
Que sa ruine en cent lieux est predite,
Pour le loyer d'avoir tant resisté
A l'evangile et à la verité.
 L'autre soudain en gouttes se divise,
Et va pleurant le tort fait à l'Eglise,
Et qu'on voirra nostre sceptre perdu
Tant que le bien de Dieu sera vendu ;
Et qu'à celuy qui en fit la menée
Le ciel appreste une mauvaise année.
L'autre fait choir dessus Paris espais,
Qu'on va jurer plus que devant la paix,
Pour assoupir toute querelle esmeue,
Et qu'à Narbonne on doit faire une veue
Entre le Roy d'Espagne et nostre Roy ;
Et que tous deux, pour soustenir la foy
De leurs ayeux, prendront bien tost les armes ;
Qu'on voit déja l'appareil des gendarmes
Comme à sous-main finement se dresser,

---

1. Sainte Brigitte, dont les predictions sont celebres.

Et qu'on voirra plus qu'on ne doit penser.
 L'autre qui vient de pestes toute pleine,
D'un bruit commun va semant qu'à grand' peine
Le Roy fera son chemin tout entier;
Et qu'à grand' peine il voirra le cartier
De la Provence et de tout ce rivage,
Qu'un grand seigneur ne meure à son voyage.
 L'autre soudain, ainsi qu'un bel esclair
Qui du ciel tombe et s'espand dedans l'air,
De son regard appaisant les orages,
Fait distiller cinquante mariages;
Que nostre Roy pour aise reposer,
De l'Empereur doit la fille espouser, (¹)
Et que bien tost on doit faire la nopce
D'un Espagnol à la Royne d'Escosse; (²)
Et qu'un Anglois (³) si fortuné sera
Que sa maistresse un jour espousera;
Et qu'un François (⁴), pour plus hautain se rendre,
Des Allemans se veut faire le gendre.
 L'autre en changeant de menaces, predit
Que nostre Prince en armes sera dit
Le plus puissant des Princes de l'Europe;
Et que vainqueur en conduisant sa trope,
Par les lauriers et les palmes sera
Ce Roy qui seul la France refera.
 L'autre en semant, d'un jour environnée,
Vostre vertu et vostre destinée,
Et vostre esprit, resonne que nos Rois
N'ont pas si bien par la crainte des lois
Gardé leur sceptre, ou par la violence,
Que vous, Madame, avec vostre prudence;

---

1. C'estoit Elisabeth d'Austriche qu'il espousa du depuis.
2. Je me doute que c'est le Roy Philippe avec la Royne vefve de François II.
3. Robert Dudley, comte de Leicester, qui faillit espouser Elisabeth d'Angleterre.
4. C'estoit un Prince huguenot.

Et à ce bruit le peuple, qui se sent
Vostre obligé, d'un accord s'y consent.
　Quand sur Paris ces nues passageres
Ont deschargé leurs nouvelles legeres,
Le bruit qui vole et revole soudain,
Dresse l'aureille et ramasse en son sein
A pleine main ces nouvelles venues ;
Puis au palais, puis par toutes les rues,
Par les maisons il les seme à monceaux,
Et fait courir mille propos nouveaux
Faux, vrais, douteux ; car tantost en l'aureille,
Tantost bien haut il raconte merveille,
Triste tantost, tantost joyeux et gay
Mesle si bien le faux avec le vray,
Que des propos racontez à la troupe
Chacun en parle, et en disne, et en soupe ;
Mesme en dormant on ne peut retenir
L'esprit esmeu de son resouvenir.
　Mais vous, Madame (¹), à qui la saincte vie
Donne l'honneur de surmonter l'envie ;
Qui mesprisez d'un cœur sage et prudent
Toute fortune et mauvais accident,
Dessous vos pieds vous pressez ces nouvelles,
Pleines de rien, sans vous effrayer d'elles ;
Et sans avoir ny crainte ny souci
Du peuple sot, ny de sa langue aussi,
Marchez, Déesse, au milieu de nos Princes,
Revisitant les royalles provinces ;
Et d'un œil prompt vos subjets remarquez,
Les uns en biens hautement colloquez,
Les autres non ; car selon le merite
Vous les traitez d'une faveur petite,
D'une moyenne, ou d'une grande, à fin
Que le caquet du courtisan trop fin,
Comme importun vostre esprit ne deçoive,

---

1. C'est la Royne-mere.

Et que l'honneur (en flatant) ne reçoive
Du vertueux, qui a mieux merité
D'estre de vous benignement traité.
 Donc à bon droict, comme mere subtile
D'heureux conseil, menez de ville en ville
Vostre fils Roy, et luy monstrez combien
Au Prince sert de cognoistre son bien ;
Le façonnant dés jeunesse aux affaires
Qui sont aux Rois propres et necessaires ;
A fin qu'un jour en âge parvenu,
Ayant beaucoup appris et retenu,
De son esprit, sans aide de personne,
Il puisse seul gouverner sa couronne ;
Sans se fier, comme un Roy paresseux
Et fai-neant, aux flateurs, ou à ceux
Qui de plus prés pendus à ses aureilles,
Sans nul effect luy promettent merveilles,
Pillant le peuple et ravissant le bien,
Comme il leur plaist, quand le Roy n'en sent rien.
 Ainsi, Madame, on chante que Cybelle
Aimant son fils d'une amour naturelle,
Son petit fils Jupiter, le tenoit
Entre ses bras, et par tout le menoit
Voir les citez, les villes et la terre ;
Puis dans la main luy bailla le tonnerre,
Et le poussant jusqu'au sommet des cieux,
Pour sa vertu le fit maistre des Dieux.
 Ainsi vous deux, aprés longues années
Qui du Destin vous furent ordonnées,
Irez au ciel, et comme deux flambeaux
Vous reluirez en deux astres nouveaux,
Favorisant d'une heureuse influance
Vos heritiers, les Roys et vostre France.

AU TRESORIER DE L'ESPARGNE.

Je sçay, Moreau, les affaires de France ;
Je sçay combien nostre Prince a souffrance
D'argent (le nerf des guerres), et j'entens
Crier au camp les soldats mal-contens ;
J'oy d'autre part la province affligée
D'imposts (¹), tributs, et de tailles mangée,
Qui donne sang et entrailles au Roy,
A longs souspirs se lamentant dequoy
Rien n'est payé, sans que pourtant on laisse
De la charger d'une angoisseuse presse ;
Comme le fleuve en la marine court,
Tout cest argent tire devers la court.
   La court qui est comme un homme hydropique,
Qui plus il boit, plus la soif domestique
Le fait reboire, et si n'en est nourry ;
Car son foye est ulcereux et pourry,
Qui ne sçauroit digerer son breuvage ;
Mais le tournant en tres-mauvais usage,
Bouffit le corps, qui toutefois n'est pas,
Estant enflé, ou plus sain, ou plus gras ;
   Ainsi pour voir les esponges ventreuses
De nostre court, en argent plantureuses,
Grosses de biens, il ne faut pas penser
Que pour cela leur soif vueille cesser.
Plus ils en ont, plus se plaignent et deulent, (²)
Plus sont enflez, plus d'enfleures ils veulent.
   Il faut chasser quelques Italiens,

---

1. Ce fut sous le regne de ce Roy qu'on commença à donner des advis.
2. Vieil mot, de *douloir*.

Les vrays corbeaux ravisseurs de nos biens,
A qui la chair et la graisse est donnée;
Qui ne font pas comme la Cananée,
Se contentans des miettes de pain,
Mais prenant tout nous font mourir de faim;
Et si avons la machoire assez dure
Pour manger seuls nostre propre pasture,
Sans que l'on voye un messer estranger
Venir le bien à nous pauvres manger,
Pour balancer seulement une aureille.
Regarde-moy dés la mer de Marseille
Jusques au Havre, ah! autrefois Anglois;
Voy la Bourgongne, et les champs Lyonnois,
Ceux ont en main les plus gras benefices,
Daces (1), imposts, et les meilleurs offices,
Où les François ne sont recommandez
Ne satisfaicts sinon d'un *attendez*.

   Il ne faut plus que la Royne bastisse,
Ny que sa chaux nos tresors appetisse;
Molins suffit sans en bastir ailleurs.
Peintres, maçons, engraveurs, entailleurs
Succent l'espargne avec leurs piperies.
Mais que nous sert son lieu des Thuilleries?
De rien, Moreau, ce n'est que vanité;
Devant cent ans sera deshabité,
Et n'y aura ny fenestre ny salle,
Leton entier, corniche ny ovalle.
Son plus certain, son palais le plus beau,
C'est Saint Denis, quand auprés du tombeau
De son mary dormira trespassée,
A joinctes mains, à clos yeux renversée.

   Il ne faut plus qu'en temps de paix le Roy
Donne ses biens, sans cognoistre pourquoy
Prodiguement ces richesses il donne
A quelque nombre, et destruit sa couronne,

---

1. Dace signifie une contribution, une taxe. Moreri le dérive de *datio*.

Qui seuls en font et graisse et aliment;
Les autres n'ont aucun nourrissement,
Languissant secs comme membres ectiques.
    As-tu point veu dans ces fables antiques
Un Roy Phinée aveugle, qui n'avoit
Dequoy manger, quand manger il devoit;
Car tout soudain les Harpyes gourmandes
Hors de sa main ravissoient les viandes,
Et sans laisser à ses pauvres servans
Un seul morceau, se perdoient dans les vens?
    Si des François l'innombrable finance
Alloit par ordre, et par juste dépance,
Chacun pourroit aisément s'en sentir,
Et si n'auroit au cœur un repentir
De hazarder pour le Prince la vie.
Quand des François la bource est bien garnie,
Et quand l'argent s'y conte à grands monceaux,
Quand l'or y court comme l'onde aux ruisseaux,
Chacun benit le Prince et sa couronne;
A le servir chaudement on s'addonne,
On meurt pour luy. Mais quand l'argent defaut,
L'esprit languit, et le cœur n'est plus chaud,
Chacun est froid en son debvoir, et lasche
A s'acquitter dignement de sa tasche;
Le plus vaillant devient rosse et couard,
Le seul argent pousse l'homme au hazard;
Le regiment de Strossy, qui égale
En combatant la fureur martiale,
Devient tout froid, et mesmes au besoing
Au chevalier tremble la lance au poing,
Et tout armé pour-neant il s'efforce.
L'or est le nerf, et du nerf vient la force.
Le bon coursier au combat diligent
Sçait quand son maistre est bien garny d'argent;
Aveine, foin, et tel autre fourrage
Ne luy deffaut; alors d'un grand courage
Preste le dos à son maistre, et joyeux,
Par les combats le rend victorieux.

Quant est de moy, si cet aloy ne sonne
Dedans mon sac, mon Euterpe frissonne,
Je deviens froid, composer je ne peux ;
Mais quand j'en ay, je fay ce que je veux.
  D'où vient cela, que c'est or, que la terre
Si loing de nous en ses boyaux enserre,
Et qui n'a rien en l'homme de commun,
Nous donne vie, et nourrit un chacun ?
Le bled qu'on mange entretient la personne,
Le vin qu'on boit nous fait la force bonne,
La chair se tourne en aliment benin ;
Mais c'est argent, de terre le venin,
Qu'on voit chacun si ardentement suivre,
Sans le manger fait tout le monde vivre.
  On dit qu'un jour Jupin estant fasché
De voir le monde engravé de peché,
Delibera perdre la race humaine
Par divers maux et par diverse peine ;
Le grand deluge en Orient coula,
Sous Phaëthon la Grece se brusla ;
La guerre vint à Thebes et à Troye.
Le plus grand mal qui estoit, la monnoye,
Restoit encor ; mais la terre en bailla,
Que Jupiter arrondit et tailla,
Comme raiffors, par rouelles menues,
Et en farcit le ventre de ses nues,
Puis les creva d'un grand bruit, et soudain
L'or et l'argent pleust sur le genre humain.
Comme on voit choir mainte fleurette épesse
Sur les corps saincts suivis d'une grand' presse,
·Lors que le peuple en sa devotion
Fait par la rue une procession,
Criant pardon au Seigneur de ses fautes ;
Alors on voit des fenestres plus hautes
Tomber les fleurs d'un nuage plaisant ;
Ainsi du ciel tomboit le faux present,
Beau de couleur, de forme et d'apparence,
Mais en effet d'une autre difference.

Le peuple sot qui pensoit que l'argent
Fust don du ciel, y courut diligent
Pour l'amasser; par foules et par bandes,
S'entre-poussans faisoient des noises grandes,
Et tant ardans apres l'or ils estoient,
Qu'en le serrant à grands coups se battoient,
Tant d'argumens pour les combats il offre!
L'un emplissoit un bahu, l'autre un coffre,
L'autre la bource, et chargez à foison
S'en retournoient joyeux en leur maison.
 Je n'y estois, Moreau, j'estois malade
Quand ceste heureuse opulente brigade
Amassoit l'or à pleins paniers; or toy
Qui en serras pour France et pour le Roy,
Et pour les tiens, mon Moreau, je te prie
. . . . (¹)
M'en departir si peu que tu voudras;
Plus indigent le Roy n'en sera pas;
Et desormais de promesses n'abuses
Ton vieil amy, ton Ronsard, et ses Muses.

A OLIVIER DE MAGNY,

Poëte lyrique,

Qu'on me dresse un autel, (²) qu'à non-pair on m'ameine
Trois porcs, et trois aigneaux frisez de noire laine,
Qu'on me tire du vin pour verser sur le feu;
Je veux faire aujourd'huy publiquement un vœu
Devant toute la France, et devot me contraindre,

---

1. Ce vers manque dans les anciennes éditions.
2. Il fait un serment tiré de la magie, par lequel il se donne à tous les mal-heurs, au cas qu'il soit ingrat envers Olivier de Magny.

Par un serment promis, de jamais ne l'enfraindre;
Car par droict de nature un bon cœur est tenu
De soustenir celuy qui l'aura soustenu.
  Or ainsi que le poil de ceste noire beste
Craquette dans le feu, ainsi ma chere teste
Y puisse craqueter, si jamais envers toy,
Constant en mon contract, je te manque de foy.
  En te serrant les mains, par les Dieux je te jure
De n'endurer jamais qu'un sot te face injure,
Sans te venger ainsi que tu m'as revengé
Du sot injurieux qui m'avoit outragé.
Doncques, mon cher Magny, que nul ne se hazarde
D'offenser ton renom; car j'en ay pris la garde,
Qui peux monstrer à ceux qui s'en voudroient moquer
De quel aspre aiguillon ma Muse sçait piquer.
  Tandis par cent travaux poursuy ton entreprise :
Les Dieux ont la sueur devant la vertu mise,
Et faut beaucoup grimper ains qu'atteindre au sommet
Du roc où la vertu liberale promet,
Aprés dix mille ennuis, une gloire eternelle
A ceux qui comme toy seront amoureux d'elle,
Et qui desdaigneront d'un courage hautain
Ces mastins envieux qui nous mordent en vain.

(1560.)

A LUY-MESME.

Lors que ta mere estoit preste à gesir de toy,
  Si Jupiter, des Dieux et des hommes le Roy,
Luy eust juré ces mots : « L'enfant dont tu es pleine,
Sera tant qu'il vivra sans douleur et sans peine,
Et tousjours luy viendront les biens sans y songer! »
Tu dirois à bon droit Jupiter mensonger.
  Mais puis que tu es né ainsi que tous nous sommes
A la condition des miserables hommes,
Pour avoir en partage ennuis, soucis, travaux,

Douleurs, tristesses, soins, tourmens, peines et maux;
Il faut baisser le doz et porter la fortune
Qui vient dés la naissance à tous hommes commune;
Ce que facilement patient tu feras,
Quand quelquefois le jour en ton cœur penseras
Que tu n'es qu'un pur homme, et qu'on ne voit au
Chose qui plus que l'homme en miseres abonde, [monde
Qui plus soudain s'esleve, et qui plus soudain soit
Tombé quand il est haut; et certes à bon droit,
Car il n'a point de force, et si tousjours demande
D'attenter plus que luy quelque entreprise grande.

   Ce que tu quiers du Roy, Magny, n'est pas grand cas,
Et de l'avoir bientost encore tu n'as pas
Encor perdu l'espoir; pource pren bon courage :
Tu n'as garde de fondre au milieu de l'orage,
Puis que tu as en lieu du bel astre besson (¹)
Des Spartains, la faveur de ton grand d'Avanson,
Qui ja pousse ta nef sur la rive deserte,
Pour y payer tes vœux à Glauque et Melicerte. (²)

(1560.)

A MONSIEUR NICOT,

Personnage tres-sçavant. (³)

Nature fit present de cornes aux taureaux,
Et pour armes de crampe et de sole aux chevaux,
Aux poissons du nouer, et aux aigles d'adresse
De trencher l'air soudain, aux liévres de vistesse,

---

1. Castor et Pollux.
2. Ce sont deux Dieux de la mer.
3. Jean Nicot, seigneur de Villemain, importa le tabac en France et publia le *Thresor de la Langue Françoise tant ancienne que moderne*. Paris, D. Douceur, 1606, in-folio.

Aux serpens du venin enveloppé dedans
Leur queue et leur gencive, et aux lions des dents,
A l'homme de prudence ; et n'ayant plus puissance
De donner comme à l'homme, aux femmes la prudence,
Leur donna la beauté pour les servir en lieu
De pistolets, de dards, de lances et d'espieu ;
Car la beauté, Nicot, d'une plaisante dame
Surmonte hommes et Dieux, les armes et la flame.

(1560.)

FIN DU SECOND LIVRE DES POEMES.

LE RECUEIL

DES POEMES

RETRANCHÉS

Aux dernières éditions des Œuvres

DE

P. DE RONSARD.

Les Poèmes qui suivent font partie de : *Le Recueil des Sonnets, Odes, etc., et autres pièces retranchées aux éditions précédentes de P. de Ronsard*.... (publié par Jean Galland, à Paris, chez Buon, 1609 et 1617, in-12).

On y a joint des passages omis par les anciens éditeurs, et qui se trouvent seulement dans les éditions originales, dont chaque pièce porte la date.

LE RECUEIL

DES POEMES

RETRANCHÉS PAR

P. DE RONSARD

Aux dernières éditions de ses Œuvres.

A TRES-ILLUSTRE

ET REVERENDISSIME ODET,

Cardinal de Chastillon.

VERS HEROÏQUES.

Mon Odet, mon Prelat, mon Seigneur, mon
  confort,
Mon renom, mon honneur, ma gloire, mon
  support,
Ma Muse, mon Phœbus, qui fais ma plume escrire,
Qui animes ma langue et réveilles ma lyre,
Et qui moins envers moy ne te monstres humain
Que fit envers Maro ce Mecenas Romain ;
Pren, s'il te plaist, icy deux presens tout contraires,
L'un que j'offre pour toy, et l'autre pour tes freres :

C'est mon livre et ma vie, et tout ce que jamais
Ma plume en ta faveur escrira desormais,
Laquelle ne sçauroit (bien qu'elle sceust parfaire
Mille œuvres en ton nom) à l'honneur satisfaire
Que je reçois de toy, sans l'avoir merité ;
Et serois bien ingrat si la posterité
Ne cognoissoit d'Odet le nom tres-venerable,
Et combien un Ronsard luy estoit redevable,
Publieur de son lôs qui jamais ne mourra.
Or ma plume escrira tout ce qu'elle pourra
(Que la troupe des Sœurs n'a jamais abusée),
Puis, quand je la verray de te louer usée,
J'iray trouver ton frere, ou François, ou Gaspard,
Au front d'une bataille ou dessus un rampart ;
Et là, changeant ma plume en quelque grande pique,
Hardy, je me ru'ray dans la presse bellique
Pour mourir vaillamment à leurs pieds estendu,
Ayant d'un coutelas le corps outre-fendu ;
Et si n'auray regret que ma vie s'en-aille
Pour eux, soit que je meure au fort d'une bataille,
Soit gardant une ville, au haut des bastillons,
Afin que vif et mort je sois aux Chastillons.

(1560.)

EPISTRE A CHARLES,

Cardinal de Lorraine.

Quand un Prince en grandeur passeroit tous les Dieux,
S'il n'est doux et benin, courtois et gracieux,
Humain, facile, honneste, affable et debonnaire,
Il ne gaigne jamais le cœur du populaire ;
Chacun fuit devant luy, comme un agneau tremblant

Fuit le loup ravisseur. Bien que d'un beau semblant
On feigne de l'aimer, toutefois on luy porte,
En lieu d'une amitié, une haine bien forte.
  Un Roy ne peut avoir à son commandement
De ses propres sujects que le corps seulement;
Nous luy devons cela, soit par zele ou par crainte;
Mais il n'est pas seigneur de nos cœurs par contrainte.
S'il veut estre le Roy des cœurs comme des corps,
Il faut les acquerir par douceur, et alors
Il aura cœurs et corps de toute sa province;
Tant l'honneste douceur est seante à un Prince,
Comme à vous, mon Seigneur, bien que seul vous soyez
L'honneur des cardinaux, et que vous employez
Presque seul vostre esprit aux affaires de France,
Bien que tout le conseil suive vostre eloquence,
Bien que vous entendiez grec, latin et françois,
Bien que vous respondiez d'une tres-docte voix
A tous ambassadeurs de quelque part qu'ils viennent,
Bien que les plus sçavans auprés de vous se tiennent,
Bien que vous gouverniez presque seul nostre Roy,
Bien que pour vostre ayeul vous vantiez Godefroy,
Bien que Hierusalem en vos titres se lise,
Bien que vostre niepce ait la couronne prise,
Royne de ce pays qui entend les chevaux
Du soleil se coucher assez loin de ses eaux;
Royne qui doit un jour par nopce solennelle
Joindre au sang de Valois vostre race immortelle; (¹)
Bien que vos freres soyent magnanimes guerriers,
Soit en paix, soit en guerre, à l'œuvre les premiers;
Soit qu'il faille garder sagement la muraille
De Metz environné, ou soit qu'en la bataille
De Renty, par les coups de leurs glaives tranchans,
Il faille d'hommes morts engresser tous les champs;
Ou soit que sur la mer pour nostre foy chrestienne
Ils respandent le sang de la race payenne;

---

  1. Marie Stuart, qui estoit niece des Guise, par sa mere Marie de Lorraine.

Si n'estes-vous pourtant ny superbe ny fier,
Mais humble ne vous plaist vos faits glorifier
Par ceux de vos ayeux, bisayeux et grands-peres,
Ny de gestes nouveaux achevez par vos freres.
 C'est le plus grand honneur que vous sçauriez avoir,
(Tant plus vostre grandeur est puissante en pouvoir,
Tant plus vous maniez les affaires publiques,
Tant plus vous soustenez les decrets catholiques,
Tant plus vous commandez, tant plus vous gouvernez
Nostre Roy, sous lequel ses loix vous nous donnez)
D'estre humble et gracieux. Je sçay que vostre race,
De victoires ornée, est digne qu'on luy face
Honneurs dessus honneurs; et je sçay bien que vous
Meritez à bon droit qu'on baise vos genous,
Qu'on se jette à vos pieds; mais Prince, ou je me trompe,
Où vous devez fuir ceste mondaine pompe,
Et ne devez user de si hauts appareils
Sinon envers ceux-là qui seront vos pareils,
Et Princes comme vous; à ceux-là comme maistre
Vous devez faire, grand, vos grandeurs apparoistre,
Et combien vous pouvez; mais aux petits qui vont
Tremblant en vous voyant, et qui n'osent le front
Hausser vers les rayons de vostre clair visage,
Vous devez estre simple et plein de doux langage
Pour leur gaigner le cœur, imitant l'Eternel
Qui se daigna vestir d'un habit corporel,
Et rejettant les grands où tout orgueil abonde,
Se rendit familier des plus petits du monde.
C'est peu de cas, Prelat, de cet honneur mondain,
Qui plus tost que le vent du jour au lendemain
S'enfuit, et longuement ne sejourne nostre hoste;
Car un jour nous le donne, et l'autre jour nous l'oste.
Il y a plus de peine à bien garder son rang,
A gouverner un Roy, à bien faire le grand,
Que tout l'honneur ne vaut; ceste charge honorable
S'accompaigne toujours d'un soucy miserable,
D'une sollicitude et d'une ambition,
D'un travail espineux, et d'une passion

Qui tousjours dans le cœur eternelle demeure,
Ne nous laissant dormir la nuict une seule heure.
　C'est peu de cas aussi de bastir jusqu'aux cieux
Des palais eslevez d'un front ambitieux, (¹)
Qui ne servent de rien que de pompeuse montre,
Qui ne peuvent durer (tant soient forts) à l'encontre
De la fuite du temps ; car bien que les chaleurs,
Les hyvers ou les vents, ou mille autres malheurs,
Soit de pluye ou de gresle, ou le flambant tonnerre,
Ou l'ire d'un seigneur, ou le sac d'une guerre,
Ne les fissent tomber ; si est-ce que le temps
D'eux-mesmes les feroit dans le cours de cent ans (a)
Renverser pied sur teste, et à la petitesse
Des champs esgalera leur superbe hautesse.
　Je ne dy pas, Prelat, que ce ne soit bien fait
De bastir un palais en delices parfait,
D'obtenir d'un grand Roy tout ce qu'on luy demande,
De se faire soy-mesme et sa race bien grande ;
Mais il ne faut pas tant que le cœur y soit mis,
Qu'on ne face un tresor de fideles amis,
Sur lequel les larrons ny le feu n'ont puissance,
Ny l'ire des grands Rois, ny du temps l'inconstance.
Il faut se rendre amy de ceux qui ont pouvoir
De chanter vostre nom, et de faire sçavoir
Aux siecles à venir vostre immortelle gloire,
Par œuvre poëtique, ou par certaine histoire ;
Lors vous ferez pour vous trop plus que ne pensez,
Si par ce beau moyen les ans vous devancez.
　Mais ne voyez-vous pas comment la renommée
De vostre oncle defunct est desja consommée

a. Var. (1578) :

Les fera de sa faulx en moins de deux cens ans

1. Allusion au château de Meudon, près Paris, que le Cardinal s'occupait d'achever et d'embellir. Voyez (t. IV, page 55) une description de la grotte de Meudon.

Dans le creux du tombeau, morte avecques ses os,
(Si son nom quelquefois ne survient à propos)
Bien qu'il fust liberal, magnifique et honneste,
Bien qu'il eust comme vous le chapeau sur la teste,
Et bien qu'il gouvernast l'autre Roy tout ainsi
Que vostre Sainteté gouverne cestuy-cy ?
On ne parle de luy non plus que d'un pauvre homme
Que la commune mort sans renommée assomme
Dans un lict incogneu, par faute que les vers
Ne respandent son nom dedans cest univers. [mure

  Doncq' à fin, mon Seigneur, qu'un tel mal-heur n'em-
Vous et vostre renom sous mesme tombe obscure,
Vous devez à l'envy vostre maison garnir
D'hommes qui sçauront bien vos vertus maintenir,
Hardis contre la mort qui les Princes emmene.
Tel à Rome jadis s'apparut un Mecene,
Qui pere entretenoit les plus gentils esprits
Pour enrichir son nom de leurs nobles escrits.
Il ne fut point deceu de sa belle esperance,
Ny ne sera jamais ; il vit par souvenance
Autant que son Auguste, et encore aujourd'huy
Les Princes bien-faicteurs se surnomment de luy.

  [Est-il rien de plus grand qu'après la mort de vivre !
Ceux à qui vous plaira commander de vous suivre
Ne vous seront jamais importuns ni fascheux.
S'il vous plaist seulement de dire un mot pour eux
Au Roy, vous les rendrez contens en toute chose.
Ne soyez donc marri, ô grand Prelat, si j'ose
Ainsy parler à vous. Le flatteur, le menteur,
Ne tiendroient ce propos ; mais le vray serviteur
Qui ayme de bon cœur prend quelquefois l'audace
De parler à son maistre, et si n'en perd la grace.

  Mais bien que vous soyez tres-debonnaire et doux,
Pourtant il ne faut pas prester l'oreille à tous ;
Il faut choisir les gens en vostre fantaisie,
Devant qu'user vers eux d'honneste courtoisie,
(Autrement ce seroit, sous ombre de douceur,
Faute de jugement profaner sa grandeur)

Comme bien sçavez faire, ô façon, qui egale
La prudence des Dieux ! Car si en vostre salle
Ou dedans vostre chambre un homme entre, soudain
Que pour vous saluer met le bonnet en main,
Vous le voyez de loin, et vostre œil de Lyncée
Luy a desjà percé le cœur et la pensée ;
Vous sçavez ce qu'il veult avant qu'il ayt parlé,
Et son geste vous a son secret decelé.
  Vous abordez les uns d'une douce parole ;
Je dis ceux qu'il vous plaist, que vostre bras accolle,
Les caressant un peu ; puis vous faictes sortir
Une voix en parlant, qui coule au despartir
Plus douce que le miel ; car de vostre eloquence
De bien loin vous passez les mieux disans de France.
Si vous leur promettez de leur faire plaisir,
Soudain à bonne fin vous mettez leur desir ;
Car vos grandes bontés ne sont accoustumées
A donner une baye ou vendre des fumées,
Comme un tas de trompeurs, petits courtisanneaux
Qui pensent conquerir, comme on dit, des chasteaux
Quand ils trompent quelqu'un. Mais vostre Seigneurie
Ne se souille jamais de telle piperie,
Qui estes vrayment Prince et de sang et de cœur,
Et trop homme de bien pour devenir mocqueur.
  Aussy la mocquerie est indigne d'un Prince
Qui veult gaigner le cœur de toute une province,
Et principalement du populaire bas ;
Il peut dire s'il veut : « Je ne le feray pas,
Ou bien je le feray ; » car sa libre pensée
D'un pauvre suppliant ne peut estre forcée.
  Les autres qui vous sont importuns ennuyeux,
Ne reçoivent de vous un accueil gracieux ;
Mais en les desdaignant, ou les laissant derriere,
Ou en les estonnant d'une apparence fiere,
Ou appelant quelqu'un pour mieux les engarder
(Vous voyant empesché) de ne vous aborder,
Comme maistre et seigneur vous vous sçavez defaire
De ceux à qui plaisir il ne vous plaist de faire,

Qui s'en revont confus, imputant le malheur
A eux-mesmes tout seuls et non à vous, Seigneur.
   Certes il me souvient que vous, bien jeune d'age,
Au college portiez un severe visage,
Grave et Catonien ; qui ja pronostiquoit
Que Dieu secrettement vos vertus colloquoit
Au comble des honneurs, où il faut estre grave,
De sourcil renfrogné et de majesté brave,
Pour honorer l'estat auquel Dieu vous a mis,
Et pour vous rendre craint de tous vos ennemis.
Depuis en vous voyant, ceinct à la cardinale,
Desja le poil grison et le visage pale,
Et pensif, vous gratter le chef du bout du doy,
Tout bassement alors je disois à part moy :
« Que me vaudroit luy faire une humble reverence?
Il ne se souvient plus que dés ma jeune enfance
Je fus son serviteur, escolier avec luy.
Cherchons en autre lieu un favorable appuy ;
Il est trop grand seigneur ; puis il n'est pas possible
Qu'il feit compte de moy ; il est inaccessible. »
   Ainsy fol je disois à part moy bassement,
Quand je vous regardois marcher si gravement.
Aucunes fois l'ardeur me poussoit de vous faire
Une recognoissance, et la honte au contraire
Me venoit d'autre part mon propos divertir,
(Honte ! combien de fois m'as-tu fait repentir !)
Agitant ça et là ma pensée doubteuse
Comme un bateau surpris d'une mer orageuse.
   Ainsy, pour vous penser trop superbe et trop fier,
En vostre humanité je n'osois me fier,
Et ne vous eusse aymé, si l'autre jour à table
Trouvé je ne vous eusse humain et accointable,
Si bien qu'à tout jamais ceste humaine douceur
Sera (fussé-je mort) escrite dans mon cœur.
La main dessus le chef deux ou trois fois me mistes,
Puis parlant du college, en sousriant me dites
Que pour vostre grandeur vous n'aviez oublié
Ceux qui avecques vous avoient estudié ;

Et que telle amitié vous sembloit la meilleure.
Certes je me rendis vostre esclave sur l'heure
Que j'entendis ce mot, et Phœbus qui l'ouït
Du sommet du Parnasse, aise s'en resjouit.
Deux ou trois jours aprés si hault dressay la teste
Que j'osay bien vous faire une prompte requeste,
Et point ne fus deceu; car en vous esprouvant,
Et seigneur et amy je vous allay trouvant,
Sans l'avoir merité. Qui est-ce qui merite
D'un si grand Cardinal faveur tant soit petite?
   Mais avant que vous rendre un grand mercy du bien
Que j'ay receu par vous et du quel je n'ay rien,
J'oserai, s'il vous plaist, prendre la hardiesse
De vous remercier de l'honneste largesse
Que n'aguieres Daurat a receu par vos mains.
Tel acte genereux passe ceux des Romains,
D'Auguste et de Mœcene, et (si je l'osois dire)
Surmonte l'appareil du marbre et du porphyre
Dont vous enrichissez la grotte de Meudon;
Car la grotte ne peut tesmoigner vostre nom
Que cent ou deux cens ans, et la Muse honorable
De Daurat le peut rendre aux siecles perdurable.
   Tel acte en bon conseil passa celuy des Grecs,
Qui devant Ilion ordonnerent, aprés
Qu'Achille fut tué (par secrette malice
Fraudant le grand Ajax), ses armes à Ulysse,
Couard et mal-habile à supporter le faix
D'un tel bouclair d'acier si fort et si espais.
Ainsy ayant les Grecs permission d'eslire
Le meilleur de l'armée, ils choisirent le pire;
Et par faute d'avoir le jugement entier,
Feirent un rien-ne-vaut d'un vaillant l'heritier.
Mais vous, mon cher Seigneur, d'une prudence caute,
Des Grecs mal-avisez avez fuï la faute;
Car Coron trespassé, qui fut en son vivant
En l'une et l'autre langue homme docte et sçavant,
Vous avez ordonné, d'une equitable grace,
Que Daurat plus sçavant heritast de sa place

Et succedast à luy, non d'importunité,
Non par faveur d'amis, mais pour la verité,
Dont la France vous rend mille grâces, lesquelles
En cent mille papiers se liront immortelles.
 Mais revenons à moy et vous remercion
De ceste honneste, douce et bonne affection
Qu'il vous pleust me porter, quand l'ardeur ætherée
Bruloit du bel Annet (¹) la campaigne alterée.
 J'estois dedans la cour de ce chasteau d'Annet
Debout comme un cyprés, ou comme un pin qui met
Autant de chef en l'air que de racine en terre,
Auquel trois bucherons font une dure guerre
A grands coups de cognée, et luy coupent si bien
Le pied de tous costez qu'il ne tient plus à rien.
Ces bucherons douteux, ignorant quelle voye
Doit prendre en trebuchant ce grand pin qui ondoye
Esbranlé çà et là, se reculent adonc
Et regardent de loin chanceler ce grand tronc,
Qui fait ores semblant de tomber à senestre,
Ores tout au rebours de tomber à la dextre,
Ores de tous les deux ; à la fin ne pouvant
Se tenir plus debout, brunche le chef davant
Renversé contre terre, et d'un grand bruit il casse
Tous les petits buissons dessus lesquels il passe.
Ainsy tout esbranlé dedans la cour j'estois ;
Maintenant asseuré, maintenant je doubtois [forte,
Lesquels des grands seigneurs me tiendroient la main
Quand je vous vis sortir tout rouge d'une porte,
Flambant pour mon secours, comme les deux Jumeaux
En un temps orageux flambent dessus les naufs,
Pour sauver de peril les hommes qui de crainte
Et de palle frayeur ont la face depeinte.
A vous je m'adressay, et si tost je ne sceu

---

 1. Le château d'Anet, près de Dreux, que Henry II fit bâtir pour Diane de Poitiers par Philibert de Lorme. La façade a été transportée à Paris, dans la cour de l'École des Beaux-Arts.

Vous flechir le genouil que je ne fus receu
D'un œil doux et benin. Secours vous me promistes
Et tost vostre promesse à bonne fin vous mistes,
Obtenant de mon Roy tout sur l'heure le bien
Que je voulois avoir par vostre seul moyen ;
Parlant aussy pour moy Monsieur le Connestable.
Car, comme dit Pindare, une nef sur le sable
D'une ancre tient assez ; mais en temps orageux,
Quand elle est sur la mer il luy en faut bien deux.
Non que vostre faveur ne me fust la meilleure,
Mais Fortune voulut que j'en eus deux à l'heure.] (¹)
  Muses, qui les sommets de Parnasse tenez,
Et qui de nuict et jour vos danses amenez
Sur le bord de Permesse ! ô race genereuse,
Qui pressez les ingrats d'une nuict oublieuse,
Vous ne presserez pas, ny au siecle futur,
Ny en l'âge present, mon nom d'un voile obscur
Sous le titre d'ingrat ; car une ingrate tache
Ne souillera jamais mon cœur que je le sçache ;
Ains je diray, Seigneur, à nos peuples François
Le bien que m'avez fait pour la seconde fois,
Vous suppliant n'aguiere au chasteau qui s'appelle
Du gracieux surnom d'une fontaine belle. (²)
  J'estois plus esperdu qu'un viateur de nuit
Ne se perd en un bois quand la lune ne luit,
Et quand aucune estoille à ses yeux ne se montre ;
Poursuivant un sentier, de fortune il rencontre
Un carrefour douteux en cent chemins croisé ;
Il s'arreste au milieu comme mal-avisé,

---

1. Dans l'édition de 1578, où cette pièce figure pour la dernière fois, ces cent soixante-quatorze vers sont supprimés et remplacés par ce distique :

    Or sus parlons de moy qui vous doy recognoistre
    Mon Mecene, mon tout, mon seigneur et mon maistre.

2. Le château de Fontainebleau.

Et comme ne pouvant en tenebres comprendre
Entre tant de chemins lequel il luy faut prendre,
Doutant bien longuement en ses sens esbahis
Lequel est le meilleur; par advis de païs
Suit le plus droit chemin, qui sans sejourner guiere
Le guide hors du bois, où il voit la lumiere
Des loges des pasteurs, lesquels à la parfin
Ayant de luy pitié, luy monstrent le chemin.
  Ainsi tout esgaré dedans la cour j'alloye,
Entre mille chemins ne sçachant quelle voye
Je prendrois seurement pour me tirer du bois,
J'entens du labyrinth de l'esprit où j'estois.
Comme j'errois ainsi je veis luire une flame;
Hà! ce fut le secours propice de Madame
Sœur unique du Roy ([1]), et le vostre, Seigneur,
Qui me fut du chemin le fidele enseigneur.
Il est vray que la chose à la fin n'est venue
Comme nous l'esperions; je ne sçay quelle nue
Couvrit vostre faveur, et le sort inhumain
Se mit devant le fruit pour empescher ma main.
Ainsi que la moisson se perd dessus la terre
Lors que le mesnager dans la grange la serre,
Je perdis le bien-fait que j'avois eu du Roy
Pour n'oser m'attaquer à un plus grand que moy.
Quand quelque grand seigneur au petit se colere,
Bien qu'en dissimulant son courroux il digere,
Si est-ce que son cœur, qui se sent outragé,
Jamais ne dort content qu'il ne s'en soit vangé.
Mais autant, mon Prelat, je vous en remercie
Que si j'en jouissois; car tandis que la vie
Animera mon corps, fussé-je en ceste part
Où le vent Aquilon armé de glaces part,
Ou fussé-je tout nud sur l'Ethiope arene,
J'auray tousjours pour Prince un Charles de Lorraine

---

1. Marguerite de Valois, sœur de Henry II, qui fut depuis duchesse de Savoie.

Engravé dans le cœur d'un ferme souvenir;
Et quand la froide mort me fera devenir
Vain hoste du sepulchre, encore d'un murmure
Je bruiray vostre nom dedans ma sepulture.
Car vous m'avez chery, et non pas comme ceux
Qui caressent les gens pour une fois ou deux,
Puis dés le lendemain, hagards, ne les cognoissent,
Pensant estre honnis si les yeux ils abaissent
Pour regarder quelqu'un, soit entrant chez le Roy,
Ou soit en lieu public, ou en lieu de requoy,
Ou dedans une allée, ou devant une porte.
Mais vous ne fustes onq vers moy de telle sorte;
Car à toutes les fois que me suis presenté
A vous, mon cher Seigneur, vous m'avez escouté,
Et comme tres-humain, d'une douce maniere
Vous avez entendu tout du long ma priere
Sans me tourner les yeux, ny sans baisser le front,
Signes dissimulez que les courtisans font
Quand ils trompent quelqu'un, ou quand ils n'ont envie
De prester un plaisir à celuy qui les prie.
 Me blasme qui voudra d'importuner le Roy
Pour me donner du bien; mon Seigneur, quant à moy
Je ne seray honteux de luy faire requeste.
Il ne sçauroit monstrer largesse plus honneste
Que vers ceux que la Muse et Phœbus Apollon
Nourrissent cherement pour illustrer son nom.
Je ne sçaurois penser que des peintres estranges
Meritent tant que nous les poëtes des louanges,
Ny qu'un tableau basty par un art ocieux
Vaille une Franciade, œuvre laborieux !
Je vous en fais le juge, et pour certain je pense
Que juste donnerez pour moy vostre sentence.
Hâ, bons Dieux ! qui mettroit la Franciade à fin
Sans le bien-fait d'un Roy? Je le vous dis, à fin
Que vostre Saincteté quelquefois luy redie,
Pour rendre à bien chanter ma Muse plus hardie.
Virgile n'eust jamais si bravement chanté
Sans les biens de Cesar. J'ay experimenté

Qu'un pauvre ne sçauroit entreprendre un grand œuvre ;
Volontiers le marteau d'un soufreteux maneuvre
Ne fait un grand palais ; car plus il monte haut,
Plus la faim le rabaisse, et le cœur luy defaut.
Une ode, une chanson se peut faire sans peine ;
Mais une Franciade, œuvre de longue haleine,
Ne s'accomplit ainsi. Il me faut esprouver
La longueur de dix ans avant que l'achever ;
Car un livre si grand et si plein d'artifice
Ne part ainsi des mains sans qu'on le repolisse.
 Peut-estre on me dira que je suis de loisir,
Et que je la devrois chanter pour mon plaisir ;
Mais certes ce n'est moy qui en vain me distile
Le cerveau par dix ans pour une œuvre inutile,
Qui n'apporte nul bien sinon rendre grison,
Palle et boufi l'auteur en sa jeune saison,
Gouteux et catharreux des humeurs amassées
Par tant et tant de nuits sur les livres passées.
 J'ay, Dieu mercy ! Prelat, un peu de bien pour moy ;
Je suis demy-content ; mais pour chanter du Roy
Les ayeux, bisayeux, leurs faits et leur prouesse,
Je n'en ay pas assez, honteux je'le confesse ;
Et si ayme trop mieux le confesser, Prelat,
Que la posterité m'accuse d'estre ingrat.
 Non, non, je ne quiers pas ces publiques offices,
Ces grasses eveschez, ces riches benefices.
Tels biens sont deubs à ceux qui le meritent mieux,
A nos ambassadeurs qui d'un soin curieux
Veillent pour nostre France, et pour ceux qui en guerre
Au danger de leur sang augmentent nostre terre.
[Je ne veux seulement qu'un mediocre bien
Pour mieux philosopher à mon aise. Aussy bien
Dedans dix ou douze ans il faudra que je meure.
Encor si le Roy veut que pour luy je labeure,
Il fault que, moy absent, me veuille departir
Du bien, qui ne le puis par postes avertir
Quand un abbé mourra ; car je n'ay pas à gages
Ny courriers, ny laquets, ny medecins, ny pages ;

C'est affaire aux seigneurs, autrement j'attendrois
En ma chambre mille ans que rien je ne prendrois,
Si par vostre bonté luy-mesme ne reserve
Quelque petit morceau pour nourrir ma Minerve.
 Quelqu'un sera bien aise, en recevant beaucoup,
D'en laisser un petit; ainsy d'un mesme coup
Nous serons deux contens, luy prenant chose grande,
Moy recevant bien peu, car bien peu je demande.
 Malheureux est celuy qui n'en veut point avoir :
L'abbé veut l'evesché, l'evesque se veut voir
Cardinal et puis Pape; un Roy voudroit l'empire,
Et un monarchié un Empereur desire.
Car à la verité tout homme genereux
Court aprés la grandeur et en est desireux,
Et veult s'il est possible, ainsi que de sagesse
Le peuple surpasser d'honneur et de richesse.
 Certes depuis deux ans si heureux j'ay esté
Que je n'ay supplié de rien sa Majesté
Qu'octroyé ne me l'ait, et jamais sa main chiche
Ne se serra, de peur que ma Muse fust riche.
Il a tenu sans plus au malheureux destin,
Qui n'a voulu du Roy mettre le veuil à fin,
Destin qui ne veut pas enrichir les poëtes;
Mais je suis asseuré, si de ma part vous estes,
Qu'en despit du destin, de fortune et du sort,
Francus viendra bien tost en France prendre bort,
Et pour l'honneur du Roy la belle Franciade
En France imitera la Gregeoise Iliade,
Où les nobles Troyens qui regnerent icy,
Qui furent ses ayeux et les vostres aussy,
Seront portraits au vif, leurs chevaux, leurs gendarmes,
Leurs guerres, leurs combats et tous leurs beaux faits
Vos freres y seront, de fer tout revestus; [d'armes.
Vous y lirez aussy quelles sont vos vertus,
Vostre bonté, conseil, preud'hommie et sagesse,
Et vostre jeune advis tout chenu de vieillesse.
Mais si j'entreprenois de vouloir raconter
Vos honneurs que j'y veux si hautement chanter,

Le jour me defaudroit et je perdrois haleine,
Car presque de vous seul ma charte sera pleine.]
　　Or vivez, mon Prelat, vivez heureusement,
Prelat digne de vivre au monde longuement.
O l'honneur plus fameux de vostre noble race!
Je vous suppli' vouloir, d'une joyeuse face,
Ces vers forgez à haste en vos mains recevoir,
Pour le gage tres-seur de mon humble devoir;
Et s'ils ne sont bien faits, si bien je ne vous chante
(Le vouloir seulement, et non l'œuvre je vante),
Vous me verrez un jour plus hautement jouer,
S'il vous plaist d'un bon œil pour vostre m'avouer,
Non pas au rang nombreux de vos protenotaires ;
Car les champs et les bois, et les lieux solitaires,
Et les prez, où le Loir parmy les herbes court,
Me plaisent beaucoup plus que le bruit de la court.
Il me suffit, Prelat, si venant du village
Quelquefois pour vous voir, j'ay de vous bon visage,
Un ris, une accolade, un petit clin des yeux ;
Si j'ay telle faveur, je suis au rang des Dieux,
Et tout l'obscur brouillas qui mes Muses oppresse,
De bien loin s'enfuyra devant ceste caresse.
　　Que sert dessous la terre un abysmé tresor
S'il n'est mis en usage? et que servent encor
Les navires au port, de voiles empennées,
S'elles n'ont un pilot pour estre gouvernées?
Et que servent les vers, tant soient-ils bien escrits,
Si de quelque grand Prince ils ne sont favoris?
　　Ma Muse quelquefois sera de vous aimée,
Puis que vostre faveur est toute accoustumée
D'attirer doucement les poëtes chez vous,
Non pas comme seigneur, mais comme pere dous.
Sainct Gelais est à vous, Carle est à vous encore,
Et Dorat aux vers d'or qui vostre nom redore,
Et Jodelle qui fait d'un ton gravement haut
Le premier resonner le François eschaufaut.
Si par vostre bonté vous me mettez au nombre
De ces quatre divins, j'esclairciray tout l'ombre

Qui me detient obscur, pour ne vous repentir
De m'avoir au besoin vostre ayde fait sentir.
Je ne vous seray point en des-honneur, car j'ose
Sans rougir asseurer que je sçay quelque chose,
Et (si quelqu'un se peut honnestement vanter)
Que vous prendrez plaisir à m'entendre chanter;
Non pour l'amour de moy, mais pour l'amour des belles
Filles de Jupiter, les neuf Muses pucelles
Dont je suis serviteur, et desquelles l'amour
Tout furieux d'esprit me ravit nuit et jour,
Descouvrant leurs secrets aux nations Françoises,
Que hardy j'espuisay des fontaines Gregeoises.
   Ceste belle neuvaine, amoureuse en son cœur
De vous, qui me serez amiable seigneur,
Joyeuse m'ouvrira ses grottes reculées,
Et me fera dormir au fond de ses vallées,
Où pour l'honneur de vous trois fois m'abreuvera
Du ruisseau qui poëte en un jour me fera,
Pour mieux choisir, ravir, et desrober les choses
Que belles je verray dans son giron encloses.
Tout ainsi que l'abeille, animal nay du ciel,
Choisit les belles fleurs pour en faire du miel,
Honorant son logis de ses liqueurs infuses;
Ainsi je choisiray les belles fleurs des Muses
A fin d'en esmailler un livre en vostre nom,
Pour engarder, Prelat, que vostre beau renom
Ne soit proye des ans, qui volontiers oppressent
Les meilleures vertus, et les pires nous laissent.

                    (1560.)

CHANT DE LIESSE.

AU ROY. (¹)

Je ne serois digne d'avoir esté
Nourri petit dessous ta Majesté,
Si au milieu de tant de voix qui sonnent,
Tant d'instrumens qui doucement resonnent,
Tant de combats, de joustes, de tournois,
De tabourins, de fifres, de haubois,
Qui sont tous pleins de joyeuse allegresse,
Je ne sentois la publique liesse.
Je ne serois ton fidelle sujet,
Si en voyant un si plaisant objet,
Je ne monstrois, d'escrit et de visage,
De ma liesse un publiq' tesmoignage,
Pour louer Dieu si favorable, et toy
Qui t'es monstré si bon pere et bon Roy;
Qui, comme Auguste, aprés la longue guerre,
As ramené l'âge d'or sur la terre,
Themis, Astrée, et nous as fait avoir
Ce que ton pere a souhaité de voir,
Et toutefois jamais n'avoit sceu faire
Ce qu'en un jour tu nous as sceu parfaire.
 Tu as changé tes guerriers estendars
En oliviers; le fer de tes soldars
(Qu'avoit si bien affilé la querelle)
S'est esmoussé dessous la peau nouvelle;
Tu as lié de cent chaisnes de fer
Le cruel Mars aux abysmes d'enfer;

---

1. C'est le roi Henri II. — Publié pour la première fois à Paris, chez A. Wechel, 1559, in-4° de 8 pages.

Et la Discorde, Enyon et Bellonne,
Par ton moyen n'offensent plus personne ;
La mort, le sang et le meurtre importun,
Ont donné place au doux repos commun,
Et en grondant de menaces despites,
Par ton moyen sont allez voir les Scythes
Loin de l'Europe, et ton peuple ont laissé
Libre du joug qui trop l'avoit pressé.

   Quel plaisir est-ce en lieu d'ouyr les armes,
De voir les champs tous foulez de gendarmes,
De voir en l'air les estendars rampans
En taffetas, tout ainsi que serpens
Qui vont par l'herbe, et d'un col qui menace,
A cent replis entre-couppent leur trace?
De voir le fer des soldats tous sanglans,
Voir les vieillards tous pasles et tremblans
Assassinez auprés de leur famille?
Voir une mere, une veufve, une fille,
Porter au col ou son frere ou son fils,
Et pauvrement mendier d'huis en huis?
Quel plaisir est-ce en lieu de voir les villes,
Places, chasteaux, et campagnes fertilles,
Du haut en bas et razer et brusler,
Et jusqu'au ciel les plaintes se mesler
D'hommes, d'enfans, de filles et de femmes,
Sauvant leurs corps demy-bruslez de flames?
Quel plaisir est-ce, en lieu d'ouyr le bruit
D'un mur tombé, ou d'un rempart destruit,
Voir maintenant à Paris dans les rues,
De tes sujets les troupes espandues
Joyeusement à ce retour de l'an,
Crier Hymen, ô Hymené, Hymen ;
Verser œillets et lys, comme une pluye
Tombe en esté quand le chaud nous ennuye?

   Hé! quel plaisir de voir le peuple en bas,
En se pressant de testes et de bras,
Deçà delà se mouvoir, ainsi qu'ondes
Ou de la mer, ou des campagnes blondes,

Lors que les vents doucement redoublez
Crespent le haut de la mer et des blez?
Tourbe ondoyante, en foule espoisse mise,
De ton palais jusqu'à la grande eglise,
Ferme t'attend d'un pied coy, pour avoir (a)
Tant seulement ce bien que de te voir
Mener ta fille en royal equipage,
Ou bien ta sœur au sacré mariage !
  Hé ! quel plaisir d'ouyr joindre la vois
Du peuple gay à celle des haubois?
De voir marcher en ordonnance égale
Tes fils chargez de couronne royale?
Et par-sus tous de voir la gravité
De ta tres-haute et grande Majesté?
Voir au palais les tables solennelles,
Ainsi qu'au ciel les tables eternelles
De Jupiter, quand au palais des cieux
Il se marie, ou festie ses Dieux,
Et qu'au milieu de la celeste troupe
La jeune Hebé luy presente la coupe?
Hé ! quel plaisir voir danser et baller,
Voir l'amoureuse à son amy parler,
Voir nouveaux jeux, masques et mommeries,
Au prix de voir les sanglantes tu'ries
Du cruel Mars, que ta douce bonté
Par une paix pour jamais a donté?
  Ceux qui diront, depuis le Roy Clotaire
Jusqu'à François premier du nom, ton pere,
Les Roys qui ont par un sceptre suivant
Si bien regi la France auparavant,
Ne trouveront par antique memoire
Que les vieux Roys parangonnent ta gloire ;
Car leurs honneurs sont surpassez des tiens,
Soit en victoire, en prouesse ou en biens.

a. Var. :

D'un pied pressé t'attendre, pour avoir

Presque en douze ans tu as assujettie
De tes voisins la plus grande partie,
Et loin de France, en l'une et l'autre mer
Les fleurs de lys tu as fait renommer.
Or d'estre Roy cela vient de Fortune,
Qui aux petits et aux grands est commune;
Mais ton grand heur (que Roy jamais n'eut tel)
N'est point commun à nul autre mortel.
Dessur ton chef encor n'est retournée
De l'âge tien la quarantiesme année,
Et toutesfois en la fleur de tes ans
Tu as du ciel les plus riches presens.
   Sire, tu as, ainsi comme il me semble,
Seul plus d'honneur que tous les Roys ensemble;
De ton vivant tu vois ainsi que toy
Ton fils aisné en sa jeunesse Roy, (¹)
Qui pour ta bru t'a donné la plus belle
Royne qui vive, et fust-ce une immortelle,
Et qui peut-estre aura dessus le chef
Une couronne encores derechef,
Pour joindre ensemble à la terre Escossoise
L'honneur voisin de la couronne Angloise.
Tes autres fils si belliqueux seront,
Que d'Orient les sceptres ils auront,
Et chasseront par guerriere contrainte
Les mescreans hors de la Terre-Saincte.
Ta fille aisnée encores doit avoir
Ce Roy qui passe en bien et en pouvoir
Les Roys d'Europe, à qui toute l'Espagne,
Flandres, Milan, la Sicile, Sardagne,
Naples, Majorque, obéissent ainsi
Que dessous toy ce grand Royaume ici.
   D'une autre part le grand duc d'Austrasie
Ton autre fille en espouse a choisie;
Et ta petite est pour le fils ainé
Du Roy qui s'est pour ton gendre donné.

---

1. François II, marié à Marie Stuart.

D'une autre part ta sœur, en qui repouse
Toute vertu, est maintenant l'espouse
De ce grand Duc qui souloit te haïr,
Et maintenant est prest de t'obéir,
Amortissant toute noise ancienne,
Ayant conjoint sa race avec la tienne.
  Qui doncques Roy fut jamais si heureux,
Si plein d'honneur, d'enfans si plantureux,
Qui dessous toy ja grandets apparoissent
Comme sions qui sous un arbre croissent?
Qui vivent tous, et si n'en as pas un
Qui soit pourveu d'un petit bien commun ;
Car ils sont tous abondans en richesses,
Ou Roys, ou Ducs, ou Roynes, ou Duchesses.
  Tu es gaillard, tu es jeune.et dispos,
Et qui plus est, tu as mis en repos
Ton peuple et toy ; car sans la paix publique
Peu t'eust valu ton bon-heur domestique.
Tu as par tout ton peuple obéissant ;
Mais le seul poinct qui te rend si puissant,
C'est le service et la fidelle peine
De la maison illustre de Lorraine,
Qui t'a servi et en guerre et en paix,
Et jusqu'au ciel a égalé tes faits ;
C'est d'autre part le service agreable
De ton vaillant et sage Connestable,
Auquel tu fais comme à ton pere honneur,
Et dont les ans t'ont servi de bon-heur ;
C'est un d'Albon, un Chastillon, et mille
Autres seigneurs, dont la France est fertile.
  Doncques ayant tant de felicité,
Contente-toy de ceste humanité ;
N'aspire point aux deïtez d'Homere,
Bien qu'en ses vers ils facent si grand' chere,
Et vy cent ans en France bien-heureux ;
Car ton bon-heur vaut bien celuy des Dieux.

AVANT-ENTRÉE

DU ROI TRES-CHRESTIEN HENRY II A PARIS,

L'AN 1549.

Voicy venir d'Europe tout l'honneur;
Ouvre les bras, Paris plein de bonheur,
Pour embrasser ton Roy qui te decore,
Et du parfait de ses vertus t'honore.
Heureux Paris, le thresor de ta gloire
Sera pendu au temple de Memoire,
Tant tu auras de bien et de grand heur,
Ayant receu d'Europe la grandeur.
  Iô, Paris, esleve au ciel ta porte;
J'oy arriver ton Roy, qui te rapporte
La vierge Astrée, et sa belle sequelle
Qui s'en-vola de ce monde avec elle.
Ne la vois-tu comme elle prend sa place
A son retour dans le sein et la face
De nostre Royne, en qui le ciel contemple
Du vray honneur le portrait et l'exemple,
Et qui en toy un beau jour déplira,
Quand par la rue en triomphe elle ira?
C'est celle-là dont Arne est orgueilleux,
Et qui son nom d'un haut bruit merveilleux
Contre les murs de Florence resonne;
C'est celle-là qui l'espoir nous redonne
De voir bien-tost le beau lis derechef
Dans l'Italie encor dresser le chef.
  Sus donc, Paris, regarde quel doit estre
Ton heur futur, en adorant ton maistre,
Ton nouveau Dieu, dont la divinité
T'enrichira d'une immortalité.
  Comme Tirynthe est le propre heritage

Du grand Hercule, et de Junon Carthage,
Ainsi, Paris, tu seras desormais
Du Roy Henry la ville pour jamais,
Et dedans toy les estrangers viendront
Baiser son temple, et leurs vœux luy rendront.
  A sa venue il semble que la terre
Tous ses thresors de son ventre desserre,
Et que le ciel ardentement admire
Leurs grand's beautez, où d'en-haut il se mire,
En-amouré, et courbe tout exprés
Ses larges yeux pour les voir de plus prés.
  Telle saison le vieil âge esprouva
Quand le Chaos demeslé se trouva,
Et de son poids la terre balancée
Fut des longs doigts de Neptune embrassée,
Lors que le ciel se voûtant d'un grand tour,
Emmantela le monde tout autour.
  Ja du soleil la tiede lampe allume
Un autre jour plus beau que de coustume ;
Ja les forests ont pris leurs robbes neuves,
Et moins enflez glissent aval les fleuves,
Hastez de voir Tethys qui les attend,
Et à ses fils son grand giron estend ;
Entre lesquels la bien-heureuse Seine
En floflotant, une joye demeine,
Peigne son chef, s'agence et se fait belle,
Et d'un haut cry son nouveau Prince appelle.
  Iô, Paris, voicy le jour venir
Dont nos neveux se doivent souvenir,
Et dans lequel seront apparoissans
Et arcs, et traits, et carquois, et croissans,
Qui leur rondeur parfaite rempliront,
Et tout le cerne en brief accompliront, (¹)
A celle fin que leur splendeur arrive
De l'Ocean à l'une et l'autre rive.

1. On se souvient qu'Henri II avoit pour emblème un croissant avec cette devise : *Donec totum impleat orbem.*

Au jour sacré de la royale entrée,
Que la Princesse, en drap d'or accoustrée,
Brave apparoisse, et la Bourgeoise fasse
Tous les amours nicher dedans sa face ;
Que du plus haut des fenestres on rue
Les lys, les fleurs, les roses en la rue
Deçà et là ; que le peuple ne voye
Sinon pleuvoir des odeurs par la voye.
Qu'on chante iô, que la solemnité
Soit egalée à sa divinité.
 Crete jadis ainsi pompeusement
Receut son Prince, alors qu'heureusement
Pour son partage il occupa les cieux,
Et qu'il fut Roy des hommes et des Dieux.
D'un ordre égal en triomphe exaltée
Alloit devant la corne d'Amalthée,
Avec l'oiseau qui par tout l'univers
Porte des Dieux les prodiges divers.
 Au grand Henry puissent-ils se monstrer
Du bon costé qu'il les faut rencontrer,
Lors qu'il se rue au milieu des dangers,
Brisant l'honneur des soudars estrangers.
 J'entens déja les trompettes qui sonnent,
Et des vainqueurs les louanges resonnent ;
Je voy déja flamboyer les harnois,
Et les chevaux courans par les tournois
Leurs opposez bravement mespriser,
Et jusqu'au ciel les lances se briser.
 Là, les faveurs des dames peu vaudront,
Là, les plastrons pour neant deffendront
Le combattant qu'il ne bronche par terre,
Si mon grand Roy de sa lance l'enferre ;
Car le ciel veut qu'il emporte le prix,
Et de bien loin passe les mieux appris.
 Mais qui sont-ils ces chevaliers vaillans
Qui tiennent bon contre tous assaillans,
Bruslez de gloire et d'ardeur d'éprouver
Si un plus fort se pourroit point trouver,

Soit l'Espagnol aux armes fier et brave,
Ou cestuy-là que la Tamise lave?
  A voir de l'un la face souveraine,
Je recognois la gloire de Lorraine,
L'honneur d'Aumale, en qui luit en la face
Tout ce que peut la nature et la grace,
Et qui n'aguere a joint avec le sien
Du bon Roger le sang tant ancien.
  Sus donc, Seigneur, la terre des humains,
Le los de France est ores en vos mains;
Nul chevalier, fust-il Roland, ne vienne
Tenter vos bras, qu'il ne luy en souvienne,
A fin qu'il porte aux nations estranges
Dessus son dos escrites vos louanges.
Et toy Henry, triomphe à la bonne-heure,
Haste tes pas, trop longue est ta demeure;
Vien voir Paris la grand' cité royalle,
Et de ta gent la foy serve et loyalle.
Vien voir ses jeux, et tout ce qu'elle appreste
Pour celebrer de ta Grandeur la feste.
  Facent les cieux que ta puissance greve
Si bien l'Anglois, que plus il ne releve;
Et que ton bras renvoye par deçà
Le grand thresor qu'un Roy Jean luy laissa.
S'ainsi advient j'animeray ta gloire,
Et publi'ray le gain de ta victoire;
Faisant voler ton renom nompareil
Où d'un plein saut le renaissant soleil
Monte à cheval, et là où il attache
Ses las coursiers qu'au fond des eaux il cache.

                    (1550.)

LE TEMPLE

DE MESSEIGNEURS LE CONNESTABLE,

ET LES CHASTILLONS. (¹)

A TRES-ILLUSTRE ET REVERENDISSIME ODET,
Cardinal de Chastillon.

VERS HEROÏQUES.

Je veux, mon Mecenas, te bastir, à l'exemple
Des Romains et des Grecs, la merveille d'un temple,
Sur la rive où le Loing, trainant sa petite eau,
Baigne de ses replis les pieds de ton chasteau ;
Là, d'un vœu solennel, au milieu d'une prée,
Je veux fonder les jeux d'une feste sacrée,
Chommable tous les ans, et pendre le laurier,
Digne prix de celuy qui sera le premier
Publié le vainqueur (comme au lustre olympique)
Soit de lutte, ou de course, ou de lance, ou de pique.
   Tout le temple sera basty de marbre blanc,
Où gravez en airain j'attacheray de rang
Tes ayeux eslevez à l'entour des murailles,
Qui tous auront escrit aux pieds de leurs medailles
Leurs gestes, et leurs noms, et les noms ennemis
Des chevaliers qu'en guerre à mort ils auront mis.
   A part, vers la main dextre, appuyé sur sa lance,
Ton pere, qui jadis fut mareschal de France,
Sera vivant en marbre ; et tellement le trait
De sa face premiere au vif sera portrait,

---

1. Retranché dans l'édition de 1584. Faisait partie des Hymnes dans les éditions antérieures.

Qu'on luy recognoistra vivement en la pierre
La mesme audace au front, qu'il eut jadis en guerre.
　　Dans le milieu du temple Anne Montmorency
Sera portrait tout seul, mais portrait tout ainsi
Qu'un Mars est equippé, quand il arrange en armes
Du long bout de sa pique un peuple de gendarmes,
Ou quand il pousse à bas les murs d'une cité,
Contre les citoyens justement irrité,
Ou pource qu'ils n'ont pas aux pauvres fait justice,
Ou qu'ils n'ont pas aux Dieux payé leur sacrifice.
　　Ainsi ce connestable, habillé comme un Dieu,
Du temple à luy sacré tiendra tout le milieu,
Ayant le glaive nud, tiré pour l'asseurance
Des bons, et pour punir des vicieux l'offence.
Tout à l'entour de luy, sus quatre pilliers blancs,
Je feray cizeler ses gestes les plus grands,
Et non pas les petits ; car qui voudroit deduire
Tous ses faits un-à-un, on n'y pourroit suffire,
Et le temple occupé de ses faits d'armes seuls,
N'auroit plus nulle espace à mettre ses neveus.
　　Là, pour servir d'entrée à ses vertus premieres,
Je peindray tout cela qu'il fit dedans Mezieres,
Compagnon de Bayard, et tout cela qu'il fit
Quand le grand Roy François le Souisse deffit.
Là, les camps d'Attigny et de Valenciennes
Seront peints, et les murs de Bethune et d'Avennes,
Ceux de Mont et d'Arras, lesquels il a cent fois
Espouvantez d'effroy, lieutenant de nos Rois.
Là, sera peint aussi le pas estroit de Suse,
Où dix mille Espagnols se virent par sa ruse
Tuez, si qu'à un seul il ne fut pas permis
Retourner raconter la mort de ses amis.
　　Dessus l'autre pillier, vivement imprimée,
Se verra d'Avignon la furieuse armée,
Dont il fut conducteur, avec tel jugement.
Qu'il chassa l'Empereur de France sagement ;
Et sans perdre les siens, mit en fuite le reste
Des Espagnols mattez de famine et de peste.

Les chevaux et les gens y seront si bien faits,
Et les murs d'Avignon si au vif contrefaits,
Et luy si bien gravé d'un visage semblable,
Qu'on ne le dira feint, mais chose veritable.
  Le Rhosne d'autre part dedans ses eaux couché,
Laschant la bride longue à son fleuve espanché
D'une cruche versée, ayant la dextre mise
Au menton herissé d'une moustache grise,
Et portant une rame en la senestre main,
Et une grand' fontaine au milieu de son sein,
Chantera sa louange, accordant sous les ondes
A l'hymne triomphal des Nymphes vagabondes,
Qui feront ses vertus deçà delà semer
Aux vents par l'univers entrans dedans la mer,
A fin qu'il n'y ait terre en ce monde, ny rive
Où de Montmorency la victoire n'arrive.
  Aprés je feray voir, compagnon du bon-heur
D'avoir vaincu Cesar, le bien-faict et l'honneur
Que sa vertu receut, quand il fut de grand-maistre
Erigé connestable, et qu'il eut en la dextre
Le sainct glaive royal, honneur qui ne se fait
Qu'à celuy qui par preuve aux armes est parfait,
Comme est Montmorency, dont la sage vaillance
A chassé plusieurs fois les ennemis de France.
  Sur les autres pilliers se verront engravez
Les magnanimes faits par luy-mesme achevez
Depuis huict ans passez, que Dieu mit la couronne
Sur le chef de Henry [1]; dont le renom fleuronne
Sur tous les autres Roys, comme Roy nompareil,
Pour croire de ton oncle au combat le conseil,
Qui le fera bien tost (s'il l'a tousjours pour guide)
Vaincre le monde entier soumis dessous sa bride.
  Prés de ce connestable, une marche plus bas,
Je mettray le portrait de toy, mon Mecenas,
Mon honneur, mon support, qui fais que la lumiere

---

1. Ces vers donnent, pour la date de la pièce, 1555;
puisque Henri II monta sur le trône en 1547.

Du jour plus que devant m'est plus douce et plus chere.
Je peindray sur ton chef un chappeau rougissant,
Puis au tour de ton col un roquet (¹) blanchissant
Sur l'esclat cramoisi d'une robbe pourprée,
De mainte belle histoire en cent lieux diaprée ;
Là, d'un art bien subtil j'ourdiray tout autour
La verité, la foy, l'esperance et l'amour,
Et toutes les vertus qui regnerent à l'heure
Que Saturne faisoit au monde sa demeure.
Sur ceste robbe aprés sera portrait le front
De Pinde et d'Helicon, et de Cyrrhe le mont,
Les antres Thespiens, et les sacrez rivages
De Pimple et de Parnasse, et les divins bocages
D'Ascre et de Libethrie, et de Heme le val,
Et Phebus qui conduit des neuf Muses le bal.
Les Muses y seront elles-mesmes empraintes,
Que ta vertu garda, lors qu'ell' estoient contraintes
La France abandonner, ne prenant à desdain,
Quand plus on les mocquoit, de leur tendre la main,
Caressant leur present, voire, et de leur promettre
(O nouvelle bonté !) quelquefois de les mettre
En paisible repos, pour les faire chanter
Je ne sçay quoy de grand qui te doit contenter.

A ton dextre costé je veux faire portraire
Sus un terme doré, notre admiral, ton frere,
Nostre François Neptune, ayant le mesme port
Et le front de celuy qui la mer eut en sort.
Je le peindray dessus une coche (²) esmaillée
De bleu, que trois dauphins à l'eschine escaillée
Traineront sous le joug, et Glauque qui fera
Semblant de les brider, tant bien peint il sera.
Il tiendra dans la dextre un trident venerable,
Dedans la gauche main une hache effroyable ;
Il regira de l'un les vagues de la mer,
Et de l'autre il fera semblant de faire armer

1. On dit aujourd'hui *un rochet*.
2. Une voiture, un char.

Nos escadrons François, soit pour donner bataille,
Soit pour gaigner d'assaut quelque forte muraille.
Il aura sur le chef un morion gravé,
Et sur le morion un panache eslevé,
Qui par ondes jou'ra le long de son eschine,
Et dessus le panache il aura peint un cygne,
Tel qu'on le voit errer par les prez Asiens
Paissant les doux replis des bords Meandriens.
  Au sommet du pillier, au milieu d'une frize,
Pour trophée pendra mainte navire prise,
Maint corselet captif, maints dards et maints escus
Ez batailles conquis, despouilles des vaincus.
  Aprés, tout à l'entour de la mesme colonne,
S'eslevera le camp, et les forts de Boulongne,
Et luy qui ne fera que commencer encor
A frizer son menton d'un petit crespe d'or,
Valeureux, chassera les Angloises cohortes
Pesle-mesle, à monceaux, tombantes dans leurs portes
Pasles d'effroy, de peur qui courra par leurs os,
Le voyant ja déja tout courbé sur leurs dos
Branler sa longue creste et sa pique homicide,
De la mesme façon qu'Achille Peleïde
Chassoit sous Ilion les Troyens qui trembloient,
Et l'un sur l'autre à foule en leurs portes tomboient,
De voir prés de leur dos l'ombre de son panache,
Et d'ouyr parmy l'air siffler sa grande hache.
Ainsi les ennemis fuiront devant sa main,
Le sang des Anglois morts fera rougir le sein
De Tethys, et leurs corps chargeront la campagne.
  Aprés sera portrait tout le camp d'Allemagne,
Chimets et Rodemarc, Mommedy, Danvillier,
Hedin, Yvoy, Dinant, où il fut le premier
Des soudars à l'assaut, prodigue de sa vie,
Pour monstrer par effet combien il a d'envie
De servir nostre Roy, et luy faire sçavoir
Qu'un plus vaillant que luy la France ne peut voir.
  Aprés, de la grand' mer et des ondes liquides
L'image sera peinte, et des sœurs Neréides,

D'Inon et des Tritons, qui bruiront ses vertus
Tout au sommet de l'eau dans leurs cornets tortus,
Flottans demi-poissons, à celle fin que l'onde
Soit pleine de son los, aussi bien que le monde,
Et que la Renommée espandue en tous lieux
Avecques sa trompette en remplisse les cieux.
 Suivant ce mesme rang, sera la portraiture
De ton frere second ; mais une nue obscure
Couvrira tout le haut de son armet cresté,
Pour le signe fatal de sa captivité.
Si sera-il pourtant l'un des Dieux de mon temple,
Bien qu'il soit prisonnier, en imitant l'exemple
Des plus grands Dieux du ciel, qui se virent bien mis
Quelquefois és prisons des Geans ennemis.
 Hercule fut-il pas l'esclave d'Eurysthée?
Et nonobstant aprés sa puissance indontée
L'assit entre les Dieux, bien qu'il eust mille fois
Senti de ce tyran les outrageuses loix.
Et toy, qui les soudars à la bataille guides,
Mars, ne fus-tu captif des freres Aloïdes?
Et toy, grand Jupiter, n'as-tu pas quelque temps
Esté le prisonnier des superbes Titans?
Et toutefois après ta captive misere,
Tu fus nommé des Dieux et des hommes le pere,
Et seul tenant la foudre esparse dans tes mains,
Tu as puni du ciel le vice des humains,
Regissant du sourci haut et bas toute chouse ;
Junon te secondant, ta sœur et ton espouse.
Qu'il prenne donc courage, et qu'il soit glorieux
D'avoir en son mal-heur pour compagnons les Dieux.
 Ainsi, mon Mecenas, dans ce temple de gloire
Je mettray ces portraits sacrez à la memoire,
A fin que des longs ans les cours s'entresuivans
Ne foulent point à bas leurs honneurs survivans,
Et que des Chastillons la maison estimée
Vive, maugré le temps, par longue renommée,
Pour avoir tant aimé les nombreuses douceurs
Dont Phebus Apollon anime les neuf Sœurs.

Et moy, leur grand poëte, au sainct jour de leur feste,
Ayant de verd laurier toute enceinte la teste,
Planté sur un genouil aux marches de l'autel,
Je feray resonner leur renom immortel
Aux nerfs les mieux-parlans de ma cithare courbe.
Ensemble, de la voix, je prescheray la tourbe
Espandue à l'entour, d'ensuivre la vertu,
Et que par autre poinct les Chastillons n'ont eu
Tiltres d'honneurs divins que pour avoir suivie
L'honorable vertu, tout le temps de leur vie,
Comme Hercule jadis, qui pour suivre en tout lieu
L'honneur et la vertu, d'homme se feit un Dieu.
   Aprés dedans le temple, imitant les antiques,
Je feray sacrifice aux esprits Olympiques,
Aux heros le second, et le troisiesme honneur
Sera du sacrifice à Jupiter sauveur.
Lors moy, le seul autheur d'un si divin office,
Je feray dignement le premier sacrifice,
Environné du peuple, à tes nobles ayeux,
Qui habitent l'Olympe assis au rang des Dieux,
Puis aux heros, qui sont tes deux freres qui vivent,
Et des preux demi-Dieux les beaux gestes ensuivent;
Et le troisiesme honneur aprés ces deux icy,
Ce sera pour ton oncle Anne Montmorency,
Mon Jupiter sauveur; car c'est luy qui ma teste
Veut sauver de la dent de ceste fiere beste
Que Styx contre le ciel asprement irrité
Conceut, et la nomma l'horrible pauvreté.
Dieux! faites que jamais, jamais je ne rencontre
Auprés de ma maison cet effroyable monstre!
Mais bien puisse tousjours ce cruel animal
Aller loger chez ceux qui me voudront du mal.
   Or je vais commencer maintenant à vous faire
Un sacrifice neuf qui vous pourra complaire,
Non par sang de taureaux, ou de vaches encor,
Ou de bœufs qui auront le haut des cornes d'or,
Tuez en hecatombe; ains je vous sacrifie,
Dés ores à vous tous, mon esprit et ma vie,

Mes Muses et ma plume; et si jure les eaux
De Pimple et de Pegase, et les tertres jumeaux
De Parnasse sacré, choses non perjurables
A ceux à qui les Sœurs se monstrent favorables,
Qu'ingrat je ne seray par le temps apperceu,
Du bien et de l'honneur que de vous j'ay receu ;
Et sans me reposer par les terres estranges
Tousjours de mieux en mieux j'envoiray les louanges,
Non pas de l'oncle seul, mais de tous les neveux,
Ausquels bien humblement j'appens icy mes vœux ;
Car soit que Lachesis de couper n'ait envie
Pour vingt ou pour trente ans la trame de ma vie,
Ou soit qu'elle et ses sœurs d'une eternelle main
Trenchent bien tost le fil de mon mestier humain ;
J'acheveray tousjours d'ourdir en ma pensée
De l'oncle et des nepveux l'histoire commencée.

(1560.)

A CHARLES DE PISSELEU,

Evesque de Condon. (¹)

Avant que l'homme soit en ce bas monde né,
Pour souffrir mille maux il est predestiné :
L'un meurt dedans son lict, l'autre meurt en la guerre,
L'autre meurt sus la mer, l'autre meurt sus la terre ;
Et quoy que l'on se cache és païs estrangers,
On ne fuit pour cela la mort, ny les dangers ;
Car mort, peine, souci, maladie et dommage
Sont ordonnez du ciel aux hommes en partage.
Si Dieu nous avoit faits exempts de tout mal-heur,
Comme anges, non sujets à peine et à douleur,
On ne cognoistroit point la vertu de prudence,

1. Retranché dans l'édition de 1584.

La magnanimité, la force et la constance,
Que cognoistre on ne peut en la prosperité
Quand Fortune nous rit; mais en l'adversité,
Lors que la maladie, ou lors que la tristesse,
Ou lors qu'en la prison le lien nous oppresse.
 Certes, mon Pisseleu, il n'est pas de besoin
Que l'homme soit tousjours delivré de tout soin;
Mais il faut quelquefois qu'à son tour il endure
Aprés un doux plaisir une tristesse dure,
S'il veut bien longuement son estre conserver;
Car qui voudroit tousjours en un poinct se trouver,
Il ne pourroit durer. Telles loix fit Nature
Dés le commencement à toute creature.
 On ne voit pas tousjours en mesme estat les cieux;
Quelquefois ils sont beaux, quelquefois pluvieux.
Aprés le renouveau vient l'esté, puis l'autonne,
L'hyver l'autonne suit, puis le printemps redonne.
Si donc tout est sujet à se muer souvent,
L'homme qui n'est sinon que fumée et que vent,
Comme le fils du temps, ne doit trouver estrange
Si quelquefois d'estat comme son pere il change;
Et nous voyons cela, pour mieux nous asseurer
Que rien ferme ne peut en ce monde durer.
 Quand il nous survient donc une fortune amere,
Il la faut prendre ainsi que s'elle estoit prospere,
Et ne murmurer point, mais patiens souffrir
Tout ce qu'il plaist à Dieu pour present nous offrir;
Comme tu fais, Prelat, que longue maladie,
Que playe mal-pansée aux despens de ta vie
N'a le cœur esbranlé ny le courage, esgal
A souffrir autant bien une joye qu'un mal.
 Aussi te souvenant de ceste horrible beste
Qui portoit en ses dents la foudre et la tempeste,
Laquelle eust bien esté d'Hercule la terreur,
Et des bois Marsians l'espouvantable horreur;
Tu prens cœur d'avoir eu la cuisse outrepersée
(Puis qu'il falloit ainsi que tu l'eusses blessée)
D'un si brave sanglier et non d'un daim craintif,

Ou de quelque chévreul devant les chiens fuitif.
Puis quand tu vois aussi qu'une telle fortune
Avecq tant de heros si vaillans t'est commune,
Tu la prens plus à gré; car c'est allegement
D'avoir des compagnons en un mesme tourment.
    L'Abantiade Idmon, grand augure et prophete,
Du sainct vouloir des Dieux aux hommes l'interprete,
Qui lisoit le futur és cœurs des animaux,
Qui entendoit la langue et le vol des oiseaux,
Vit d'un coup de sanglier sa vie terminée,
Et rien ne luy servit la chose devinée;
Bien qu'il eust eschappé les rocs Cyanéans
Et les cestes plombez des forts Bebrycians,
Quand Æsonide alloit avec sa troupe esleüe
Conquerir la toison de fin or crespelue,
Qui pendoit prés du Phase, au haut d'un chesne espars
Dans un bocage vert, joignant le champ de Mars.
    Ancée cognut bien quel homicide foudre
Porte cest animal, quand il rougist la poudre
De Calyde en son sang, voulant contre le gré
De Diane tuer le grand pourceau sacré
Qu'elle avoit envoyé, despite, contre Œnée,
Lequel ayant cueilly tous les fruits de l'année,
Avoit payé la disme à tous les immortels,
Ayant mis à mespris Diane et ses autels.
    Ulysse qui passa les hommes en faconde,
Qui fut le plus accort et le plus fin du monde,
Qui de nuict desroba le sainct Palladion,
Et desguisé cognut tous les forts d'Ilion,
Fut blessé d'un sanglier de telle cicatrice
Qu'il en fut recognu par sa vieille nourrice
Aprés vingt ans passez, un jour en luy lavant
Les pieds, lors qu'il estoit profondement révant
Comme il se vangeroit de l'amoureuse trope
Qui chez luy muguetoit sa femme Penelope.
    Courage donc, Prelat, et mets premierement
Ton esperance en Dieu, et le prie humblement
(Car c'est le Dieu benin, lequel jamais n'oublie

Soit tost ou tard, celuy qui de bon cœur le prie)
De t'envoyer santé ; au reste pren bon cœur,
Et ne laisse fouler ton courage au labeur ;
Et par un bon espoir ta fortune soulages,
Ayant pour compagnons de si grands personnages.

(1560.)

DISCOURS.

A JACQUES GREVIN. (¹)

Grevin, en tous mestiers on peut estre parfait :
Par longue experience un advocat est fait
Excellent en son art, et celuy qui practique
Dessus les corps humains un art hippocratique ;
Le sage philosophe, et le grave orateur,
Et celuy qui se dit des nombres inventeur
Par estude est sçavant, mais non pas le poëte ;
Car la Muse icy bas ne fut jamais parfaite,
Ny ne sera, Grevin : la haute Deïté
Ne veut pas tant d'honneur à nostre humanité
Imparfaicte et grossiere ; et pource elle n'est digne
De la perfection d'une fureur divine.
  Le don de poësie est semblable à ce feu,
Lequel aux nuits d'hyver comme un presage est veu
Ores dessus un fleuve, ores sus une prée,
Ores dessus le chef d'une forest sacrée
Sautant et jaillissant, jettant de toutes pars
Par l'obscur de la nuit de grands rayons espars ;
Le peuple le regarde, et de frayeur et crainte

---

1. Grévin fut longtemps le disciple et l'ami de Ronsard. Leurs opinions religieuses les divisèrent. Grévin écrivit contre son maître de violentes diatribes, et Ronsard effaça de ses écrits jusqu'au nom du disciple infidèle.

L'ame luy bat au corps, voyant la flame sainte.
A la fin la clarté de ce grand feu décroist,
Devient palle et blaffart, et plus il n'apparoist ;
En un mesme pays jamais il ne sejourne,
Et au lieu dont il part jamais il ne retourne ;
Il saute sans arrest de quartier en quartier,
Et jamais un païs de luy n'est heritier ;
Ains il se communique, et sa flame est monstrée
(Où moins on l'esperoit) en une autre contrée.
 Ainsi ny les Hebreux, les Grecs, ny les Romains,
N'ont eu la poësie entiere entre leurs mains ;
Elle a veu l'Allemagne, et a pris accroissance
Aux rives d'Angleterre, en Escosse et en France,
Sautant deçà delà, et prenant grand plaisir
En estrange pays divers hommes choisir,
Rendant de ses rayons la province allumée,
Mais bien tost sa lumiere en l'air est consumée.
La louange n'est pas tant seulement à un,
De tous elle est hostesse et visite un chacun,
Et sans avoir esgard aux biens ny à la race,
Favorisant chacun, un chacun elle embrasse.
 Quant à moy, mon Grevin, si mon nom espandu
S'enfle de quelque honneur, il m'est trop cher vendu,
Et ne sçay pas comment un autre s'en contente ;
Mais je sçay que mon art griefvement me tourmente,
Encore que, moy vif, je jouysse du bien
Qu'on donne aprés la mort au mort qui ne sent rien ;
Car pour avoir gousté les ondes de Permesse,
Je suis tout aggravé de somme et de paresse,
Inhabile, inutile ; et qui pis, je ne puis
Arracher cest humeur dont esclave je suis.
 Je suis opiniastre, indiscret, fantastique,
Farouche, soupçonneux, triste et melancholique,
Content et non content, mal propre et mal courtois ;
Au reste craignant Dieu, les Princes et les loix,
Né d'assez bon esprit, de nature assez bonne,
Qui pour rien ne voudrois avoir fasché personne ;
Voilà mon naturel, mon Grevin, et je croy

Que tous ceux de mon art ont tel vice que moy.
 Pour me recompenser, au moins si Calliope
M'avoit fait le meilleur des meilleurs de sa trope,
Et si j'estois en l'art qu'elle enseigne parfait,
De tant de passions je seroy satisfait ;
Mais me voyant sans plus icy demy-poëte,
Un mestier moins divin que le mien je souhaitte.
 Deux sortes il y a de mestiers sur le mont
Où les neuf belles Sœurs leur demeurance font :
L'un favorise à ceux qui riment et composent,
Qui les vers par leur nombre arrangent et disposent
Et sont du nom de vers dits versificateurs ;
Ils ne sont que de vers seulement inventeurs,
Froids, gelez et glacez, qui en naissant n'apportent,
Sinon un peu de vie, en laquelle ils avortent ;
Ils ne servent de rien qu'à donner des habits
A la canelle, au sucre, au gingembre et au ris ;
Ou si par trait de temps ils forcent la lumiere,
Si est-ce que sans nom ils demeurent derriere,
Et ne sont jamais leus ; car Phebus Apollon
Ne les a point touchez de son aspre éguillon.
Ils sont comme apprentifs, lesquels n'ont peu atteindre
A la perfection d'escrire ny de peindre ;
Sans plus ils gastent l'encre, et broyant la couleur,
Barbouillent un portrait d'inutile valeur.
 L'autre preside à ceux qui ont la fantaisie
Esprise ardantement du feu de poësie,
Qui n'abusent du nom, mais à la verité
Sont remplis de frayeur et de divinité.
 Quatre ou cinq seulement sont apparus au monde,
De Grecque nation, qui ont à la faconde
Accouplé le mystere, et d'un voile divers
Par fables ont caché le vray sens de leurs vers,
A fin que le vulgaire, amy de l'ignorance,
Ne comprit le mestier de leur belle science ;
Vulgaire qui se mocque, et qui met à mespris
Les mysteres sacrez, quand il les a compris.
 Ils furent les premiers qui la theologie,

Et le sçavoir hautain de nostre astrologie,
Par un art tres-subtil de fables ont voilé,
Et des yeux ignorans du peuple reculé.
Dieu les tient agitez, et jamais ne les laisse ;
D'un aiguillon ardant il les picque et les presse.
Ils ont les pieds à terre et l'esprit dans les cieux,
Le peuple les estime enragez, furieux ;
Ils errent par les bois, par les monts, par les prées,
Et jouissent tous seuls des Nymphes et des Fées.
  Entre ces deux mestiers, un mestier s'est trouvé,
Qui tenant le milieu pour bon est approuvé,
Et Dieu l'a concedé aux hommes, pour les faire
Apparoistre en renom par-dessus le vulgaire,
Duquel se sont polis mille autres artisans,
Lesquels sont estimez entre les mieux disans.
Par un vers heroïque ils ont mis en histoire
Des Princes et des Roys la prouesse et la gloire ;
Et comme serviteurs de Bellonne et de Mars,
Ont au son de leurs vers animé les soldars.
Ils ont sur l'eschaffaut par feintes presentée
La vie des humains en deux sortes chantée,
Imitant des grands Roys la triste affection
Et des peuples menus la commune action.
La plainte des seigneurs fut dite tragedie ;
L'action du commun fut dite comedie.
L'argument du comique est de toutes saisons,
Mais celuy du tragique est de peu de maisons.
D'Athenes, Troye, Argos, de Thebes et Mycenes
Sont pris les argumens qui conviennent aux scenes ;
Rome t'en a donné, que nous voyons ici,
Et crains que les François ne t'en donnent aussi.
  Jodelle le premier d'une plainte hardie,
Françoisement chanta la Grecque tragedie ;
Puis en changeant de ton, chanta devant nos Rois
La jeune comedie en langage François,
Et si bien les sonna que Sophocle et Menandre,
Tant fussent-ils sçavans, y eussent peu apprendre.
Et toy, Grevin aprés, toy mon Grevin encor,

Qui dores ton menton d'un petit crespe d'or,
A qui vingt et deux ans n'ont pas clos les années,
Tu nous as toutesfois les Muses amenées,
Et nous as surmontez, qui sommes ja grisons,
Et qui pensions avoir Phebus en nos maisons.
 Amour premierement te blessa la poitrine
Du dard venant des yeux d'une beauté divine,
Qu'en mille beaux papiers tu as chantée, à fin
Qu'une si belle ardeur ne prenne jamais fin ;
Puis tu voulus sçavoir des herbes la nature,
Tu te fis medecin, et d'une ardante cure
Doublement agité, tu appris les mestiers
D'Apollon, qui t'estime, et te suit volontiers,
A fin qu'en nostre France un seul Grevin assemble
La docte medecine et les vers tout ensemble.

LA GRENOUILLE. (1)

A REMY BELLEAU.

Nous t'estimons une Déesse,
Gente Grenouille, qui sans cesse
Au fond des ruisselets herbeux
Te desalteres quand tu veux ;
Et jamais la soif vehemente
Qui l'esté les gorges tourmente
Du pauvre peuple et des grands Rois,
Ne te tourmente ; car tu bois
(Hé Dieu, que je porte d'envie
Aux felicitez de ta vie !)
A gorge ouverte, sous les eaux,
Comme la royne des ruisseaux.

1. Ce poëme se trouve pour la derniere fois dans l'édition de 1578.

Quand tu es sur la rive herbue,
Aux rais du soleil estendue,
Que tu es aise ! Si un bœuf
Passe par là mourant de seuf,
Tu enfles contre la grand' beste
Si fort les veines de la teste,
Et coaces d'un si haut bruit,
Que de crainte le bœuf s'enfuit,
Toy demeurant sur l'herbe espesse,
Des ondes la seule maistresse.
  En ton royaume le serpent
Te combat, mais il se repent
Tout sur l'heure de t'avoir prise ;
Car tu luy tiens la teste mise
Si long-temps au fond du ruisseau,
Que tu l'estouffes dessous l'eau.
[En vain le heron t'est contraire,
T'espiant du bord solitaire
De quelque estang ; car il ne peut
Te digerer lorsqu'il le veut,
Et vive est contraint de te rendre
Pour s'enfuir quand on le vient prendre.
  Cela, Grenouille, que tu vois
Et par les champs et par les bois,
Est pour toy ; et ce que les prées,
Ce que tiennent les eaux sacrées
De bon en leur profond recoy,
N'est fait, Grenouille, que pour toy.] (¹)
  Le laboureur, à ta venue,
Joyeux de ton chant, te salue,
Comme prophete du printemps.
Ores tu predis le beau temps,
Ores la pluye, ores l'orage ;
Jamais ta bouche n'endommage
Ny herbe, ny plante, ny fruit,
Ny rien que la terre ait produit.

---

1. Ce passage a été retranché dans l'édition de 1578.

DES POEMES.

Tu vaus trop plus en medecine,
Qu'herbe, qu'onguent, ny que racine;
Et ton fiel en quelque saison
Donne au malade guarison.
Tu vaus contre le mal d'Hercule,
Ton gesier les venins recule
De ceux qu'empoisonner on veut;
Ta langue charmeresse peut
Faire conter à la pucelle
Les propos que veut sçavoir d'elle
Le jeune amant qui la poursuit,
La luy pendant au col de nuit.
  Bref, que diray-je plus? Ta vie
N'est comme la nostre asservie
A la langueur du temps malin;
Car bien-tost en l'eau tu prens fin,
Et nous trainons nos destinées
Quelquefois quatre-vingts années,
Et cent années quelquefois,
Et tu ne dures que six mois
Franche du temps, et de la peine
A laquelle la gent humaine
Est endebtée dés le jour
Qu'elle entre en ce commun sejour.
  Mais le don de ne vivre guiere,
Tu le dois à la singuliere
Bonté du ciel, qui ne fait pas
Tels dons à tous ceux d'icy bas;
[Car tu l'eus pour la recompense [1]
De la soudaine diligence
Que tu feis d'esveiller les Dieux
Quand les Geans seditieux,
Mechante race Titanine,
Escheloient la maison divine.
L'un Pinde sur le dos portoit,

1. Toute la fin de la pièce, à partir de ce vers, se trouve pour la dernière fois dans l'édition de 1573.

Sur l'autre Pelion estoit,
Et l'autre son eschine grosse
Courboit d'ahan sous le mont d'Osse.
Ja se fiant en leurs cent bras
Tenoient les cieux, et pas à pas
Ja de nuit entroient en la salle,
Où dedans sa chambre royale
Jupiter de somme tout plein
De sa femme embrassoit le sein ;
Chetif, qui n'avoit devinée
A son besoin sa destinée.
   Sur le haut d'Olympe branchu
Estoit un vieil marais jonchu,
Des Grenouilles douce demeure.
Elles qui sentirent à l'heure
De minuit le mont s'esbranler,
Firent un grand bruit parmy l'air,
Et leur coacer redoublerent
Si fort que les Dieux s'esveillerent
Tous en sursaut. Ainsi par vous
Les Geans accablez de coups,
My-morts, pour leur tombe receurent
Les monts dessous lesquels ils cheurent,
L'un deçà et l'autre delà ;
Car l'un renversé s'en alla
Dessous Æthne, et l'autre en l'abysme
Du mont enflammé d'Enarime.
   Or si quelqu'un doit recevoir
Quelque salaire pour avoir
D'un autre chanté la louange,
Octroye-moy pour contre-échange
De mes vers, un present nouveau
Aux premiers mois du renouveau :
C'est que ta voix un petit rude
N'approche jamais de l'estude
Ni du lict de mon cher Belleau.
   Ainsy, Grenouille, ainsy dans l'eau
Le heron becu ne te grippe,

Et le brochet dedans sa trippe
Jamais ne te puisse enfouir,
Et tousjours puisses-tu fuïr
La piece rouge hameçonnée,
Et jamais le sale hymenée
Du crapaud de venin couvert
Ne puisse souiller ton dos vert.]

(1560.)

STANCES

PROMPTEMENT FAITES POUR JOUER SUR LA LYRE, UN JOUEUR RESPONDANT A L'AUTRE, AU BAPTESME DU FILS DE MONSIEUR DE VILLEROY, EN FAVEUR DE MONSIEUR DE L'AUBESPINE A PRESENT.

I. JOUEUR.

Autant qu'au ciel on voit de flames
Dorer la nuict de leurs clartez,
Autant voit-on icy de Dames
Orner ce soir de leurs beautez.

II. JOUEUR.

Autant que l'on voit une prée
Fleurir en jeunes nouveautez,
Autant ceste troupe sacrée
S'enrichit de mille beautez.

I.

La Cyprine et les Graces nues,
Se desrobant de leur sejour,
Sont au festin icy venues,
Pour de la nuict faire un beau jour.

II.

Ce ne sont pas femmes mortelles
Qui nous esclairent de leurs yeux,
Ce sont Déesses eternelles,
Qui pour un soir quittent les cieux

I.

Quand Amour perdroit ses flaméches
Et ses dards trempez de soucy,
Il trouveroit assez de fléches
Aux yeux de ces Dames icy.

II.

Amour qui cause nos detresses
Par la cruauté de ses dards,
Fait son arc de leurs blondes tresses,
Et ses fléches de leurs regards.

I.

Il ne faut point que l'on desire
Qu'autre saison puisse arriver,
Voicy un printemps qui souspire
Ses fleurs au milieu de l'hyver.

II.

Ce mois de janvier qui surmonte
Avril par la vertu des yeux
De ces Damoiselles, fait honte
Au printemps le plus gracieux.

I.

Ce grand Dieu, prince du tonnerre,
Puisse sans moy l'air habiter.
Il me plaist bien de voir en terre
Ce qui peut blesser Jupiter.

II.

Les Dieux épris comme nous sommes,
Pour l'amour quittent leur sejour;
Mais je ne voy point que les hommes
Aillent là-haut faire l'amour.

I.

A la couleur des fleurs écloses
Ces Dames ont le teint pareil,
Aux blancs lys, aux vermeilles roses
Qui naissent comme le soleil.

II.

Leur blanche main est un yvoire,
De leurs yeux les astres se font;
Amour a planté sa victoire
Sus la majesté de leur front.

I.

Las! que ne suis-je en ceste trope
Un Dieu caché sous un toreau?
Je ravirois encore Europe
Au beau milieu de ce tropeau.

II.

Que n'ay-je d'un cygne la plume,
Pour jouir encore à plaisir
De ceste beauté qui m'allume
Le cœur de crainte et de desir?

I.

Amour qui tout void et dispense,
Ces Dames vueille contenter;
Et si la rigueur les offense,
Nouvel amy leur presenter.

II.

Afin qu'au changer de l'année,
Et au retour des jeunes fleurs,
Une meilleure destinée
Puisse commander à leurs cœurs.

(1573.)

LE FOURMY.

A REMY BELLEAU.

Puis que de moy tu as en don
Et ma Grenouille et mon Freslon,
Don bien petit, mais qui ne cede
Aux biens qu'un monarque possede,
Je te ferois tort, mon Remy,
Si un autre avoit ce Fourmy.
　　Mais, bons Dieux! que dira la France,
Qui tousjours m'a veu dés enfance
Sonner les Princes et les Rois,
Et maintenant que je devrois
Enfler d'avantage ma veine,
Me voit quasi perdre l'haleine,
M'amusant à je ne sçay quoy
Indigne de toy et de moy?
　　Or si à Virgile on veut croire,
On n'acquiert pas petite gloire
A traitter bien un œuvre bas;
Aussi tousjours il ne faut pas
Que le bon menestrier accorde
Tousjours un chant sus une corde,
Et qui voudra bien plaire, il faut
Ne chanter pas tousjours le haut.

Là donques, ma petite lyre,
Sonne, et laisse à la France dire
Cela que dire elle voudra;
L'homme grave qui ne prendra
Plaisir en si basse folie,
Aille fueilleter la Delie.
 Mais il est temps, mon cher Remy,
De louanger nostre Fourmy,
Que l'ingenieuse nature
Aime sur toute creature,
D'autant qu'il est caut à juger
Le futur, et grand mesnager
Du bien qu'il recelle en reserve,
A fin que l'hyver il luy serve,
Ayant un prudent souvenir
Que l'hyver doit bien tost venir,
Et qu'on meurt de faim en vieillesse
S'on ne travaille en la jeunesse.
 Mon Dieu! quand un ost de Fourmis
Aux champs de bon matin s'est mis,
Qu'il fait bon voir par la campagne
Marcher ceste troupe compagne
Au labeur ententivement!
L'un apporte un grain de froment,
Et l'autre cache dans sa gorge
Un grain de seigle, ou un grain d'orge;
L'autre qui voit son faix trop gros,
Ne le porte dessus le dos,
Mais d'une finesse ouvriere
Le traine du pied de derriere,
Dessus le devant s'efforçant,
Ainsi qu'un crocheteur puissant
Qui se courbe l'eschine large
Sous la pesanteur de sa charge;
Puis d'un long ordre s'en-revont
Par une sente estroite, et font
Tremeiller la campagne toute
Des noires ondes de leur route,

Allant porter à la maison
Le vivre de leur garnison,
Qu'ils ont avec soigneuse peine
L'esté conquis parmy la plaine.
   L'un est commis pour recevoir
Les plus chargez, l'autre pour voir
Les paresseux qui rien n'amassent;
Leurs republiques se compassent
Par loix, par Princes et par Rois.
   Apprenez d'eux, peuple François,
D'estre mesnagers, et d'attendre
L'heure qu'on doit le sien despendre,
Et d'amasser d'art studieux
Des biens à quand vous serez vieux.
C'est pour cela que les poëtes
Asseurent, Fourmis, que vous estes
Les ancestres des Myrmidons
Qui furent mesnagers tres-bons,
Et de ceux de l'isle d'Egine,
Nous monstrans par telle origine
Que les Myrmidons anciens
Et les peuples Egineens
Estoient soigneux de leur affaire,
Prevoyans l'heure necessaire,
Et qu'ils gardoient avarement
Les biens acquis peureusement. (*a*)
   L'Inde n'est point si precieuse
Pour sa perle delicieuse,
Que pour l'or que vous y trouvez.
Les cornes qu'au chef vous avez
Sont des merveilles de l'Asie.
   Nulle plaisante poësie,
Ou soit des Grecs ingenieux,

a. Var. (1578) :

Et qu'ils gardoient avecq' grand soin
Les biens acquis pour leur besoin.

Ou des Latins laborieux,
Sans vous ne fut jamais parfaite,
Ny ne pourroit; car le poëte
N'embellist ses vers seulement
D'un orage, ou d'un tremblement,
D'une mer aux vents courroucée,
Ou de quelque foudre eslancée;
Mais il embellit ses raisons
De dix mille comparaisons
Qu'il prend de vous, et des ouvrages
Que vous faites en vos mesnages.
 Nature à tous les animaux
N'a pas fait des presens esgaux;
Car aux uns des pieds elle donne,
Aux autres des ailes ordonne;
Mais à vous seuls donne des piez,
Et des ailerons despliez
Pour voler par le ciel grand erre,
Et pour marcher dessus la terre.
 Que diray plus? vous avisez
Les vents que vous prophetisez
Plus d'un jour devant leur venue.
La nature vous est cognue,
Et toutes les saisons des cieux;
Bref, vous estes de petits Dieux.
 Or gentils Fourmis, je vous prie,
Si un jour Belleau tient s'amie
A l'ombre de quelque fouteau,
Sous qui sera vostre troupeau,
Ne piquez point la chair douillette
De sa gentille mignonnette.

      (1560.)

CAPRICE.

AU SEIGNEUR SIMON NICOLAS. (¹)

Tout est perdu, Nicolas, tout s'empire,
Ce n'est plus rien que du François empire,
Le vice regne et la vertu s'enfuit;
Les grands seigneurs ont pris nouveau desduit,
Farceurs, boufons, courtisans pleins de ruses
Sont maintenant en la place des Muses,
Joueurs, larrons, fayneans, discoureurs,
Muguets, devins, querelleurs et jureurs.
   Rien n'apparoist de la saison derniere ;
Quand le soleil a baissé sa lumiere
La nuict survient, qui de son noir attour
Profondement enveloppe le jour.
   Que je regrette (ô Dieux!) que je regrette
Un si bon temps où la Muse brunette
Avoit en cour tant de lustre et de prix !
Où l'ignorance, où des foibles esprits,
Sans nul merite et sans aucune gloire,
N'avoient le bien des filles de Memoire :
Des nouveaux nays, des folastres mentons,
Esclos d'un jour, des petits avortons
Enflez d'honneurs, de pensions, de tiltres,
D'orgueil, de dons, de crosses et de mitres,
Laissans derriere à bouche ouverte ceux
Qui ont Thalie et Phœbus avec eux,

---

1. Cette pièce ne semble point avoir été publiée du vivant de Ronsard.

Nourris des Rois au sein des neuf Pucelles,
Pour les combler de graces immortelles!
  A peine, helas! à peine a-t'on chassé
La barbarie, où les gens du passé
Se délectoient (ô perverse influance!)
Qu'elle revient importuner la France
Plus que jamais : ha! les cieux ennemis
Auroient-ils bien ce desastre permis?
  Ouy, Nicolas, c'est un decret celeste ;
Nostre malice aux grands Dieux manifeste
Les y contraint, ouy, nos malignitez
Baillent naissance à telles mal-heurtez.
Ce n'est plus rien que fard, qu'hypocrisie,
Que brigandage et rien qu'apostasie,
Qu'erreur, que fraude en ce temps obscurcy ;
Le Turc vit mieux que l'on ne fait icy.
  Je me repens d'avoir tant eu de peine
Que d'amener Phœbus et sa neufvaine
En ce pays; il me fasche d'avoir
Premierement sur les rives du Loir
Conduit leurs pas en ma jeunesse tendre,
Quand le bel œil de ma belle Cassandre
Me sceut apprendre à chercher comme il faut
En beau subject un style brave et haut.
  Bien que l'envie, en tous lieux animée,
Se mutinast contre ma renommée
De toutes pars, et que mille rimeurs
Fussent aux champs en despit des neuf Sœurs,
Je passay outre, amenant de la Grece
Leur troupeau sainct, dont la voix charmeresse
Par mon labeur en la faveur des Rois,
Donna le prix au langage François.
Tu le sçais bien, tu veis mon premier âge,
Tu me cogneus, deslors que j'estois page
A ce grand Roy qui devoit, sans l'effort
D'un accident, darder son nom du bord
Où le soleil éveille sa paupiere,
Jusqu'où il tombe en l'onde mariniere.

Que m'a servi de me travailler tant,
D'un bras vainqueur l'ignorance domtant,
Si par aveu elle se rend plus forte ;
Si les plus grands ores luy font escorte,
Passionnez d'un langage tardé,
Que les neuf Sœurs n'ont jamais regardé,
D'un vers trainant, d'une prose rimée,
De qui leur ame est si tres-affamée,
Que si Virgile esclairoit à leurs yeux,
Il leur seroit je m'asseure ennuyeux?

Desja ma teste est de neige couverte,
Ma force est lente et ma veine deserte,
Pour terrasser encores derechef
Ce monstre infame espouvantable au chef.
Puis mon bon Prince a faict joug à la Parque ;
Charles, ce grand, ce genereux monarque,
De qui le front, peuplé de lauriers vers,
Daignoit pancher aux accords de mes vers ;
La Mort l'a pris en sa premiere course,
Et quant et quant elle a tari la source
Où je puisois ceste douce liqueur
Qui m'eschauffoit les esprits et le cœur.
Le temps qui est de toutes choses maistre,
Peut-estre un jour icy bas fera naistre
Quelque ame vive, à fin de s'opposer
Contre l'erreur qui nous veut abuser ;
Car Dieu, qui est tout prevoyant et sage,
Ne permettra que ce desavantage
Dure long-temps, et que son traict poinctu
Triomphe ainsi du faict de la vertu.
Tousjours la mer à son bord ne tempeste,
Le vent tousjours ne deplume la teste
Des chesnes vieux, ny tousjours bonds sur bonds
Les feux du ciel n'espouvantent les monts.

Qui que tu sois, à qui la Pieride
Fera ce bien, pren ma voix pour ton guide,
Escoute-moy, s'il te plaist de ramer
Asseurément en si profonde mer.

Promeine-toy dans les plaines Attiques,
Fay nouveaux mots, r'appelle les antiques,
Voy les Romains, et destiné du ciel,
Desrobe, ainsi que les mouches à miel,
Leurs belles fleurs par les Charites peintes.
Lors sans viser aux jalouses attaintes
Des mal-vueillans, formes-en les douceurs
Que Melpomene inspire dans les cœurs!
J'ay fait ainsi : toutesfois ce vulgaire,
A qui jamais je n'ay peu satisfaire,
Ny n'ay voulu, me fascha tellement
De son japper en mon advenement,
Quand je hantay les eaux de Castalie,
Que nostre langue en est moins embellie;
Car elle est manque, et faut de l'action
Pour la conduire à sa perfection.

Cherche un renom qui les âge surmonte,
Un bruit qui dure, une gloire qui monte
Jusqu'aux nepveux, et tente à cet effect,
Si tu veux estre un poëte parfaict,
Mille subjects de mille et mille modes,
Chants pastoraux, hymnes, poëmes, odes;
Fuyant sur tout ces vulgaires façons,
Ces vers sans art, ces nouvelles chansons,
Qui n'auront bruit à la suite des âges,
Qu'entre les mains des filles et des pages.

Que le beau nom des Princes et des Rois
Soit ton subject, et le Porte-Carquois;
Par ce chemin loin des tourbes menues,
A branle d'aile on vole outre les nues,
Se couronnant à la posterité,
Des rameaux saincts de l'immortalité.

Mais, Nicolas, Bellonne est à nos portes,
Ja desja Mars et ses fieres cohortes
Sonnent la guerre; hé! bons Dieux, qui pourroit,
Quand un Homere il parangonneroit,
Qui pourroit faire esclairer la science
Parmy les maux qui regardent la France?

Le Roy (dit-on) n'aura jamais d'enfans,
Son heritier dés ses plus jeunes ans
Ayme la guerre, il est haut de courage,
Prompt et actif, il est caut, il est sage ;
Bref c'est un foudre, un astre des combats ;
Et toutesfois ne le voudra-t'on pas
En survivance (¹); ah ! que de fiers gendarmes,
Ah ! que de feux ! que d'horribles alarmes !
Que de pitié ! que de sang ! que de morts !
Que d'estrangers ancreront à nos ports !
Tout est perdu, la France est à son terme,
Si le bon Dieu, comme le feu saint Herme,
Ne fait descendre en l'esprit d'un tel Roy
Son Esprit Sainct pour le ranger à soy.

Or s'il advient, ceste saison dorée,
Qui fut jadis par le monde honorée,
Refleurira, tous vices periront,
Sans coup ferir les erreurs s'en-iront
Des reformez qui vivent en franchise ;
En son honneur la primitive Eglise
Se remettra comme premierement,
Et pour combler un tel evenement,
Dans nos citez comme dans leurs campagnes,
De jour, de nuict les neuf Muses compagnes,
Filles du ciel, iront comme devant
Sous la faveur d'un salutaire vent,
Faisant marcher de province en province
Le nom sacré d'un si valeureux Prince
A l'environ de ce grand univers,
Car le merite esclaire par les vers.

Je l'ay cogneu dés sa premiere enfance,
Comme ayant pris mon estre et ma naissance

---

1. Cette pièce fut écrite sous Henry III et c'est du Roy de Navarre que parle ici Ronsard. Les accents du poète, qui ne manquent ni de grandeur ni de fermeté, s'élèvent jusqu'à la prophétie. Il entrevoit d'avance le règne de celui

Qui fut de ses sujets le vainqueur et le père.

Dans le pays qui fleschit à sa loy ; (¹)
Rien n'est meilleur, rien plus doux que ce Roy,
Rien plus humain, rien n'est de plus affable,
Ce n'est qu'amour, il n'est rien de semblable ;
(O Nicolas) nous serions trop pleins d'heur
De vivre un jour vassaux de sa Grandeur.

   Donne, grand Dieu, que ce bon-heur arrive,
Si ton vouloir, durant ses jours, nous prive
De ce grand Roy qui nous baille ses loix,
Et s'il te plaist que le nom de Valois
Cede aux Bourbons, sortis de mesme race,
Car tout succombe et toute chose passe.

   Donne, Seigneur, qu'en toutes les saisons
Le bon-heur vole autour de leurs maisons,
L'amour, la paix, et la foy qui nous guide
Là haut au ciel où le vray bien reside.

   Fay que tout vice esloigne leurs citez ;
Escartes-en les salles voluptez,
Les trahisons, les meurtres, les querelles ;
Escartes-en ces damnables sequelles
De brelandiers, de farceurs, de plaisans,
Qui sont tousjours avec les courtisans,
Et qu'en leur place, au comble de sa gloire,
Le docte chœur des filles de Memoire,
Comme devant, y fleurisse tousjours,
Tant que Phœbus allumera les jours
En Orient, et que toute infortune,
Tout noir meschef, toute influence brune
Escarte loing son estoc et son dard
De Nicolas et du chef de Ronsard.

1. Henry IV porta dans son enfance le titre de Duc de Vendôme.

FANTAISIE A SA DAME.

En vers non mesurés. (¹)

Il estoit nuit et le present des cieux
Plus doux que miel couloit dedans mes yeux,
Lors que par l'air je me senty ravi
Et transformer en nue je me vi
Pleine d'amour et de perseverance,
De loyauté, d'attente et d'esperance.
  Aprés avoir, ce me sembloit, erré
Par tout le ciel, de la nue enserré,
Vos yeux sur moy leurs rayons espandirent
Et comme neige au soleil me fondirent ;
Si que d'en haut je pleuvoy l'esperance,
La foy, l'amour et la perseverance.
  En un rocher aprés il me sembla
Que tout mon corps vistement s'assembla.
Le ciel depit me tourmentant la teste
Ore de gresle et ore de tempeste,
Le vent mon dos, et la mer rudement
Se courrouçoit contre mon fondement,
Voulant la foy rompre et diminuer
Que je vous veux tousjours continuer.
  Mais en pensant au tourment de ma peine
Pour la rigueur dont vous estes tant pleine,
De trop pleurer en larmes distillois
Et peu à peu fontaine je coulois ;
Si que par prez et par bois en fuyant
J'allois tousjours murmurant et bruyant

---

1. Cette pièce, supprimée après l'édition de 1560, ne se trouve plus même dans le Recueil des œuvres retranchées.

Contre mes bords vostre nom que j'adore,
Nom que je puis et le veux faire encore,
Par cent papiers, des longs siecles vainqueur
Pour estre escript si avant en mon cœur.
  Et tout ainsy que j'avoy dans ce monde
Fait eternel vostre nom par mon onde,
Voulant remplir tout le ciel de son los,
La plume aux flancs, l'aisle me creust au dos;
Et, nouveau cygne, allois par l'univers
Chantant de vous les louanges en vers,
Pour luy monstrer combien estes sacrée
Vous seule idole à l'amour consacrée.
  En mesme temps me fust avis aussi
Que j'estois fleur qu'on nomme du soucy,
Qui meurt et pend sa teste languissante
Quand ell' n'est plus du soleil jouissante;
Mais aussi tost que l'Aurore vermeille
Hors de la mer la lumiere reveille,
Elle renaist, sa vie mesurant
Au seul regard d'un beau soleil durant.
Ainsi l'ame et le cœur on m'arrache
Quand le soleil de ma vie on me cache,
J'enten vostre œil; puis je suis renaissant
Incontinent qu'il m'est apparoissant.
  De ceste fleur je devins umbre, vide
Du premier corps qui me servoit de guide;
Seule en errant le vostre je suyvois
Et de vous veoir, madame, je vivois.
Mais quand la nuit venoit le jour troubler,
Lors je sentoy mon plaisir redoubler,
Vous voyant seule en vostre chambre nue
Monstrer la jambe et la cuisse charnue,
Ce corps, ce ventre et ce sein coloré,
Ainçois ivoire en œuvre elabouré,
Où j'avisois une et une autre pomme
Dans cette neige aller et venir comme
Les ondes font se jouant à leur bord
Quand le vent n'est ne tranquille ne fort.

D'une umbre vaine un navire j'estoy,
Et pour ma charge estrange je portoy
De Cupidon les carquois et les fleches
Et de Venus les brandons et les meches,
Que vos beaux yeux sçavent si bien darder
A qui les vient de trop prés regarder ;
Lors que le ciel sur moi se despita
Et tellement les vagues irrita
Que, sans espoir, de l'orage brisé,
Je perissois si je n'eusse avisé,
Parmy l'obscur de la trouble menace,
Le port heureux de vostre bonne grace.
   En vous voyant d'assez loing, me sembloit
Que vostre corps à Venus ressembloit,
Et que sur moy mittes la main vermeille
Pour me sauver, et sur ce je m'éveille.

(1560.)

FIN DES POEMES.

LES
GAYETEZ
ET
LES EPIGRAMMES
DE

P. DE RONSARD
Gentilhomme Vandosmois,

DEDIEZ

A JEAN ANTHOINE DE BAÏF.

AVERTISSEMENT.

On trouve les *Gayetez de Ronsard* dans toutes les impressions de ses œuvres complètes, depuis celle de 1587 jusqu'à celle de 1629-1630, qui fut la dernière.

Dans les éditions de Paris elles sont placées à la suite de la huitième partie, contenant les Hymnes. — Dans celle de Lyon (Soubron, 1592, 5 vol. in-12) elles sont à la fin du 1er volume.

Elles ont été aussi imprimées à part, en 1553 (in-8º, à Paris, chez la veuve Maurice de Laporte), et en 1584 (in-12, sans nom de lieu), sous le titre de : *Livret de Folastries, à Janot Parisien, plus quelques Épigrammes grecz et des Dithyrambes chantez au Bouc de E. Jodelle, poëte tragiq.* Avec cette épigraphe :

> *Nam castum esse decet pium poetam*
> *Ipsum, versiculos nihil necesse est.*
> CATULLUS.

Ces deux éditions, de chacune desquelles on ne connaît guère qu'un seul exemplaire, ont été exactement décrites par M. Brunet, dans le tome IV du *Manuel du libraire* (Paris, Didot, 1863).

Une reproduction en a été faite il y a quelques années, en 1 vol. in-12 tiré à cent exemplaires.

Outre les *Gayetez*, le *Livret de Folastries* contient quelques pièces de vers, qui ne se voient dans aucune des éditions de Ronsard, mais qui sont indubitablement de lui.

Th. de Bèze, Florent Chrétien, Grevin et ses autres ennemis politiques, qui le savaient bien, lui ont assez reproché ces folies de jeunesse. Je ne serais même pas éloigné de croire que c'est à eux qu'on doit la réimpression des *Folastries* faite en 1584, presque à la veille de la mort du poëte et certainement sans son aveu; car il était devenu fort pieux à cette époque.

D'autres pièces libres, qu'il avait commises, soit dans des moments d'abandon, soit pour complaire aux goûts d'une cour immorale et dépravée, n'ont vu le jour qu'après lui, dans les *Fleurs des plus excellents poëtes de ce temps* (Paris, Bonfons, 1601, in-12), où l'éditeur a fait le plus singulier mélange du sacré et du profane, dans le *Cabinet satyrique*, dans la *Quintessence satyrique* et dans les *Muses gaillardes*. ([1])

Quelques-unes mêmes, restées inédites, se lisent dans deux manuscrits de la Bibliothèque impériale, qui semblent avoir appartenu à Nicolas de Neufville, sieur de Villeroy.

Enfin il a été publié (Amsterdam; lisez: Bru-

1. Ces divers Recueils sont décrits dans le *Manuel du libraire* de M. Brunet.

xelles, 1865, in-12) une réimpression trop complète des *Gayetez de Ronsard*, reproduite d'après une prétendue édition de Pico (Turin, 1573), et tirée à 110 exemplaires. Je pense que cette soi-disant édition de Turin n'a jamais existé, et que l'impression belge a été faite d'après une copie subreptice de pièces, qui avaient été recueillies pour être gardées dans le musée secret d'un bibliophile. Quoi qu'il en soit, afin d'être aussi complet que les convenances le permettent, je désigne ci-dessous, par leurs premiers mots, les pièces que leur crudité de langage ne m'a pas permis de livrer à l'impression (1) et j'indique les recueils anciens où les bibliomanes (qui n'auraient pas la réimpression belge des *Gayetez*) pourront les retrouver; savoir :

1° Deux odes :

    I. — Tu te mocques, jeune ribaude...
    II. — Contente-toy d'un poinct...

dans le *Livret de Folastries*, dans les *Fleurs des plus excellents poëtes de ce temps*, et dans le *Cabinet satyrique*.

2° Une folastrie :

    En cependant que la jeunesse...

dans le *Livret de Folastries*.

3° Deux sonnets :

    I. — Lance au bout d'or...
    II. — Je te salue, ô vermeillette...

---

1. Quelques coupures peu importantes ont dû être faites dans les Gayetez III, V, VI et VII.

dans le *Livret de Folastries* et dans le *Cabinet satyrique*.

4° Trois sonnets :
I. — En quelle nuict, de ma lance d'ivoire...
II. — Douce lancette, à la couleur vermeille...
III. — Touche de main mignonne, fretillarde...

dans la *Quintessence satyrique*.

5° *La Bouquinade*, dans le *Cabinet satyrique*.

6° Enfin trois sonnets dont il n'est pas possible de citer même le premier vers ;

Deux épigrammes :
I. — Thevet avoit bien fréquenté...
II. — Bonhomme, si tu perds les yeux...

Plus quelques épigrammes du même style et qu'on peut attribuer à Ronsard :
I. — Saint-Luc, petit qu'il est, commande bravement.
II. — Quand ce beau Maugeron print naissance icy-bas.
III. — Quelus n'entend pas la maniere...
IV. — Bidet, que l'orgueil ne vous pique...
V. — Je croy qu'il veut sçavoir que c'est de l'Evangile.
VI. — Ceux qui vont revirant l'Evangile avéré...
VII. — Brissac aime tant l'artifice...

se trouvent aux manuscrits de la Bibliothèque impériale : $\frac{7652}{3.3.}$ et $\frac{7652}{3.3.A.}$

LES GAYETEZ
ET
LES EPIGRAMMES
DE
P. DE RONSARD.

A JEAN ANTHOINE DE BAÏF.

GAYETÉ I.

A qui don'ray-je ces sornettes
Et ces mignardes chansonnettes?
A toy, mon Janot; car tousjours
Tu as fait cas de mes Amours,
Et as estimé quelque chose
Les vers raillars que je compose;
Aussi je n'ay point de mignon
Ny de plus aimé compagnon
Que toy, mon petit œil, que j'aime
Autant ou plus que mon cœur mesme,
Attendu que tu m'aimes mieux
Ny que ton cœur, ny que tes yeux.
  Pour ce, mon Janot, je te livre
Ce qui est gay dedans ce livre,

Ce qui est de mignardelet
Dedans ce livre nouvelet,
Livre que les Sœurs Thespiennes
Dessus les rives Pimpléennes
Ravy me firent concevoir,
Quand, jeune garçon, j'allay voir
Le brisement de leur cadance
Et Apollon le guide-dance.
   Pren-le donc, Janot, tel qu'il est;
Il me plaira beaucoup s'il plaist
A ta muse grecque-latine,
Compagne de la Doratine, ([1])
Et sois fauteur de son renom,
De nostre amour et de mon nom,
A fin que toy, moy, et mon livre
Plus d'un siecle puissions revivre.

(1560[2].)

GAYETÉ II.

Assez vray'ment on ne revere
Les divines bourdes d'Homere,
Qui dit qu'on ne sçauroit avoir
Si grand plaisir que de se voir

---

1. Dans le *Livret de Folastries* on lit *Rodatine;* mais il s'agit évidemment de Daurat.

2. Cette date est celle de la première édition des œuvres de Ronsard, ainsi intitulée : *Les Œuvres de P. de Ronsard, gentil-homme vandomois, rédigées en quatre tomes,* etc. Paris, Gabriel Buon, 1560. 4 vol. in-16.

Nous continuons à donner le texte de chaque pièce d'après l'édition où elle a paru pour la première fois, le texte de 1560 étant considéré comme type et comme point de départ.

Entre ses amis à la table,
Quand un menestrier delectable
Paist l'oreille d'une chanson,
Et quand l'oste-soif echanson
Fait aller en rond par la troupe
De main en main la pleine coupe.
  Je te salue, heureux boiveur,
Des meilleurs le meilleur resveur ;
Je te salue, ô bon Homere !
Tes vers cachent quelque mystere :
Il me plaist de voir si ce vin
M'ouvrira leur secret divin.
  Iô ! je l'entens, chere troupe,
La seule odeur de ceste coupe
M'a fait un rapsode gaillard
Pour bien entendre ce vieillard.
  Tu voulois dire, bon Homere,
Qu'on doit faire tres-bonne chere
Tandis que l'age et la saison
Et la peu maistresse Raison
Permettent à nostre jeunesse
Les libertez de la liesse,
Sans avoir soin du lendemain ;
Mais d'un hanap de main en main,
D'une trepignante cadance,
D'un rouër autour de la dance,
De meutes de chiens par les bois,
De luths mariez à la vois,
D'un flus, d'un dé, d'une premiere,
D'une belle fleur printaniere,
D'une pucelle de quinze ans
Et de mille autres jeux plaisans
Donner soulas à nostre vie,
Qui bien tost nous sera ravie.
  Moy donq, au logis de sejour
En ce temps d'hyver, que le jour
N'a pas de longueur une brasse,
Et l'eau se bride d'une glace ;

Ores que les vents outrageux
Demenent un bruit orageux ;
Ores que les douces gorgettes
Des Dauliennes sont muettes ;
Ores qu'au soir on ne voit plus
Danser par les antres reclus
Les Pans avecques les Dryades,
Ny sur les rives les Naïades ;
Que feroy-je en telle saison,
Sinon oiseux à la maison,
Ensuyvant l'oracle d'Homere,
Prés du feu faire bonne chere,
Et souvent baigner mon cerveau
Dans la liqueur d'un vin nouveau,
Qui tousjours traine pour compaigne
Ou la rostie ou la chastaigne ?

 En ceste grande coupe d'or
Verse, page, et reverse encor ;
Il me plaist de noyer ma peine
Au fond de ceste tasse pleine,
Et d'estrangler avec le vin
Mon souci qui n'a point de fin,
Non plus que l'entraille immortelle
Que l'aigle sans cesse bourrelle ;
Tant les attraits d'un œil vainqueur
Le font renaistre dans mon cœur.

 Çà ! page, donne ce Catulle,
Donne-moy Tibulle et Marulle,
Donne ma lyre et mon archet,
Depens-la tost de ce crochet ;
Viste donq, à fin que je chante,
A fin que par mes vers j'enchante
Ce soin que l'Amour trop cruel
Fait mon hoste perpetuel.

 O pere, ô Bacchus ! je te prie,
Que ta saincte fureur me lie
Dessous ton thyrse, à celle fin,
O pere ! que j'erre sans fin

Par tes montaignes reculées
Et par l'horreur de tes valées.
  Ce n'est pas moy, las ! ce n'est pas
Qui dedaigne suivre tes pas,
Et couvert de lierre, brere
Par la Thrace : Evan ! pourveu, pere,
Las ! pourveu, pere, las ! pourveu
Que ta flame esteigne le feu
Qu'Amour, de ses rouges tenailles,
Me tournasse par les entrailles.
                      (1560.)

LES PLAISIRS RUSTIQUES.

A MAURICE DE LA PORTE. [1]

En ce-pendant que le pesteux autonne
Tes citoyens l'un sur l'autre moissonne,
Et que Charon a les bras tout lassez
D'avoir déja tant de manes passez ;
Icy fuyant ta ville perilleuse,
Je suis venu prés de Marne l'Isleuse,
Non guere loin d'où le cours de ses eaux
D'un bras fourchu baigne les pieds de Meaux ;
Meaux, dont Bacchus soigneux a pris la garde,
Et d'un bon œil ses colines regarde,
Riches de vin, qui n'est point surmonté
Du vin d'Aï en friande bonté.
Non seulement Bacchus les favorise,
Mais sa compagne et le pasteur d'Amphryse,

---

1. Dans l'édition de 1560, cette pièce est intitulée :
Epistre à Ambroise de La Porte.

L'une y faisant les espics blondoyer,
L'autre à foyson les herbes verdoyer.
 Dés le matin que l'aube safranée
A du beau jour la clairté ramenée,
Et dés midy jusqu'aux rayons couchans,
Tout esgaré je m'enfuy par les champs,
A humer l'air, à voir les belles prées,
A contempler les colines pamprées,
A voir de loin la charge des pommiers
Presque rompus de leurs fruits autonniers,
A repousser sur l'herbe verdelette
A tour de bras l'esteuf d'une palette,
A voir couler sur Marne les bateaux,
A me cacher dans le jonc des isleaux.
Ores je suy quelque lievre à la trace,
Or' la perdris je couvre à la tirace,
Or' d'une ligne apastant l'hameçon,
Loin haut de l'eau j'enleve le poisson ;
Or' dans les trous d'une isle tortueuse
Je vay cherchant l'escrevice cancreuse,
Or' je me baigne, ou couché sur les bors,
Sans y penser à l'envers je m'endors.
 Puis reveillé, ma guitterre je touche,
Et m'adossant contre une vieille souche,
Je dy les vers que Tityre chantoit
Quand prés d'Auguste encores il n'estoit,
Et qu'il pleuroit au Mantoüan rivage,
Déja barbu, son desert heritage.
Ainsi jadis Alexandre le blond,
Le beau Pâris, appuyé sur un tronc,
Harpoit, alors qu'il vit parmy les nues
Venir à luy les trois Déesses nues.
Devant les trois, Mercure le premier
Partissoit l'air de son pied talonnier,
Ayant és mains la pomme d'or saisie,
Le commun mal d'Europe et de l'Asie.
 Mais d'autant plus que, poete, j'aime mieux
Le bon Bacchus que tous les autres Dieux ;

Sur tous plaisirs la vendange m'agrée,
A voir tomber ceste manne pourprée
Qu'à pieds deschaux un gascheur fait couler
Dedans la cuve à force de fouler.
 Sur les coutaux marche d'ordre une troupe ;
L'un les raisins d'une serpette coupe,
L'autre les porte en sa hotte au pressouer,
L'un tout autour du pivot fait rouër
La viz qui geint, l'autre le marc asserre
En un monceau, et d'aiz pressez le serre ;
L'un met à l'anche un panier attaché,
L'autre reçoit le pepin escaché ;
L'un tient le muy, l'autre le vin entonne,
Un bruit se fait, le pressouer en resonne.
 Voilà, La Porte, en quel plaisir je suis
Or' que ta ville espouvanté je fuis ;
Or' que l'autonne espanche son usure,
Et que la Livre (¹) à juste poids mesure
La nuict égale avec les jours égaux,
Et que les jours ne sont ne froids ne chauds.
 Quelque plaisir toutefois qui me tienne,
Faire ne puis qu'il ne me ressouvienne
De ton Paris, et que tousjours escrit
Ce grand Paris ne soit en mon esprit.
Je te promets qu'aussi tost que la bise
Hors des forests aura la fueille mise,
Faisant des prez la verte robe choir,
Que d'un pied prompt je courray pour revoir
Mes compagnons et mes livres, que j'aime
Plus mille fois que toy ny que moy-mesme.
      (1560.)

1. *Libra* : la Balance, signe du Zodiaque, époque de l'équinoxe d'automne.

L'ALOUETTE.

Hé Dieu! que je porte d'envie
Aux plaisirs de ta douce vie.
Alouëtte, qui de l'amour
Caquettes dés le poinct du jour,
Lorsque des aisles tu secoues
La rosée quand tu te joues! (a)
Devant que Phœbus soit levé
Tu enleves ton corps lavé
Pour l'essuyer prés de la nue,
Tremoussant d'une aile menue;
En te sourdant à petits bons,
Tu dis en l'air de si doux sons
Composez de ta tirelire,
Qu'il n'est amant qui ne desire,
T'oyant chanter au renouveau,
Comme toy devenir oyseau.
   Puis quand tu t'es bien eslancée,
Tu tombes, comme une fusée
Qu'une jeune pucelle au soir
De sa quenouille laisse choir,
Quand au fouyer elle sommeille,
Penchant à front baissé l'oreille; (b)

a. Var. (1578) :

Secouant en l'air la rosée
Dont ta plume est toute arrousée!

b. Var. (1578) :

Frappant son sein de son oreille;

Ou bien quand en filant le jour
Voit celuy qui luy fait l'amour
Venir prés d'elle à l'impourveue,
De honte elle abbaisse la veue,
Et son tors fuseau delié
Loin de sa main roule à son pié.
Ainsi tu fonds, mon alouëtte,
Ma doucelette mignonnette,
Aloüette que j'aime mieux
Que tous oiseaux qui sont aux cieux. (*a*)
 Tu vis sans offenser personne ;
Ton bec innocent ne moissonne
Le froment, comme ces oiseaux
Qui font aux hommes mille maux,
Soit que le bled rongent en herbe,
Ou soit qu'ils l'égrainent en gerbe ;
Mais tu vis par les sillons vers
De petits fourmis et de vers ;
Ou d'une mouche ou d'une achée
Tu portes aux tiens la bechée,
Ou d'une chenille qui sort
Des feuilles quand l'hiver est mort. (*b*)
 Et pource à grand tort les poëtes
Vous accusent, vous, alouëttes,
D'avoir vostre pere hay
Jadis jusqu'à l'avoir trahy,
Coupant de sa teste royale
La blonde perruque fatale,

a. Var. (1584) :

Qui plus qu'un rossignol me plais
Qui chante en un boccage espais.

b. Var. (1587) :

A tes fils non encor ailez,
D'un blond duvet emmantelez.

En laquelle un crin d'or portoit
En qui toute sa force estoit.
Mais quoy! vous n'estes pas seulettes
A qui les mensongers poëtes
Ont fait grand tort : dedans le bois
Le rossignol à haute vois,
Caché dessous quelque verdure,
Se plaint d'eux, et leur dit injure.
Si fait bien l'arondelle aussi
Quand elle chante son cossi ;
Ne laissez pas pourtant de dire
Mieux que devant la tirelire,
Et faites crever par despit
Ces menteurs de ce qu'ils ont dit.

  Ne laissez pour cela de vivre
Joyeusement, et de poursuivre,
A chaque retour du printemps,
Vos accoustumez passetemps.
Ainsi jamais la main pillarde
D'une pastourelle mignarde
Parmy les sillons espiant
Vostre nouveau nid pepiant,
Quand vous chantez ne le derobe
Dedans les replis de sa robe,
Et ne l'emporte en sa maison,
Pour l'enfermer dans la prison
D'une cage que ses mains blanches
Ont basti de petites branches,
Lors qu'oysive auprés d'un buisson
Elle degoise sa chanson. (1)

(1560.)

---

1. Dans l'édition de 1578 et les suivantes, les six derniers vers sont remplacés par ce gracieux quatrain :

> Vivez, oiseaux, et vous haussez
> Tousjours en l'air, et annoncez
> De vostre chant et de vostre aile
> Que le printemps se renouvelle.

LE FRESLON.

A REMY BELLEAU,
Poëte.

Qui ne te chanteroit, freslon,
De qui le piquant aiguillon
Releva l'asne de Silene,
Quand les Indois parmi la plaine
Au milieu des sanglans combas
Le firent tresbucher à bas?
Bien peu servoit au vieillard d'estre
De Bacchus gouverneur et prestre;
Captif ils l'eussent fait mourir,
Sans toy qui le vins secourir.
  Déja la troupe des Menades,
Des Mimallons et des Thyades
Tournoit le dos, et de Bacchus
Ja déja les soldats vaincus
Jettoient leurs lances enthyrsées
Et leurs armeures herissées
De peaux de lynces, et leur roy
Déja fuyoit en desarroy,
Quand Jupiter eut souvenance
Qu'il estoit né de sa semence.
  Pour aider à son fils peureux,
Il fit sortir d'un chesne creux
De freslons une fiere bande,
Et, les irritant, leur commande
De piquer la bouche et les yeux
Des nuds Indois victorieux.

A peine eut dit, qu'une grand'nue
De poignans freslons est venue
Se desborder toute à la fois
Dessus la face des Indois,
Qui plus fort qu'un gresleux orage
De coups martela leur visage.
　Là sur tous un freslon estoit
Qui brave par l'air se portoit
Sur quatre grand's ailes dorées ;
En maintes lames colorées
Son dos luisoit par la moitié ;
Luy courageux, ayant pitié
De voir au milieu de la guerre
Silene et son asne par terre,
Piqua cet asne dans le flanc
Quatre ou cinq coups jusques au sang.
　L'asne, qui soudain se reveille,
Dessous le vieillard fit merveille
De si bien mordre à coups de dens,
Ruant des pieds, que le dedans
Des plus espesses embuscades
Ouvrit en deux de ses ruades,
Tellement que luy seul tourna
En fuite l'Indois, et donna
A Bacchus, qui fuyoit, la gloire
Et le butin de la victoire.
　Lors Bacchus, en lieu du bienfait
Que les freslons luy avoient fait,
Leur ordonna pour recompense
D'avoir à tout jamais puissance
Sur les vignes, et de manger
Les raisins prests à vendanger,
Et boire du moust dans la tonne
En bourdonnant, lors que l'automne
Amasse des coutaux voisins
Dedans le pressouer les raisins,
Et que le vin nouveau s'escoule
Du pied du gacheur qui le foule.

Or vivez, bien-heureux freslons ;
Tousjours de moy vos aiguillons
Et de Belleau soient loin, à l'heure
Que la vendange sera meure ;
Et rien ne murmurez sinon
Par l'air que de Belleau le nom,
Nom qui seroit beaucoup plus digne
D'estre dit par la voix d'un cygne.

(1560.)

GAYETÉ III.

Une jeune pucelette,
Pucelette grasselette,
Qu'esperdument j'aime mieux
Que mon cœur ny que mes yeux,
A la moitié de ma vie
Esperdument asservie
De son grasset en-bon-point ;
Mais fasché je ne suis point
D'estre serf pour l'amour d'elle,
Pour l'en-bon-point de la belle
Qu'esperdument j'aime mieux
Que mon cœur ny que mes yeux.
   Las ! une autre pucelette,
Pucelette maigrelette,
Qu'esperdument j'aime mieux
Que mon cœur ny que mes yeux,
Esperdument a ravie
L'autre moitié de ma vie
De son maigret en-bon-point ;
Mais fasché je ne suis point
D'estre serf pour l'amour d'elle,
Pour la maigreur de la belle

Qu'esperdument j'aime mieux
Que mon cœur ny que mes yeux.
 Autant me plaist la grassette
Comme me plaist la maigrette,
Et l'une à son tour autant
Que l'autre me rend contant.
 Je puisse mourir, grassette,
Je puisse mourir, maigrette,
Si je ne vous aime mieux
Toutes deux que mes deux yeux,
Ny qu'une jeune pucelle
N'aime un nid de tourterelle,
Ou son petit chien mignon,
Du passereau compagnon,
Petit chien qui point ne laisse
De faire importune presse
Au passereau, qui tousjours
A pour fidele secours
Le tendre sein de la belle,
Quand le chien plume son aile,
Ou de travers regardant,
Aprés l'oiseau va grondant.
 Et si je ments, grasselette,
Et si je ments, maigrelette,
Si je ments, Amour archer
Dans mon cœur puisse cacher
Ses fleches d'or barbelées,
Et dans vous les plombelées,
Si je ne vous aime mieux
Toutes deux que mes deux yeux.
 Bien est-il vray, grasselette,
Bien est-il vray, maigrelette,
Que l'appast trop doucereux
Des hameçons amoureux
Dont vous me sçavez attraire,
Est l'un à l'autre contraire.
L'une, d'un sein grasselet
Et d'un bel œil brunelet

Dans ses beautez tient ma vie
Esperdument asservie.....
Mais par dessus tout m'espoint
Un grasselet en-bon-point,
Une cuisse rebondie,
Une poitrine arrondie
En deux montelets bossus,
Où l'on dormiroit dessus
Comme entre cent fleurs decloses,
Ou dessus un lit de roses.
Puis avecques tout cela
Encor d'avantage elle a
Je ne sçay quelle feintise,
Ne sçay quelle mignotise,
Qui fait que je l'aime mieux
Que mon cœur ny que mes yeux.
 L'autre maigre pucelette
A voir n'est pas si bellette :
Elle a les yeux verdelets
Et les tetins maigrelets ;
Son flanc, sa cuisse, sa hanche
N'ont la charneure si blanche
Comme a l'autre, et si ondez
Ne sont ses cheveux blondez.....
 Mais en lieu de beautez telles,
Elle en a d'autres plus belles :
Un chant qui ravit mon cœur,
Et qui dedans moy vainqueur
Toutes mes veines attise ;
Une douce mignotise,
Un doux languir de ses yeux,
Un doux souspir gracieux,
Quand sa douce main manie
La douceur d'une harmonie.
 Nulle mieux qu'elle au danser
Ne sçait ses pas devancer
Ou retarder par mesure ;
Nulle mieux ne me conjure

Par les traits de Cupidon,
Par son arc, par son brandon,
Si j'en aime une autre qu'elle;
Et nulle mieux ne m'emmielle
La bouche, quand son baiser
Vient mes levres arroser,
Begayant d'un doux langage.
Que diray-je d'avantage?....
C'est pourquoy je l'aime mieux
Que mon cœur ny que mes yeux.

Jamais une ne me fasche
Pour ne la servir à tasche;
Car quand je suis mi-lassé
Du premier plaisir passé,
Dés le jour je laisse celle
Qui m'a fasché dessus elle,
Et m'en vais prendre un petit
Avec l'autre d'appetit,
Afin qu'après la derniere
Je retourne à la premiere,
Pour n'estre recreu d'amours.
Aussi n'est-il bon tousjours
De gouster une viande;
Car tant soit-elle friande,
Sans quelquefois l'eschanger
On se fasche d'en manger.

Mais d'où vient cela, grassette,
Mais d'où vient cela, maigrette,
Que depuis deux ou trois mois
Je n'embrassay qu'une fois
(Encor ce fut à l'emblée,
Et d'une joye troublée)
Vostre estomac grasselet
Et vostre sein maigrelet?
A'-vous peur d'estre nommées
Pucelles mal renommées?....

Las! mignardes, je sçay bien
Qui vous empesche, et combien

Le seigneur de ce village
Vous souille de son langage,
Mesdisant de vostre nom
Qui plus que le sien est bon.
  Ah! à grand tort, grasselette,
Ah! à grand tort, maigrelette,
Ah! à grand tort cest ennuy
Me procede de celuy
Qui me deust servir de pere,
De sœur, de frere et de mere.
  Mais luy, voyant que je suis
Vostre cœur, et que je puis
D'avantage entre les dames,
Farcit vostre nom de blames,
D'un mesdire trop amer,
Pour vous engarder d'aimer
Celuy qui gaillard vous aime
Toutes deux plus que soy-mesme,
Celuy qui vous aime mieux
Toutes deux que ses deux yeux.
  Bien, bien, laissez-le mesdire!
Deust-il tout vif crever d'ire
Et forcené se manger,
Il ne sçauroit estranger
L'amitié que je vous porte,
Tant elle est constante et forte.
Ny le temps ny son effort,
Ny violence de mort,
Ny les mutines injures,
Ny les mesdisans parjures,
Ny les outrageux brocars
De vos voisins babillars,
Ny la trop soigneuse garde
D'une cousine bavarde,
Ny le soupçon des passans,
Ny les maris menaçans,
Ny les audaces des freres,
Ny les preschemens des meres,

Ny les oncles sourcilleux,
Ny les dangers perilleux,
Qui l'amour peuvent deffaire,
N'auront puissance de faire
Que tousjours je n'aime mieux
Que mon cœur ny que mes yeux
L'une et l'autre pucelette,
Grasselette et maigrelette.

(1560.)

LES BACCHANALES

OU LE FOLASTRISSIME VOYAGE D'HERCUEIL, PRÉS PARIS, DEDIÉ (¹) A LA JOYEUSE TROUPPE DE SES COMPAIGNONS, FAIT L'AN 1549. (²)

Amis, avant que l'Aurore
    Recolore
D'un bigarrement les cieux,
Il fault rompre la paresse
    Qui vous presse
Les paupieres sur les yeux.

---

1. Sous-entendu : *par Ronsard*.
2. *Le Voyage d'Hercueil* (Arcueil) n'est autre que ce morceau, mais diminué de beaucoup de stances.
    Le Voyage d'Hercueil, qui commence ainsi :

        Debout, j'entends la brigade.....

se trouve dans le t. VIII (Gayetez) des éditions in-12, hormis dans celle de 1587 (Paris) et 1592 (Lyon), où il fait partie du t. Ier. Il n'a été abrégé que dans l'éd. de 1584.
    Les Bacchanales sont à la page 214 des *Amours de P. de Ronsard*, ensemble le Ve *de ses Odes* (Paris, veuve Maurice de La Porte, 1552, in-8°). Elles se voient sous le titre de : *Voyage d'Hercueil*, dans les éditions de 1560 à 1578.

Dormez donc or' que la lune
   La nuict brune
Traine de ses noirs chevaux ;
Dormez donc cependant qu'elle
   Emmielle
Le plus amer de vos maux ;

Dormez donc, dormez encores
   Ores, ores
Que tout languist en sejour ;
Sillez d'une nue obscure
   L'ouverture
De vos yeux jusques au jour.

Io, j'entends la brigade,
   J'oy l'aubade
De nos compaings enjouez,
Qui pour nous esveiller sonnent
   Et entonnent
Leurs chalumeaux enrouez.

J'entr'oy desja la guiterre,
   J'oy la terre
Retrepigner durement
Dessous la libre cadence
   De leur dance
Qui se suit follastrement.

Sus, Abel [1], ouvre la porte, (a)
   Et qu'on porte

a. Var. (1578) :

Corydon, ouvre la porte;
   Qu'on leur porte
Dès la pointe du matin
Jambons, pastez et saucisses,
   Sacrifices
Qu'on doit immoler au vin.

1. Abel de la Hurteloire.

Devant ce troupeau divin
Maint flacon, mainte gargouille,
    Mainte endouille,
Esperon à picquer vin.

Dieu gard' la sçavante trope,
    Calliope
Grave au ciel vostre renom,
Bellay, Baïf, et encores
    Toi qui dores
La France en l'or de ton nom. (1)

Le long des ondes sacrées,
    Par les prées
Ombragez de saules verds,
A l'envi des eaux jazardes,
    Trepillardes,
Vous chanterez mille vers.

Ou bien, levant la pensée
    Elancée
D'une ardeur qui vaudra mieux,
Vous redirez quelles choses
    Furent closes
Dans le chaos otieux.

Vous direz le chaud, les glaces,
    Quelles places
Phebus ne daigne allumer,
Et pourquoi les jours s'allongent
    Et se plongent
Plus vagues dedans la mer.

Mais moy dont la basse idée
    N'est guindée
Dessus un cable si hault,
Qui ne permet que mon ame
    Se renflame
De l'ardeur d'un feu si chauld,

1. Daurat.

En lieu de telles merveilles,
Deux bouteilles
Je prendray sur mes rongnons,
Et ce hanap à double anse
Dont la panse
Fait broncher mes compaignons. (*a*)

Voyez Urvoy qui enserre
De lierre
Un flacon gros de vin blanc,
Lequel, porté sur l'espaule
D'une gaule,
Luy pendille jusqu'au flanc!

Je voy derriere Pacate
Qui se haste
De l'espuiser jusqu'au fond ;
Mais Urvoy, qui s'en courrouce,
Luy repousse
Le flacon contre le front.

A voir de celuy la mine
Qui chemine
Seul parlant à basse voix,
Et à voir aussy la moüe
De sa joüe,
C'est le comte d'Alcinoys.

Je le voy comme il galope
Par la trope
Un grand asne sans licol ;
Je le voy comme il le flatte
Et luy gratte
Les oreilles et le col.

Ainsy les pasteurs de Troye
Par la voye

a. Var. (1560) :

Sert d'oracle aux compaignons.

Guidoient Silene monté,
Portant les lois de sa feste,
 Et sa teste
Qui luy panchoit d'un costé.

Abel (a) le suit à la trace,
 Qui ramasse
Ses flacons tombez à bas,
Et les fleurs que son oreille
 Qui sommeille
Laisse choir à chaque pas.

Ores cet Abel le touche,
 Or' la bouche
Il luy ouvre, ores dedans
Met ses doigts, puis les retire,
 Et pour rire
Ils se rechignent des dentz.

[Io, voicy Hurteloyre
 Dont la gloire
Monte au ciel d'un roide vol,
Et Latan qui l'accompaigne,
 Mais qui daigne
Contrefaire un jour le fol.

Des Mireurs seul nous regarde
 Et prend garde,
D'un œil experimenté,
Que tel desbaux ne nous trompe
 Et ne rompe
L'accord de nostre santé.

Voicy Lignery qui pousse
 De son poulce
Les nerfs du luth immortel,
Et Capel qui ne peut plaire
 Au vulgaire,
Ny le vulgaire à Capel.]

a. Var. (1578) : *Jamyn*... (1584) : *Vigneau*...

Io, Io, trope chere,
    Quelle chere
Ce jour ameine pour nous!
Partons doncq or' que l'Aurore
    Est encore
Dans les bras de son espoux.

Ores doncque que l'Aurore
    Est encore
Dans les bras de son espoux,
Partons ains qu'elle flamboye,
    Et qu'on voye
Son grand flambeau dessus nous.

S'il nous voit parmy la plaine,
    A grand' peine
Les champs plaisans nous seront,
Tant l'ardente canicule
    Luy rebrusle
Les rais espars de son front.

Laissons au logis les femmes ;
    Par ces flammes
La Cyprienne eviton :
Ensemble la Paphienne
    Et la chienne
Nous envoiroient chez Pluton. (*a*)

Mais animons ces bouteilles,
    Ces corbeilles
Achernons de jambons gras,
De pastez, de pains d'espices,
    De saucisses,
De boudins, de cervelaz.

a. Var. (1584) :

Le chaud, le vin, Cytherée,
    Font l'entrée
Du grand portail de Pluton.

Chaqu'un pregne son espée
    Equippée
Pour se revenger le doz,
De peur qu'une fiere audace
    Ne nous face
Les coulpables de Minos.

Gardons, amis, qu'on ne tombe
    Dans la tombe,
Sejour aveugle et reclus.
Depuis qu'une fois la vie
    Est ravie,
Les sœurs ne la filent plus.

Io, comme ces saulayes
    Et ces hayes
Sentent l'humide fraischeur,
Et ces herbes et ces plaines
    Toutes plaines
De rousoyante blancheur!

Que ces rives escumeuses
    Sont fumeuses,
Au premier traict de Phœbus!
Et ces fontanieres prées
    Diaprées
De mille tapis herbus!

Io, que je voy de roses
    Ja descloses
Dans l'Orient flamboyant;
A voir des nues diverses
    Les traverses,
Voicy le jour ondoyant.

Voicy l'aube safranée
    Qui ja née
Couvre d'œillets et de fleurs
Le ciel qui le jour desserre,
    Et la terre
De rosées et de pleurs.

Debout doncq, aube sacrée,
    Et recrée
De ton beau front ce troupeau,
Qui, pour toy, pend à la gaule
    De ce saule,
D'un coq aime-jour la peau.

Tire, Nymphe vagabonde,
    Hors de l'onde
Un soleil qui ne soit pas
Perruqué d'un feu qui jette
    Sa sagette
Trop ardentement à bas.

Ainsy Cephale amyable,
    Pitoyable
Soit tousjours à ton desir;
Ainsy puisses-tu sans cesse,
    Ma déesse,
Nue entre ses bras gesir.

Quoy! flamboyante courriere,
    Ma priere
Tu metz doncques à mespris?
Aymer puisses-tu sans cesse,
    Tromperesse,
De Tithon les cheveux gris.

Vous qui avez la chair tendre,
    Il faut prendre,
Pour garder vostre teint mol,
Un mouchoir picqué d'ouvrage,
    Que la rage
Du chaud n'arde vostre col;

Armer de feuilles vos testes
    En cent crestes,
Et de peur d'empeschement
Avaller bas la bottine
    Marroquine
Pour marcher plus frechement.

Evohé, pere, il me semble
    Que tout tremble
D'un branlement non pareil,
Et que je voy, d'un œil trouble,
    Le ciel double
Doubler un autre soleil.

Evohé, donteur des Indes,
    Que tu guindes
Mon cœur bien haut, Eldean !
Tu luy dis quel sacrifice
    Est propice
A ton antre Lenean.

Advienne qu'orné de vigne
    Je trepigne
Tousjours, vaillant Evohé !
Et que je danse sans cesse,
    Par ta presse,
Au son du cor enroüé. *(a)*

Tes couleuvres innocentes
    Sont glissantes
Sus mon chef plein de leurs neudz,
Et ton thyrse, lance forte,
    Gay je porte
Par tes thiases vineux.

Parmy la barbare Thrace,
    A la trace
Je suy tes pas desrobez,
Le long des secrets rivages
    Tout sauvages
De lierres recourbez.

a. Var. (1584) :

Tousjours dessous toy, Evan,
Qu'à ta feste trietere
    Ton mystere
Je porte dedans ton van.

Je voy Silene qui entre
    Dans un antre,
J'oy les bois esmerveillez,
Je le voy sur l'herbe fraische
    Comme il presche
Les satyres oreillez.

Evohé, Denys, tempere,
    Thebain pere,
Tempere un peu mon erreur,
Tempere un peu ma pensée
    Insensée
Du plaisir de ta fureur.

Ce n'est pas moy qui te taxe,
    Roy de Naxe,
D'esjarter le Thracien,
Ny d'avoir au chef la mitre,
    Ny le titre
Du triompheur Indien.

Mais bien c'est moy qui te loue
    Et t'advoue
Pour un Dieu, d'avoir planté
L'heureuse vigne feconde
    Dont le monde
Est si doulcement tenté;

Qui comme une aspre guerriere
    En arriere
Chasse les hommes bien loing,
Non l'amour doulcement vaine,
    Mais la peine,
Mais le travail et le soing.

Je voy cent bestes nouvelles
    Pleines d'ailes
Sur nos testes revoler,
Et la main espouvantée
    De Penthée
Qui en vain les suit par l'air.

Evan, que ta doulceur folle
     Me raffolle
De vineux estourbillons !
Je ne voy point d'autres bestes
     Sur nos testes
Qu'un scadron de papillons.

Leurs ailes de couleurs maintes
     Sont depeintes,
Leur front en cornes se fend,
Et leur bouche bien petite
     Contr'imite
Le muffle d'un elephant.

Sus, amis, par ceste rive
     Que l'on suyve
L'ombre des ailez troupeaux,
Qu'estourdis on les aterre
     Contre terre
A petits coups de chapeaux.

Lequel aura la victoire
     Et la gloire
D'avoir conquis le plus beau,
Qui, tout doré, sert de guide,
     Par le vide,
A cest escadron nouveau ?

Lequel pendra de la beste
     La conqueste
Pour trophée de bonheur ?
Celuy vrayment sera digne
     Qu'un bel hynne
Daurat chante à son honneur.

Io, comme il prend la fuite !
     Nostre suite
Ne le sçauroit offenser,
Si le plus guay de la trope
     Ne galope
Pour plus tost le devancer.

Ha ! je l'avoy sans sa voye
    Qui ondoye
D'un voler bien peu certain,
Et sans l'erreur de son onde
    Vagabonde
Qui se moquoit de ma main.

Et sans une vigne entorse
    Qui la force
A soustraite de mes pas,
Et m'a fait prendre bedaine
    Sur la plaine,
Adenté tout plat à bas.

Teleph' sentit en la sorte
    La main forte
Du Grec qui le combattit,
Quand, au milieu de la guerre,
    Contre terre
Un cep tortu l'abattit.

Io ! regardez derriere
    La poudriere
Que Berger escarte au vent,
Tant il court à toute haleine,
    Mettant peine
De l'affronter par devant.

Mais, mais, voyez, voyez comme
    Il l'assomme,
Mort sur la rive estandu,
Et comme l'aile et la teste
    De la beste
Dans un saule il a pendu.

Ja la despouille captive
    Ceste rive
Honore et ces saules verds,
Et ja leur escorce verte
    Est couverte
Du long cerne de tels vers :

« Je Berger, plein de vitesse,
    Par humblesse
Aux dieux chevrepieds j'appens
Cette despouille conquise,
    Par moy prise
En l'age de cinquante ans. »

Pere, que ta verve doulce
    Me repousse
En un doulx affolement;
Plus fort que devant, ta rage
    Le courage
Me chatouille doulcement.

De ces chesnes goutte à goutte
    Bas desgoute,
Ce me semble, le miel roux,
Et ces beaux ruisseaux qui roulent
    Tout pleins coulent
De nectar et de vin doulx.

Amis, qu'à teste penchée
    Estanchée
Soit nostre soif là dedans;
Il fault que leur vin appaise
    Ceste braise
Qui cuit nos gousiers ardans.

Boyvons leurs ondes sucrées
    Consacrées
Au dieu qui nous poingt le cœur;
Sondons leurs vagues profondes
    Toutes blondes
D'une vineuse liqueur.

Que chaqu'un de nous y entre
    Jusqu'au ventre,
Jusqu'au dos, jusques au front;
Que chaqu'un sonde et resonde
    La doulce onde
Qui bat le plus creux du fond!

Voyez Urvoy qui s'eslance
    Sur la pance
Tout vestu dans le ruisseau,
Et voyez comme il barbouille,
    En grenouille,
Dessoubs les vagues de l'eau!

Suyvons le sainct tract humide
    De ce guide;
Eslançons-nous comme luy,
Et lavons dans ceste rive,
    En l'eau vive,
Pour tout jamais nostre ennuy.

Que l'homme est heureux de vivre,
    S'il veut suivre
Ta folie, ô Cuisse-né,
Qui tes temples environnes,
    Pour couronnes,
D'un verd pampre raisiné!

Sans toy je ne voudrois estre
    Dieu ne maistre
Des Indiens, ne sans toy
De Thebes Ogygienne,
    Terre tienne,
Je ne voudrois estre roy.

Sans toy, dis-je, race belle
    De Semele,
Sans toy, dis-je, Nyséan,
Sans toy, qui nos soings effaces
    De tes tasses,
Pere, Evien, Lyéan!

Mais laissons, troupe gaillarde,
    L'eau mignarde;
Hastons plus menu le pas.
Ceste chaleur aspre et grande
    Nous commande
De ne nous arrester pas.

Sus! conduisez d'une aubade
   La brigade,
O vous, chantres honorez,
Qui tenez en ce bas estre
   Vostre naistre
D'Apollon aux crins dorez!

Mon Dieu, que ceste musique
   Angelique
Fiche mes esprits béans
En ces menestriers qui sonnent
   Et entonnent
Les saints cornets Idéans!

Que ces flustes qui doux chantent
   Me contentent
De leurs accords discordans!
Certes, la musique doulce
   Seule poulse
De nos cœurs les soins mordans.

Io, je voy la vallée
   Avallée
Entre deux tertres bossus,
Et le double arc qui emmure
   Le murmure
De deux ruisselets moussus.

C'est toy, Hercueil, qui encores
   Portes ores
D'Hercule l'antique nom,
Qui consacra la memoire
   De ta gloire
Aux labeurs de son renom.

Je salue tes Dryades,
   Tes Nayades,
Et leurs beaux antres cogneus,
Et de tes Satyres peres
   Les repaires,
Et tes Faunes front-cornus.

Chaqu'un ait la main armée
  De ramée;
Chaqu'un d'une gaye voix
Assourdisse les campaignes,
  Les montaignes,
Les eaux, les prez et les bois.

Ja la cuisine allumée
  Sa fumée
Fait tressauter jusqu'aux cieux,
Et ja les tables dressées
  Sont pressées
De repas delicieux.

Cela vrayment nous invite
  D'aller vite,
Pour apaiser un petit
La furie vehemente
  Qui tourmente
Nostre aboyant appetit.

Dessus nous pleuve une nue
  D'eau menue,
Pleine de lys et de fleurs;
Qu'un lict de roses on face,
  Par la place,
Bigarré de cent couleurs.

Qu'on prodigue, qu'on repande
  La viande,
D'une liberale main,
Et les pasts dont l'ancienne
  Memphienne
Festoya le mol Romain.

Doulce rosée divine,
  Angevine,
Bacchus sauve ta liqueur!
L'amitié que je te porte
  Est tant forte
Que je l'ay tousjours au cœur.

Je veux que la tasse pleine
    Se promeine
Tout autour de poing en poing,
Et veux qu'au fond d'elle on plonge
    Ce qui ronge
Nos cerveaux d'un traistre soing.

Ores, amis, qu'on n'oublie
    De l'amie
Le nom qui vos cœurs lia ;
Qu'on vuide autant ceste coupe,
    Chere troupe,
Que de lettres il y a.

Neuf fois, au nom de Cassandre,
    Je vais prendre
Neuf fois du vin du flacon,
Afin de neuf fois le boire
    En memoire
Des neuf lettres de son nom.

Io, qu'on boive et qu'on chante,
    Qu'on enchante
La dent des soucis felons :
La vieillesse larronnesse
    Ja nous presse
Le derriere des talons.

Io ! garçon, verse encore,
    Que j'honore
D'un sacrifice joyeux
Ceste belle onde verrée,
    Consacrée
Au plus gay de tous les dieux.

Que l'on charge la fontaine
    Toute pleine
De gros flacons surnoüans ;
Qu'en l'honneur de luy maint verre
    My-plein erre
Sus les vagues se roüans.

Evan, ta force divine
   Ne domine
Les hommes tant seulement;
Elle estraint de toutes bestes
   Toutes testes
D'un effort également.

Voyez-vous ceste grenouille
   Qui gazouille
Yvre sur le bord de l'eau,
Tant l'odeur d'une bouteille
   (Grand merveille!)
Luy enchante le cerveau?

Comme elle, du vin surprise,
   Est assise
Sur nos flacons entrouverts!
Comme sur l'un et sur l'autre
   Elle veautre
Son corps flottant à l'envers!

Mais tandis que ceste beste
   Nous arreste,
Io, compaings, n'oyez-vous
De Dorat la voix sacrée
   Qui recrée
Tout le ciel d'un chant si doulx?

Io, io, qu'on s'avance!
   Il commence
Encore à former ses chants,
Celebrant en voix romaine
   La fontaine
Et tous les dieux de ces champs.

Prestons doncq à ses merveilles
   Nos aureilles :
L'entusiasme limousin
Ne luy permet de rien dire
   Sur sa lyre
Qui ne soit divin, divin.

Io, io, quel doulx style
   Se distile
Parmy ses nombres divers !
Nul miel tant ne me recrée
   Que m'agrée
Le doux nectar de ses vers.

Quand je l'entends, il me semble
   Que l'on m'emble
Mon esprit d'un rapt soudain,
Et que loing du peuple j'erre
   Souls la terre
Avec l'ame du Thebain,

Avecques l'ame d'Horace :
   Telle grace
Se distile de son miel
Et de sa voix limousine,
   Vrayment digne
D'estre Serene du ciel.

Ha ! Vesper, brunette estoile,
   Qui d'un voile
Partout embrunis les cieux,
Las ! en ma faveur encore
   Ne decore
Sa grand' voute de tes yeulx.

Tarde un peu, noire courriere,
   Ta lumiere
Pour ouyr plus longuement
La doulceur de sa parole
   Qui m'affole
D'un si gay chatouillement.

Quoy ! des astres la compaigne, (a)

a. Var. :

Quoy ! des astres la bergere
   Trop legere
Tu reviens faire ton tour?

Tu dedaigne
Mon prier, et sans sejour
Devant l'heure tu flamboyes
Et envoyes
Souls les ondes nostre jour?

Va, va, jalouse, chemine;
Tu n'es digne,
Ny tes estoiles, d'ouyr
Une chanson si parfaicte,
Qui n'est faicte
Que pour les dieux esjouir.

Doncques, puisque la nuict sombre,
Pleine d'ombre,
Vient les montaignes saisir,
Retournons, troupe gentille,
Dans la ville
Demy-soulez de plaisir.

Jamais l'homme, tant qu'il meure,
Ne demeure
Fortuné parfaictement;
Toujours avec la lyesse
La tristesse
Se mesle secrettement. (1552.)

DITHYRAMBES

RECITEZ A LA POMPE DU BOUC DE E. JODELLE,

Poëte tragique. ([1])

Tout ravy d'esprit je forcene;
Une nouvelle erreur me mene
D'un saut de course dans les bois;

[1]. Ces vers sont de Bertrand Bergier, poëte dithyram-

Iach, ïach, j'oy la vois
Des plus vineuses Thyades,
Je voy les folles Menades
Dans les antres trepigner,
Et de serpens se peigner.
Iach, ïach, Evoé,
Evoé, iach, ïach.

Je les oy,
Je les voy,
Comme au travers d'une nue,
D'une cadance menue,
Sans ordre ny sans compas,
Laisser chanceler leurs pas.
Je voy les secrets mystiques
Des festes trieteriques,
Et les Sylvains tout autour,
De maint tour
Cotissant dessus la terre,
Tous herissez de lierre,
Badiner et plaisanter,
Et en voix d'asnes chanter :
Iach, ïach, Evoé,
Evoé, ïach, ïach !

Je voy, d'un œil assez trouble,
Une couple
De satyres cornus, chevrepiez et mi-bestes,

bique, comme le dit Claude Binet dans la *Vie de Ronsard*. Du Bellay adresse une ode à Bertrand Bergier de Montembeuf, natif de Poictiers, poëte bedonnique-bouffonnique. C'est le même. Peut-être Ronsard a-t-il eu quelque part à ces Dithyrambes, et est-ce pour cette cause qu'ils ont été mis dans ses œuvres. C'est en 1552, après la représentation de la *Cléopâtre* de Jodelle, que les poëtes de la Pléiade se réunirent à Arcueil, dans un joyeux banquet, et, tout épris des souvenirs de l'antiquité, amenèrent au poète tragique un bouc couronné de fleurs.

Qui soustiennent de leurs testes
Les yvres costez de Silene,
Talonnant à toute peine
Son asne musard, et le guide
D'une des mains sans licol ne sans bride,
Et de l'autre, à ses oreilles
Pend deux bouteilles,
Et puis il dit qu'on rie
Et qu'on crie :
Iach, ïach, Evoé,
Evoé, ïach, ïach !

Hoh ! je me trouble sous sa chanson !
Un horrible frisson
Court par mes veines quand j'oy brere
Ce vieil pere,
Qui nourrit, aprés que Semele
Sentit la flame cruelle,
Le bon Bacchus Diphyen,
Dedans l'antre Nyssien,
Du laict des tigresses ;
Les Nymphes et les Deesses
Chantans autour de son bers
Ces beaux vers :
Iach, ïach, Evoé,
Evoé, ïach, iach !

Evoé, Cryphien, je sens
M'embler l'esprit et le sens
Sous une verve qui m'affolle,
Qui me joint à la carolle
Des plus gaillardes
Bandes montagnardes,
Et à l'avertineuse trope
Des Mimallons, qui Rhodope
Foule d'un pied barbare,
Où la Thrace se separe
En deux,
Du flot glacé de Hebre le negeux.

Iach, iach, Evoé,
Evoé, ïach, ïach!
Il me semble qu'une poussiere
Offusque du jour la lumiere,
S'elevant par les champs
Sous le pié des marchans.
Evoé, Pere, Satyre,
Protogone, Evastire,
Double-corne, Agnien,
Œil-taureau, Martial, Evien,
Porte-lierre, Omadien, Triete,
Ta fureur me jette
Hors de moy.
Je te voy, je te voy,
Voy-te-cy
Romp-soucy!
Mon cœur, bouillonnant d'une rage,
En-vole vers toy mon courage.
Je forcene, je demoniacle;
L'horrible vent de ton oracle
J'entens; l'esprit de ce bon vin nouveau
Me tempeste le cerveau.
Iach, ïach, Evoé,
Evoé, ïach, ïach!

Une frayeur par tout le corps
Me tient! mes genoux peu fors
A l'arriver de ce dieu tremblottent,
Et mes parolles sanglottent
Je ne sçay quels vers insensez.
Avancez, avancez, avancez
Ceste vendange nouvelle,
Voicy le fils de Semele!
Je le sens dessus mon cœur
S'asseoir comme un roy vainqueur.
J'oy les clairons tintinans,
Et les tabourins tonnans,
J'oy autour de luy le buys

Caqueter par cent pertuis,
Le buys Phrygien, que l'entourée,
D'une haleine mal-mesurée,
Enfle autour de ses Chatrez,
Je les voy tous penetrez
D'une rage insensée,
Et tous esperdus de pensée
Chanter : Iach, Evoé,
Evoé, ïach, ïach !

Evan, Pere, ou je me trompe,
Ou je voy la pompe
D'un bouc aux cornes dorées,
De lierre decorées,
Et qui vrayment a le teint
Teinct
De la couleur d'un Silene,
Quand tout rouge il perd l'haleine
D'avoir d'un coup vuidé son flacon
Plein d'un vin tholozan ou bien d'un vin gascon.
Iach, ïach, Evoé,
Evoé, ïach, ïach !

Mais qui sont ces enthyrsez,
Herissez
De cent feuilles de lierre,
Qui font rebondir la terre
De leurs piés, et de la teste
A ce bouc font si grand' feste?
Chantant tout autour de luy
Ceste chanson bris'-ennuy :
Iach, ïach, Evoé,
Evoé, ïach, ïach?

Tout forcené à leur bruit je fremy;
J'entrevoy Baïf et Remy,
Colet, Janvier, et Vergesse, et le Conte,
Paschal, Muret, et Ronsard qui monte
Dessus le bouc, qui de son gré
Marche, à fin d'estre sacré

Aux pieds immortels de Jodelle,
Bouc, le seul prix de sa gloire eternelle;
Pour avoir d'une voix hardie
Renouvelé la tragedie,
Et deterré son honneur le plus beau
Qui vermoulu gisoit sous le tombeau.
Iach, ïach, Evoé,
Evoé, ïach, ïach!

Hoh, hoh! comme ceste brigade
Me fait signe, d'une gambade,
De m'aller mettre sous ton joug,
Pour ayder à pousser le bouc!
Mais, Pere, las! pardonne-moy, pardonne;
Assez et trop m'esperonne
Ta fureur sans cela,
Assez deçà et delà
Je suy tes pas à la trace,
Par les Indes et par la Thrace;
Ores d'un thyrse porte-lierre
Faisant à tes tigres la guerre,
Ores avec tes Evantes
Et tes Menades bien boivantes,
Redoublant à pleine vois,
Par les bois :
Iach, ïach, Evoé,
Evoé, ïach, ïach!

Maugré moi, Pere, ta fureur,
Plein d'horreur,
M'y traîne, et ne voulant pas,
Maugré moy je sens mes pas
Qui me derobent mal-sain,
Où Jodelle de sa main
Du bouc tenant la moustache,
Que poil à poil il arrache,
Et de l'autre, non paresseuse,
Haut élevant une coupe vineuse
Te chante, ò Dieu bacchique!

Cest hymne dithyrambique :
Iach, ïach, Evoé,
Evoé, ïach, ïach !

Haï! avant, Muses Thespiennes,
Haï! avant, Nymphes Nyssiennes,
Rechantez-moy ce Pere Bromien,
Race flameuse du Saturnien
Qu'engendra la bonne Semele,
Enfant orné d'une perruque belle
Et de gros yeux
Plus clairs que les astres des cieux.
Iach, ïach Evoé,
Evoé, ïach, ïach !

Evoé! mes entrailles sonnent
Sous ses fureurs qui m'espoinçonnent,
Et mon esprit, de ce dieu trop chargé,
Forcene, enragé :
Iach, ïach, Evoé,
Evoé, ïach, ïach !

Que l'on me donne ses clochettes
Et ses jazardes sonnettes ;
Soit ma perruque decorée
D'une couronne coulevrée :
Perruque lierre-porte,
Que l'ame Thracienne emporte
Deça dela dessus mon col.
Iach, ïach, Evoé,
Evoé, ïach, ïach !

Il me plaist ores d'estre fol,
Et qu'à mes flancs les Edonides,
Par les montaignes les plus vuides,
D'un pié sacré tremblant
En un rond s'assemblant,
Frappent la terre, et de hurlées
Effroyent toutes les valées ;
Le talonneur de l'asne tard,

Bassar, Evan, redoublant d'autre part :
    Iach, ïach, Evoé,
    Evoé, ïach, ïach !

  Il me plaist, comme tout épris
De ta fureur, ce jour gaigner le pris.
   En haletant à grosse haleine,
Faire poudrer sous mes pieds ceste plaine.
    Çà ! ce thyrse et ceste tiare.
   C'est toy, Naxien, qui m'égare
    Sur la cime de ce rocher :
      Il me plaist d'accrocher
  Mes ongles contre son escorce,
Et, chevestré dessous ta douce force,
Aller devant ton orgie incogneue,
   La celebrant de voix aigue,
    Orgie, de toy, Pere,
      Le mystere,
   Qu'un panier enclôt saintement,
    Et que nul premierement
  En vain oseroit toucher, sans estre
     Ton prestre,
Ayant neuf fois, devant ton simulacre,
    Enduré le sainct lavacre
    De la fontaine verrée
     Aux Muses sacrée.
    Iach, ïach, Evoé,
    Evoé, ïach, ïach !

   O Pere ! où me guides-tu ?
     Devant ta vertu
   Les bestes toutes troublées
   Se baugent dans les valées :
Ny les oiseaux n'ont pouvoir de hacher,
Comme ils faisoient, le vague, sans broncher
    Incontinent qu'ils te sentent :
   Dessous leurs goulfres s'absentent
De l'Ocean les troupes escaillées,
   Horriblement émerveillées,

De voir
La force de ton pouvoir.
Iach, ïach, Evoé,
Evoé, ïach, ïach!

Par tout les Amours te suivent,
Et sans toy les Graces ne vivent,
La Force, la Jeunesse,
La bonne Liesse
Te suit,
Le Soucy te fuit,
Et la Vieillesse chenue,
Plustost qu'une nüe
Devant Aquilon
Au gosier felon.
Iach, ïach, Evoé,
Evoé, ïach, ïach!

Un chacun tu vas liant
Sous ton thyrse impatient :
Alme Denys, tu es vrayment à craindre,
Qui peux contraindre tout, et nul te peut contraindre.
O Cuisse-né, Archete, Hymenien,
Bassare, Roy, Rustique, Eubolien,
Nyctelien, Trigone, Solitere,
Vengeur, Manic, Germe des Dieux et Pere,
Nomien, Double, Hospitalier,
Beaucoup-forme, Premier, Dernier,
Lenean, Porte-sceptre, Grandime,
Lysien, Baleur, Bonime,
Nourri-vigne, Aime-pampre, Enfant,
Gange te vit triomphant,
Et la gemmeuse mer
Que le soleil vient allumer
De la premiere sagette
Qu'à son lever il nous jette.
Bien te sentit la terriere cohorte
Des geans, montaigne-porte,
Et bien Mime te sentit

Quand ta main Rethe abatit,
Et bien te sentit Penthée,
Qui mesprisa ta feste inusitée,
Et bien les nautonniers barbares,
Quand leurs mains avares
Te tromperent, toy beau,
Toy dieu celé dessous un jouvenceau.
Iach, ïach, Evoé,
Evoé, ïach, ïach !

Que diray-je de tes Thebaines,
Qui virent leurs toiles pleines
De vigne, et par la nuit
Elles jettans un petit bruit,
Se virent, de corps denuées,
En chauves-souris muées?
Quoy du soldart de Mysie?
Et de l'impieteux Acrisie,
Qui à la fin sentit bien ta puissance,
Bien que puny d'une tarde vengeance?
C'est toy qui flechis les rivieres,
Et les mers, tant soient-elles fieres !
Toy sainct, toy grand, tu romps en deux
Les rochers vineux,
Et tu fais hors de leurs veines
Tressauter à val les fontaines
Douces de nectar, et des houx
Tu fais suinter le miel doux.
Iach, ïach, Evoé,
Evoé, ïach, ïach !

Le coutre en voûte doublé
Te doit, et Cerés porte-blé ;
Les loix te doivent, et les villes,
Et les polices civiles.
La liberté, qui aime mieux s'offrir
A la mort qu'un tyran souffrir,
Te doit, et te doit encore
L'honneur, par qui les hauts dieux on decore.

    Iach, ïach, Evoé,
    Evoé, ïach, ïach!

  Par toy on adjoute, pareil,
        Le pouvoir au conseil,
  Et les Mimallons arrachans
            Par les champs
  Les veaux des tetins de leurs meres,
            Comme feres,
    D'un pied vieillard vont roüant
  Autour de Rhodope joüant.
    Iach, ïach, Evoé,
    Evoé, ïach, ïach!

  Mille chœurs de poëtes divins,
    Mille chantres et devins
    Fremissent à ton honneur;
  Tu es à la vigne donneur
      De sa grappe, et au pré
      De son émail diapré.
    Les rives par toy fleurissent,
    Les bleds par toy se herissent;
          Ô alme Dieu,
          En tout lieu
      Tu rends compagnables
    Les semences mal sortables.
    Iach, ïach, Evoé,
    Evoé, ïach, ïach!

    Tu repares d'une jeunesse
          La vieillesse
    Des siecles fuyans par le monde;
    Tu poises ceste masse ronde,
      Ô Demon, et tu enserre
      L'eau tout au rond de la terre,
  Et au milieu du grand air fortement
      Tu pens la terre justement.
    Iach, ïach, Evoé,
    Evoé, ïach, ïach!

Par toy, chargez de ton nectar,
Rempans avec toy dans ton char,
　　　Nous concevons des cieux
　　　Les secrets precieux,
Et bien que ne soyons qu'hommes,
Par toy demi-dieux nous sommes.
Iach, ïach, Evoé,
Evoé, ïach, ïach!

Je te salue, ô Lychnite!
Je te salue, ô l'eslite
　　　Des dieux, et le Pere
A qui ce tout obtempere!
　　　Dextre, vien à ceux
Qui ne sont point paresseux
De renouveller tes mysteres!
Ameine les doubles Meres
　　　Des Amours, et vien,
　　　　　Evien,
Œillader tes bons amis,
Avec ta compagne Themis,
　　　Enclose des anciennes
　　　Nymphes Coryciennes,
　　　　　Et reçoy,
　　　　　O Roy,
　　　Le bouc ronge-vigne,
　　　　　Qui trepigne
　　　　　Sur ton autel
　　　　　　Immortel.
Iach, ïach, Evoé,
Evoé, ïach, ïach!

Vien donc, Pere, et me regarde
D'un bon œil, et prens en garde
Moy, ton poëte, Jodelle;
Et pour la gloire eternelle
De ma brave tragedie,
Reçoy ce vœu qu'humble je te dedie.

　　　　　Au *Livret de Folastries* (1584).

GAYETÉ IV.

J'ay vescu deux mois, ou trois
Mieux fortuné que les rois
De la plus fertile Asie,
Quand ma main tenoit saisie
Celle qui tient dans ses yeux
Je ne sçay quoy qui vaut mieux
Que les perles indiennes,
Ne les masses midiennes.
  Mais depuis que deux guerriers,
Deux soldars avanturiers,
Par une treve mauvaise,
Sont venus corrompre l'aise
De mon plaisir amoureux,
J'ay vescu plus malheureux
Qu'un empereur de l'Asie,
De qui la terre est saisie,
Fait esclave sous la loy
D'un autre plus vaillant roy. (a)
  Las! si quelque hardiesse
Enflamme vostre jeunesse;
Si l'amour de vostre Mars
Tient vos cœurs, allez, soldars,
Allez, bien-heureux gendarmes,
Allez, et vestez les armes;
Secourez la fleur de lis!
Ainsi le vineux Denis,

a. Var. :

Fait esclave sous les mains
Des plus belliqueux Romains.

Le bon Bacchus porte-lance
Soit tousjours vostre deffence.
 Et quoy! ne vaut-il pas mieux,
Braves soldars furieux,
De coups esclaircir les foules,
Qu'ainsi effroyer les poules
De vos sayons bigarrez?
Allez, et vous reparez
De vos belles cottes d'armes;
Allez, bien-heureux gendarmes,
Secourez la fleur de lis!
Ainsi le vineux Denis,
Le bon Bacchus porte-lance
Soit tousjours vostre deffence.
 Il ne faut pas que l'hyver
Vous engarde d'arriver
Où la bataille se donne,
Où le Roy mesme en personne,
Plein d'audace et de terreur,
Espouvante l'Empereur,
Tout blanc de crainte poureuse,
Dessus les bors de la Meuse.
A ce bel œuvre, guerriers,
Serez-vous pas des premiers?
Ah! que vous aurez de honte
Si un autre vous raconte
Combien le Roy print de forts,
Combien de gens seront morts
A telle ou telle entreprise,
Et quelle ville fut prise
Par eschelle ou par assaut,
Combien le pillage vaut;
En quel lieu l'infanterie,
En quel la gendarmerie
Heureusement firent voir
Les exploits de leur devoir,
Nobles de mille conquestes!
Lors vous baisserez les testes,

Et de honte aurez le teint
Tout vergongneusement teint;
Et, fraudez de telle gloire,
N'oserez manger ny boire
A l'escot des taverniers,
Ny jurer comme sauniers
Contre les gens de village;
Mais portant bas le visage,
Et mal asseurez du cœur,
Tousjours vous mourrez de peur
Qu'un bon guerrier ne brocarde
Vostre lascheté coüarde.
 Donc si quelque honneur vous poingt,
Soldars, ne cagnardez point;
Suivez le train de vos peres,
Et rapportez à vos meres
Double honneur et double bien;
Vos sœurs je garderay bien
Sans vostre aide. Allez, gendarmes,
Allez, et vestez les armes,
Secourez la fleur de lys!
Ainsi le vineux Denys,
Le bon Bacchus porte-lance
Soit tousjours vostre deffence.
(1560.)

GAYETÉ V.

Jaquet aime autant sa Robine
Qu'une pucelle sa poupine;
Robine aime autant son Jaquet
Qu'un amoureux fait son bouquet.
O amourettes doucelettes,
O doucelettes amourettes,

O couple d'amis bien heureux,
Ensemble aimez et amoureux !
O Robine bien fortunée
De s'estre au bon Jaquet donnée !
O bon Jaquet bien fortuné
De s'estre à Robine donné !
Que ny les robes violettes,
Les ribans, ny les ceinturettes,
Les brasselets, les chaperons,
Les devanteaux, les mancherons
N'ont eu la puissance d'époindre
Pour macreaux ensemble les joindre.

Mais les rivages babillars,
L'oisiveté des prez mignars,
Les fontaines argentelettes
Qui attrainent leurs ondelettes
Par un petit trac mousselet
Du creux d'un antre verdelet,
Les grand's forests renouvelées,
Le solitaire des valées
Closes d'effroy tout à l'entour,
Furent cause de telle amour.

En la saison que l'hyver dure,
Tous deux, pour tromper la froidure,
Au pied d'un chesne my-mangé
De main tremblante ont arrangé
Des chenevotes, des fougeres,
Des feuilles de tremble legeres,
Des buchettes et des brochars,
Et soufflant le feu des deux pars,
Chauffoient à fesses acroupies
Le cler degout de leurs roupies.

Aprés qu'ils furent un petit
Desengourdis, un appetit
Se vint ruer dans la poitrine
Et de Jaquet et de Robine.

Robine tira de son sein
Un gros quignon buret de pain,

Qu'elle avoit faict de pure aveine,
Pour tout le long de la semaine;
Et le frottant contre des aux,
En eternuant des naseaux, (a)
De l'autre costé reculée
Mangeoit à part son éculée.

 D'autre costé Jaquet, épris
D'une faim enragée, a pris
Du ventre de sa panetiere
Une galette toute entiere,
Cuite sur les charbons du four,
Et blanche de sel tout autour,
Que Guillemine sa marraine
Luy avoit donné pour estraine.
Comme il repaissoit, il a veu,
Guignant par le travers du feu,
Robine qui semble une rose
Non encor à demy declose.

 Ayant aussi Jaquet guigné,
Robine ne l'a dedaigné,
Mais en levant un peu la teste,
A Jaquet fit ceste requeste :
« Jaquet, dit-ell', que j'aime mieux
Ny que mon cœur, ny que mes yeux,
Si tu n'aimes mieux ta galette
Que ta mignarde Robinette,
Je te pri' Jaquet, baise-moy.

 « — Helas! dit Jaquet, ma doucette,
Si plus cher ne t'est ton quignon
Que moy, Jaquinot, ton mignon,
Approche-toy, mignardelette,
Doucelette, paillardelette,
Mon pain, ma faim, mon appetit,

a. Var. :

Et le trempant au just des aux,
Et dans le broüet des poureaux,

Pour mieux t'embrasser un petit. »

. . . .
  O bien-heureuses amourettes,
O amourettes doucelettes,
O couple d'amans bien-heureux,
Ensemble aimez et amoureux !
O Robine bien fortunée
De s'estre au bon Jaquet donnée !
O bon Jaquet bien fortuné
De s'estre à Robine donné !
O doucelettes amourettes,
O amourettes doucelettes !

(1560.)

GAYETÉ VI.

Au vieil temps que l'enfant de Rhée
N'avoit la terre dedorée,
Les grands heros ne dedaignoient
Les chiens qui les accompagnoient,
Fideles gardes de leur trace ;
Mais toy, chien de meschante race,
En lieu d'estre bon gardien
Du trac de m'amie et du mien,
Tu as comblé moy et m'amie
De deshonneur et d'infamie ;
Car toy, par ne sçay quel destin,
Desloyal et traistre mastin,
Japant à la porte fermée
De la chambre où ma mieux aimée
Me dorlotoit entre ses bras,
Tu donnas soupçon aux voisines,
Aux sœurs, aux freres, aux cousines...
  Et si bien le bruict de cela

Courut par le bourg çà et là,
Qu'au rapport de telle nouvelle
Sa vieille mere, plus cruelle
Qu'une louve ardant de courroux,
Sa fille diffama de coups,
Luy escrivant de vergelettes
L'yvoire de ses costelettes.

    Ainsi, traistre, ton aboyer,
Traistre, m'a rendu le loyer
De t'aimer plus cher qu'une mere
N'aime sa fille la plus chere.
Si tu ne m'eusses esté tel,
Je t'eusse fait chien immortel,
Et t'eusse mis parmy les signes
Entre les astres plus insignes,
Compagnon du chien d'Orion,
Ou de celuy qui le Lion
Aboye, quand la vierge Astrée
Se voit du soleil rencontrée.

    Car certes ton corps n'est pas laid,
Et ta peau plus blanche que lait
De mille frisons houpelue,
Et ta basse aureille velue,
Ton nez camard et tes gros yeux
Meritoient bien de luire aux cieux;
Mais en lieu d'une gloire telle,
Une demangeante gratelle,
Une fourmiliere de poux,
Un camp de puces et de loups,
La rage, le farcin, la taigne,
Un dogue affamé de Bretaigne
Jusqu'aux os te puissent manger
Sur quelque fumier estranger,
Meschant mastin, pour loyer d'estre
Si traistre à ton fidele maistre.

(1560.)

GAYETÉ VII.

Enfant de quatre ans, combien
　　Ta petitesse a de bien!
Combien en a ton enfance,
Si elle avoit cognoissance
De l'heur que je dois avoir,
Et qu'elle a sans le sçavoir!
　Mais quand la douce blandice
De ta raillarde nourrice
Dés le poinct du jour te dit :
« Mignon, vous couchez au lit,
Voire és bras de la pucelle,
Qui de ses beautez excelle
La rose, et de ses beaux yeux
Cela qui treluit aux cieux. »
A l'heure, de honte, à l'heure,
Mignon, ton petit œil pleure,
Et te cachant dans les draps,
Ou petillant de tes bras,
Despit tu gimbes contre elle,
Et luy dis : « Mammam, ma belle,
Mon gateau, mon sucre doux,
Et pourquoy me dictes-vous
Que je couche avec Janette? »
Puis ell' te baille sa tette,
Et t'appaisant d'un joüet,
D'une clef ou d'un roüet,
De poix ou de piroüettes,
Essuye tes larmelettes.
Ha! pauvret! tu ne sçais pas :
Celle qui dedans ses bras
Toute nuict te poupeline,

C'est, mignon, ceste maline,
Las! mignon, c'est ceste-là
Qui de ses yeux me brusla.
   Que pleust à Dieu que je peusse
Pour un soir devenir puce,
Ou que les ars Medeans
Eussent rajeuni mes ans,
Ou converty ma jeunesse
En ta peu caute simplesse,
Me faisant semblable à toy!
Sans soupçon je coucheroy
Entre tés bras, ma cruelle,
Entre tes bras, ma rebelle,
Ore baisant tes beaux yeux,
Or' ton sein delicieux,
D'où les Amours qui m'aguettent
Mille fleches me sagettent.
   Lors certes je ne voudroy
Estre faict un nouveau roy,
Pour ainsi laisser m'amie
Toute seulette endormie.

(1560.)

GAYETÉ VIII.

LE NUAGE, OU L'YVRONGNE.

Un soir, le jour de Sainct-Martin,
   Thenot, au milieu du festin,
Ayant desja mille verrées
D'un gozier large devorées,
Ayant gloutement avalé
Sans mascher maint jambon salé,

Ayant rongé mille saucisses,
Mille pastez tous pleins d'espices,
Ayant maint flacon rehumé,
Et mangé maint brezil fumé,
Hors des mains luy coula sa coupe;
Puis, begayant devers la troupe,
Et d'un geste tout furieux
Tournant la prunelle des yeux,
Pour mieux digerer son vinage,
Sur le banc pancha son visage.
 Ja ja commençoit à ronfler,
A nariner, à renifler,
Quand deux flacons cheus contre terre,
Pesle-mesle avecques un verre,
Vindrent reveiller à demy
Thenot sur le banc endormy.
 Thenot donc, qui demy s'eveille,
Frottant son front et son aureille,
Et s'alongeant deux ou trois fois,
En sursault jetta ceste voix :
 « Il est jour, que dit l'aloüette,
Non est; non! non! dit la fillette.
Ha là là là là là là là,
Je voy deçà, je voy delà,
Je voy mille bestes cornues,
Mille marmots dedans les nues :
De l'une sort un grand taureau,
Sur l'autre sautelle un chevreau;
L'une a les cornes d'un satyre,
Et du ventre de l'autre tire
Un crocodille mille tours.
Je voy des villes et des tours,
J'en voy de rouges et de vertes,
Voy-les là ! je les voy couvertes
De sucres et de poids confis;
J'en voy de morts, j'en voy de vifs,
J'en voy, voyez-les donc! qui semblent
Aux blez qui sous la bize tremblent.

» J'avise un camp de nains armez,
J'en voy qui ne sont point formez,
Tronquez de cuisses et de jambes,
Et si ont les yeux comme flambes
Au creux de l'estomac assis.
J'en voy cinquante, j'en voy six
Qui sont sans ventre, et si ont teste
Effroyable d'une grand' creste.
» Voicy deux nuages tout pleins
De Mores qui n'ont point de mains
Ny de corps, et ont les visages
Semblables à des chats sauvages ;
Les uns portent des pieds de chevre,
Et les autres n'ont qu'une levre
Qui seule barbotte, et dedans
Ils n'ont ny maschoires ny dens.
» J'en voy de barbus comme hermites,
Je voy les combats des Lapithes,
J'en voy tout herissez de peaux,
J'entr'avise mille troupeaux
De singes qui d'un tour de joue
D'en hault aux hommes font la moue ;
Je voy, je voy parmi les flots,
D'une baleine le grand dos,
Et ses espines qui paroissent
Comme en l'eau deux roches qui croissent ;
Un y galope un grand destrier
Sans bride, selle ny estrier ;
L'un talonne à peine une vache,
L'autre dessus un asne tâche
De vouloir saillir d'un plein sault
Sus un qui manie un crapault ;
L'un va tardif, l'autre galope,
L'un s'elance dessus la crope
D'un centaure tout debridé ;
Et l'autre d'un geant guidé,
Portant au front une sonnette,
Par l'air chevauche à la genette ;

L'un sur le dos se charge un veau,
L'autre en sa main tient un marteau ;
L'un d'une mine renfrongnée
Arme son poing d'une congnée ;
L'un porte un dard, l'autre un trident,
Et l'autre un tison tout ardent.

» Les uns sont montez sur des grues,
Et les autres sur des tortues
Vont à la chasse avecq' les dieux ;
Je voy le bon Pere joyeux
Qui se transforme en cent nouvelles ;
J'en voy qui n'ont point de cervelles,
Et font un amas nompareil,
Pour vouloir battre le soleil
Et pour l'enclorre en la caverne
Ou de Sainct Patrice, ou d'Averne ;
Je voy sa sœur qui le defend,
Je voy tout le ciel qui se fend,
Et la terre qui se crevace,
Et le chaos qui les menace.

» Je voy cent mille Satyreaux
Ayans les ergots de chevreaux,
Faire peur à mille Naïades.
Je voy la dance des Dryades
Parmy les forests trepigner,
Et maintenant se repeigner
Au fond des plus tiedes valées,
Ores à tresses avalées,
Ores gentement en un rond,
Ores à flocons sur le front,
Puis se baigner dans les fontaines.

» Las ! ces nues de gresle pleines
Me predisent que Jupiter
Se veut contre moy dépiter :
Bré, bré, bré, bré ! voicy le foudre,
Craq, craq, craq ! n'oyez-vous decoudre
Le ventre d'un nuau ? J'ay veu,
J'ay veu, craq, craq ! j'ay veu le feu,

J'ay veu l'orage, et le tonnerre
Tout mort me brise contre terre. »
  A tant, cest yvrongne Thenot,
De peur qu'il eut, ne dit plus mot,
Pensant vrayment que la tempeste
Luy avoit foudroyé la teste.

      Au *Livret de Folastries* (1584).

ODE (1)

A SA MAISTRESSE.

Je t'ai offensée, maistresse,
  Et sciemment, je le confesse ;
Je t'ai offensée, et ne puis
Meriter pardon, tant je suis
Coupable d'une horrible faute.
Hé ! Dieu du ciel ! elle est si haute
Qu'en mon peché je ne puis voir
Que le remords du desespoir.
  Helas ! pardonne, je te prie,
A ton serf qui merci te crie.
Quelle penitence veux-tu ?
Un cœur tristement abattu
Merite à bon droict qu'on luy fasse
Pour son humblesse quelque grace.
Las ! plus tu me pardonneras,
Et plus d'honneur tu recevras.
  D'autant que ma faute insensée
A plus ta grandeur offensée,

---

1. Cette odelette ne se voit que dans l'édition de 1560. Elle est la dernière du cinquième livre. L'ayant retrouvée trop tard pour la mettre à sa vraie place, nous avons cru bien faire en l'insérant ici.

Et que celuy va meritant
Plus de louange, en remettant
Au coupable une faute grande,
Que d'absouldre un qui ne demande
Qu'un pardon d'un petit peché
Dont il n'estoit qu'un peu taché.

(1560.)

EPIGRAMMES.

TRADUCTION DE QUELQUES EPIGRAMMES GRECS
SUR LA GENISSE D'AIRAIN DE MYRON,
EXCELLEMMENT BIEN GRAVÉE.

A MARC ANTOINE DE MURET.

Pasteur, il ne faut que tu viennes
  Amener tes vaches icy,
De peur qu'au soir avec les tiennes
Tu ne remmenes ceste-cy.

Je n'ay de vache la figure ;
Mais Myron, m'attachant, me mit
Dessus ce pilier, par despit
Que j'avois mangé sa pasture.

Je suis la vache de Myron,
Bouvier, et non pas feinte image ;
Pique mes flancs d'un aiguillon,
Et me mesnes en labourage.

Pourquoy, Myron, m'as-tu fait stable
Sur ce pilier? ne veux-tu pas
Me descendre et mener là-bas
Avec les autres en l'estable?

Si un veau m'avise, il cri'ra ;
Si un taureau, il m'aimera ;
Et si c'est un pasteur champestre,
Aux champs me voudra mener paistre.

Bien que sur ce pilier je sois
Par Myron en airain pourtraite,
Comme les bœufs je mugirois
S'il m'avoit une langue faite.

Un tan, en voyant la figure
De ceste vache, fut moqué :
« Je n'ay jamais, dit-il, piqué
Vache qui eust la peau si dure. »

Icy Myron me tient serrée :
Sur moy frappent les pastoureaux,
Cuidans que je sois demeurée
Aprés le reste des taureaux.

Veau, pourquoy viens-tu seulet
Sous mon ventre pour teter?
L'art ne m'a voulu prester
Dans les mammelles du lait.

Pourquoy est-ce que tu m'enserres,
Myron, sur ce pilier taillé ?
Si tu m'eusses un joug baillé,
Je t'eusse labouré tes terres.

Pourveu qu'on ne mette la main
Sur mon dos, quoy qu'on me regarde
De prés ou de loin, on n'a garde
De dire que je sois d'airain.

Si Myron mes pieds ne detache,
Dessus ce pilier je mourray ;
S'il les detache, je courray
Par les fleurs, comme une autre vache.

(1560.)

AUTRES EPIGRAMMES GRECS.

D'ANACREON.

Σώματα πολλὰ τρέφειν.

Veux-tu sçavoir quelle voye
L'homme à pauvreté convoye?
Eslever trop de palais,
Et nourrir trop de valets.

D'AUTOMEDON.

Εὐδαίμων πρῶτον μεν ὁ μηδενὶ μηδὲν ὀφείλων.

Aux creanciers ne devoir rien,
Est par sus tous le premier bien ;
Le second, n'estre en mariage ;
Et le tiers, vivre sans lignage.
Mais si un fol se veut lier
Sous Hymenée, il doit prier

Qu'argent receu, dessous la lame
Le jour mesme enterre sa femme.
Celuy qui cognoist bien cecy
Vit sagement, et n'a soucy
Des atomes, ny s' Epicure
Cherche du vuide en la nature.

(1560.)

Εἴ τις ἅπαξ γήμας.

L'homme une fois marié,
  Qui lié
Se revoit par mariage,
Par deux fois se vient ranger
  Au danger,
Sauvé du premier naufrage.

(1560.)

Εἰκὼν ἡ Σέξτου μεγετᾶ.

L'image de Thomas medite quelque chose,
Et Thomas au parquet se taist à bouche close;
L'image est advocat à voir son parlant trait,
Et Thomas n'est sinon pourtrait de son pourtrait.

(1560.)

DE PALLADAS.

Εἰ τὸ τρέφειν πώγωνα.

Si nourrir grand' barbe au menton
Nous fait philosophes paroistre,
Un bouc barbassé pourroit estre
Par ce moyen quelque Platon.

(1560.)

D'AMMIAN.

Οἴει τὸν πώγωνα φρενῶν ποιητικὸν εἶναι.

Tu penses estre veu plus sage
　　Pour porter grand' barbe au visage;
Et pource, à l'entour de ta bouche
Tu nourris un grand chasse-mouche;
Si tu m'en crois jette-l' à bas :
La grand' barbe n'engendre pas
Les sciences plus excellentes,
Mais des morpions et des lentes.

(1560.)

DE NICARCHE.

Εἰς Ρόδον εἰ τον πλούν εχοι τις.

Quelcun voulant à Rhodes naviger,
　　Ains qu'entreprendre un si long navigage,
Pour s'enquerir s'il auroit bon voyage,
Il vint d'Olymp' le prestre interroger.
Il luy respond : « Monte dans un vaisseau
Qui soit tout vuide, et par l'hyver ne pousse,
Mais en esté, quand la saison est douce,
Hors de son port ton navire sur l'eau :
Si tu parfais ce que ma voix t'apprend,
A Rhode iras sur les flots de Neptune,
A seureté, j'enten si de fortune
Quelque pirate en la mer ne te prend. »

Au *Livret de Folastries* (1584).

DU MESME.

Χρυσὲ πάτερ κολακών.

O mere des flatteurs, richesse,
Fille du soin et de tristesse,
T'avoir est une grande peur,
Et ne t'avoir, grande douleur.

(1560.)

DU MESME.

Πορδὴ ἀποκτείνει πολλούς.

Le pet qui ne peut sortir
A maints la mort fait sentir,
Et le pet de son chant donne
La vie à mainte personne :
Si donc un pet est si fort
Qu'il sonne, ou donne la mort,
D'un pet la force est egale
A la puissance royale.

Au *Livret de Folastries* (1584).

DE LUCIL.

Ρύγχος ἔχων τοιοῦτον.

Ayant tel crochet de naseaux,
Fuy les fontaines et les eaux,
Et ne te mires en leur bord.
Si ton visage tu mirois,
Comme Narcisse tu mourrois,
Te haïssant jusqu'à la mort.

(1560.)

Berteau le pescheur s'est noyé
En sa nacelle poissonniere,
Dont le bois fut tout employé
A faire les aiz de sa biere;
De Charon la main nautonniere
Ne prit argent de ce Berteau,
Comme ayant passé la riviere
Des morts en son propre bateau.

(1560.)

DE SAPPHON.

Δέδυκε μὲν ἁ σελάνα.

Ja la lune s'est couchée,
La poussiniere est cachée,
Et ja la mi-nuict brunette
Vers l'aurore s'est panchée,
Et je dors au lict seulette.

(1560.)

DE MARTIAL.

D'un barbier la femme tu es,
Tu ne tonds seulement, tu rés.

Quelle est ceste déesse en larmoyant couchée
Sur le tombeau d'Ajax?—C'est la pauvre Vertu.
— Quelle main si hardie a sa tresse arrachée
Et de grands coups de poing son estomac batu?
— Soy-mesme se l'est fait de son ongle pointu,
Despite contre Ulysse, aprés que laschement
(L'ost des Grecs estant juge) un tort bien debatu
Vainquit la verité par un faux jugement.

(1560.)

Quand Ulysse pendoit à l'abandon des flots,
La tempeste receut en son giron humide
Le grand boucler d'Achil, large, pesant et gros,
Et mal-seant au bras du coüard Laërtide;
Dont Ajax se tua, de soy-mesme homicide.
Mais la mer (qui garda plus justement les lois
Que les deux Atreans, ny que tous les Gregeois)
De ses vagues poussa le boucler Eacide
Sur la tombe d'Ajax, non au bord Ithaquois.
(1560.)

DE POSIDIPPE.

Ποίῳ τις βιότοιο τάμοι τρίβῳ ειν αγορᾶ μειῶ
Νείχεα.....

Quel train de vie est-il bon que je suive,
Afin, Muret, qu'heureusement je vive?
Dans les palais il n'y a que procés,
Noises, debats et querelleux excés ; (a)
Les maisons sont de mille soucis pleines,
Le labourage est tout rempli de peines;
Le matelot voit, à deux doigts du bord
De son bateau, pendre tousjours la mort.
Celuy qui erre en un pays estrange,
S'il a du bien, il craint qu'on ne le mange;
D'estre indigent, c'est une grand' douleur. (b)
Le mariage est comblé de malheur,
Et si l'on vid sans estre en mariage,

a. Var. :

Aux cours des Roys regne l'ambition,
Les senateurs sont pleins de passion;

b. Var. :

Le guerrier meurt masqué d'une valeur.

Seul et desert il faut user son âge;
Avoir enfans, n'avoir enfans aussi
Donne labeur, donne soing et souci.
La jeunesse est peu sage et mal-habile,
La vieillesse est languissante et debile,
Ayant tousjours la mort devant les yeux,
Donques, Muret, je croy qu'il vaudroit mieux
L'un de ces deux, ou bien jamais de n'estre,
Ou de mourir si tost qu'on vient de naistre.

(1560.)

DE LUCIL.

Εἰ ταχὺς εἰς τὸ φαγεῖν.

Si tu es viste à souper,
Et à courir mal-adestre,
Des pieds il te faut repaistre,
Et des levres galoper.

(1560.)

VŒU D'UN VIGNERON A BACCHUS.

Escoute, enfançon de Silene,
Bacchus, si tu veux charger pleine
Ma jeune vigne de raisins
Plus que celles de mes voisins,
Et que la vierge Icarienne
De son pere ne se souvienne,
Brulant de son chien éteal
Les vignes cause de son mal;
J'honoreray ton beau septembre
De ce bouc cornu ronge-pampre,
Et le faisant trois fois roüer
Aux quatre corniers du pressouer,

De ses rouges veines saigneuses
Je teindray tes pipes vineuses,
Puis sur le haut de cest ormeau
En vœu je t'appendray sa peau.

(1560.)

VŒU D'UN PESCHEUR AUX NAIADES.

Si de ma tremblante gaule
Je puis lever hors de l'eau,
Prins à l'haim, le gros barbeau
Qui hante au pied de ce saule ;
Naiades des eaux profondes,
A vous je promets en vœu
De jamais n'estre plus veu
Repescher dessur vos ondes.
Et pour enseigne eternelle,
A ces saules verdelets
Je vous pendray mes filets,
Mes lignes et ma nacelle.

(1560.)

DE PALLADAS.

Ἡ ῥίς καί τορὸς ἐστὶ τοῦδε σκάπτηρ.

Quand il te plaist becher, Dimanche,
Ton grand nez te sert d'une tranche ;
Quand vendanger, d'un couteau tors ;
D'une trompette, quand tu dors.
Aux nefs il sert d'ancre tortue,
Aux laboureurs d'une charrue,
D'un haim aux pescheurs mariniers,
Et de havet aux cuisiniers ;
Aux charpentiers de doloüere,
Aux jardiniers de sarcloüere,

De besaguë au fevre, et puis
De maillet pour frapper à l'huis.
Ainsi, Dimanche, en toutes sortes
Pour cent mestiers un nez tu portes.

(1560.)

DU MESME.

Εἰπὲ, πόθεν σὺ μετρεῖς κόσμον.

Ayant un petit corps vestu
D'un si petit monceau de terre, (a)
Pourquoy, trompeur, mesures-tu
Tout ce monde qui nous enserre?
Mesure-toy premierement,
Et te cognois et te commande,
Et puis mesure entierement
Le ciel et la terre si grande.
Si mesurer tu n'as pouvoir
De ton corps la fangeuse ordure, (b)
Comment pourras-tu bien sçavoir
De ce grand monde la mesure?

Au *Livret de Folastries* (1584).

a. Var. :

Geometre, qui as vestu
Un corps fait d'une fresle terre,

b. Var. :

Si, homme, tu n'as le pouvoir
De te cognoistre et ta nature,

DU MESME.

Ο φθόνος οἰκτιρμοῦ κατὰ Πίνδαρον.

Trop plus que la misere est meilleure l'envie :
Ceux qui sont enviez ont une heureuse vie ;
On a tousjours pitié de ces pauvres chetifs.
Puissé-je n'estre, ô dieux ! des grands ny des petits ;
La mediocrité fait la personne heureuse,
Le haut degré d'honneur est chose dangereuse,
Et le trop bas estat traisne ordinairement
Pour sa suitte une injure et un mesprisement.

(1560.)

EPITAPHE DE NIOBE,

FAICT PAR AUSONE, TANT ADMIRÉ DE MARULLE.

Entre-Parleurs :

NIOBE ET LE PASSANT.

NIOBE.

Je vivois, un rocher Praxitele m'a faite.

LE PASSANT.

Pourquoy la main, qui fut d'animer si parfaite,
Ne t'a l'ame et l'esprit en ce rocher laissé ?

NIOBE.

Je les perdy tous deux quand les dieux j'offensay.

(*Ed. posth.*)

SUR LA FONTAINE
QUI EST AU JARDIN DU SIEUR REGNAULT,
Thresorier et Receveur general des finances
de feu Monseigneur frere du Roy,
A BAGNOLET, PRÉS PARIS.

Pegase fit du pied la source d'Hippocrene,
De sa lance Pallas a fait ceste fontene
Pour laver sa sueur, et nettoyer ses bras,
Quand poudreuse et sanglante elle vient des combats :
Aussi pour rejouir son hoste qui caresse
Les doctes serviteurs d'une telle deesse.
Si bien que des neuf sœurs le sacré troupelet
Est venu de la Grece habiter Bagnolet,
Pour accorder sa voix à l'onde qui caquette,
Et pour chanter l'honneur du maistre qui le traite.
   Les Nymphes et Bacchus pour miracle nouveau
Deux doubles qualitez donnerent à cette eau :
Le jour elle est du vin, et la nuict de l'eau pure.
Et pource, si quelqu'un sans sçavoir sa nature
Erroit en ce logis, tant soit-il caut et fin,
Pensant boire de l'eau, ne boira que du vin.

                          (*Ed. posth.*)

SONNET
IMITÉ DU GREC DE POSIDIPPE.
SUR L'IMAGE DU TEMPS.

Qui et d'où est l'ouvrier ? — Du Mans. — Son
   nom ? — Le Conte.
—Toy-mesme qui es-tu?—Le Temps qui tout surmonte.
—Pourquoy sur les ortels vas-tu tousjours coulant?
—Pour monstrer que je suis incessamment roulant.

— Pourquoy te sont les pieds ornés de doubles ailes?
— A fin de m'en-voler comme vent dessus elles.
— Pourquoy va ta main dextre un rasoüer touchant?
— Pour monstrer que je suis plus aigu qu'un trenchant. (a)
— Pourquoy dessus tes yeux voltige ta criniere?
— Pour estre pris devant et non par le derriere.
— Et pourquoy chauve? — Afin de ne me voir hapé
Si dés le premier coup je ne suis attrapé.
Tel, peint au naturel, Le Conte me descœuvre,
Et pour toy sur ton huis a mis ce beau chef-d'œuvre. (b)

(1560.)

SUR UN LIVRE

TRAICTANT DE LA FOY CATHOLIQUE,

TRADUIT PAR JEAN DE LAVARDIN.

DIALOGUE DU PASSANT ET DU LIBRAIRE.

Qui est ce livre? — Estranger. — Qui l'a faict?
— Le grand Osie en sçavoir tout parfaict.
— Qui l'a conduit des terres poulonoises,
Et fait sonner nos parolles françoises?
— C'est Lavardin, ce sçavant translateur,
Et docte autant que le premier autheur.
— De quoy discourt ce livre magnifique?
— De nostre loy, de la foy catholique;
Tout ce qu'il faut retenir ou laisser,
Et qu'un chrestien doit à Dieu confesser,

a. Var. :

— *Que te sert ce razouer affilé par le bout?*
— *Pour monstrer que je suis celuy qui trenche tout.*

b. Var. :

Monstrant mon naturel par un si beau chef-d'œuvre.

Pour estre net du fard de l'heresie,
Croyant l'Eglise, et non la fantaisie
De ces cerveaux éventez, esgarez,
Qui par orgueil sont de nous separez.
Et bref, Passant, si le zele t'allume
Des peres vieux, achepte ce volume,
Pour vivre seur en la ferme union.
Mais si tu es de l'autre opinion,
Et si tu veux les mensonges ensuivre
Des nouveaux fols, n'achepte pas ce livre
Pour t'en mocquer; tu porterois en vain
En lieu d'un livre un fardeau dans la main.

(Œuv. posth.)

A AMADIS JAMYN. (¹)

Heureux, tu jouis de ta peine
Et des labeurs de ton jeune age,
Te remirant en ton ouvrage
Comme Narcisse en sa fontaine.

IMITATION DU GREC ET DU LATIN.

Je ne puis estimer un regent estre sage,
Qui n'a dedans la bouche autres mots que la rage,
Le courroux et la mort, l'enfer et mille maux,
Armes, chiens et voirie, et charogneux oiseaux,
Comme toy, maistre Adam, qui fais en chaude colle
Tousjours bruire ces mots au fond de ton escolle;
Ores en renavrant le bon vieillard Nestor,
Ores sur un poulpitre en retrainant Hector,
Avecques plus de bruit de ta voix qui enteste,
Que la voix d'Achillés tymbré d'une grand' creste.

1. Tiré des œuvres d'Amadis Jamyn.

Fay grace à mon oreille et ne cry' plus si haut;
Assez tes escolliers apprennent en ce chaud
(Apprinssent-ils par cœur deux ou trois Iliades)
Si en telle chaleur ils ne sont point malades.

(1560.)

IMITATION DE MARTIAL.

Tu veux qu'à tous coups d'un valet
   Tous les services je te face,
Que pour te faire aller seulet
Je hurte le peuple en la place,
[Que je serve aux clins de ta face,]
Que je rie quand tu riras,
Que je crie quand tu criras;
Va, va, je ne puis satisfaire,
Ni ne dois, à si sots desirs.
Que puis-je donc en ton affaire?
Je te puis faire les plaisirs
Qu'un valet ne te sçauroit faire.

(1560.)

VERSION D'UN EPIGRAMME GREC.

Dame au gros cœur, pourquoy t'espargnes-tu,
   Faisant d'un rien l'appuy d'une vertu?
En cependant que tu es jeune et belle,
Eschauffe-toy d'une amour mutuelle,
Aime en vivant; car aprés ton trespas,
Sous le tombeau tu ne trouveras pas
Un amoureux lequel te vueille prendre;
Aprés la mort nous ne sommes que cendre.

(1573.)

SUR UNE VIGNE ENLACÉE A UN OLIVIER.

Παλλάδος εἰμὶ φυτόν.

Je suis la plante de Pallas;
Pourquoy, vigne, de tant de las
Me presses-tu le corps si joinct?
Va-t'en ailleurs trainer tes bras,
Minerve ne s'enyvre point.

(1573.)

SUR LA NEPHELOCOCUGIE

DE PIERRE LE LOYER.

Loyer, ta docte Muse n'erre
De bastir une ville en l'air,
Où les cocus puissent voller;
Pour eux trop petite est la terre.

POUR UN LIVRE BIEN COMPOSÉ ET MAL RELIÉ.

Les Dames sont benignes de nature;
Ayez pitié de ces beaux vers qui font
De vostre livre enfler le premier front,
Et leur donnez un peu de couverture.

(1573.)

FAIT PROMPTEMENT POUR UN SERGENT
QUI L'IMPORTUNOIT DE LUY DONNER DES VERS POUR UNE INSCRIPTION.

De trois Sergens pendez-en deux,
Le monde n'en vaudra que mieux.
Quand l'autre tiers sera pendu,
Le monde n'aura rien perdu.

SUR LES SEPT AGES DE L'HOMME. (¹)

I. ENFANCE.

L'âge premier de l'homme Enfance est appellé;
Son cours est de quatre ans, maistrisé par la lune;
Auquel il s'agrandit, desja serf de fortune,
Humide, delicat, d'ignorance voilé.

II. LA PUÉRILITÉ.

La Puérilité est nostre âge second;
Son regne est de dix ans, gouverné par Mercure.
Vollage, sans arrest, est lors nostre nature,
Et l'esprit au sçavoir se veut rendre facond.

---

1. Je dois à l'obligeance de M. Rathery, le savant bibliothécaire, l'indication d'un vol. in-fol. oblong, conservé à la Bibliothèque impériale sous l'indication : Z ancien 3349.
Ce livre, au milieu de belles et nombreuses gravures de Martin de Voos et autres graveurs du xvie siècle, contient une suite de planches, précédées de ce titre : *Les figures et portraicts des sept aages de l'homme, avec les subjects par quatrains de feu M. de Ronsard, au pied de chacun d'iceulx. Taillez et gravez sur les principaulx inluminez de feu Mᵉ Baptiste Pellerin.* — 1595, à Paris. — Pour N. L. C. N.
Après la dernière gravure, on lit cette indication : « Parachevez de tailler et graver en décembre 1580, pour Nicolas Le Camus, notaire. » — Cet officier public exerçait à Paris vers la fin du xvie siècle.
Les planches gravées pour lui sont belles et curieuses. Elles représentent les jeux et exercices de l'homme aux différents âges de sa vie. Chacune est entourée d'une bordure, formée d'ornements analogues au sujet, et dont le bas contient un des quatrains ci-dessus.

III. Adolescence.

Le tiers est de huict ans, par Venus gouverné,
Qui rend homme amoureux en son Adolescence,
Son naturel enclin aux jeux et à la dance,
De flammes et de feux son cœur environné.

IV. Jeunesse.

La Jeunesse est le quart, guidé par le soleil,
Regnant dix et neuf ans, poussant au mariage
L'homme qui veult (vivant) colloquer son mesnage,
Desireux de richesse, en force sans pareil.

V. Le Viril.

Le quint est le Viril, suivant l'aspect de Mars ;
Son cours est de quinze ans, sa nature fascheuse,
Magnanime, constante, avare, dangereuse,
Rendant l'homme guerrier suivant ses estendars.

VI. Vieillesse.

Le six, soubs Jupiter, dans douze ans faict son cours.
Jusqu'en l'an soixante-huit, âge nommé Vieillesse.
L'homme alors vers le ciel tout repentant s'adresse,
Soigneux de son salut, des humbles le secours.

VII. Le Caduc.

Le Caduc est le sept des âges le dernier,
Où Saturne commande, arrestant sa carriere
En l'an quatre-vingt-huit. Nature à sa premiere
Foiblesse le conduit, retournant au premier.

FIN DU TOME SIXIÈME.

TABLE DES MATIÈRES

CONTENUES DANS CE VOLUME.

LES POEMES.

	Pages
Au lecteur.	7

LIVRE PREMIER.

Sonnet. A Marie Stuart	9
Regret. A elle-mesme. *Le jour que vostre voile.*	10
Fantaisie. A elle-mesme. *Bien que le traict.*	14
Envoy. A elle-mesme. *Je n'ay voulu.*	19
Regret à L'Huillier, pour elle-mesme. *L'Huillier si nous perdons.*	21
Regret, pour elle-mesme. *Comme un beau pré*	24
Harangue du duc de Guise	28
Les Armes. A Jean Brinon.	39
A Jean de la Péruse. *Encore Dieu*	43
La Chasse. A Jean Brinon.	46
La Lyre. A J. Bellot	53
Le Chat. A Remy Belleau.	67
Les paroles que dit Calypson	72
Le Satyre. A J. Huraut.	80
La Salade. A Amadis Jamyn.	87
Discours d'un amoureux. *Dure beauté*	92

Table

	Pages
A Pierre du Lac. *Du Lac qui joins la gentille carolle.*	105
Le Souci. Au sieur Cherouvrier	110
Le Pin. Au seigneur de Cravan	113
Le Rossignol. A Cl. Binet.	118
L'Ombre du Cheval. A M. de Belot	121
Discours de l'alteration des choses humaines	125
Hylas. A J. Passerat	132

Second Livre.

Les Parques. Au duc d'Esparnon.	147
A J. du Thier. *Qui fait honneur aux Rois*	150
Discours contre Fortune. *Monseigneur, c'est à vous.*	156
Les Isles fortunées. A M. A. de Muret.	170
Prosopopée de Loys de Ronsard.	178
Le Hous. A J. Brinon.	181
A Pierre Lescot. *Puis que Dieu ne m'a fait.*	188
A Odet de Coligny. *L'homme ne peut sçavoir.*	193
A Ch. de Choiseul, en la louange de Belleau	201
Exhortation pour bien combattre.	205
Exhortation pour la paix	209
La Paix. Au roy Henry II. *Sire, quiconque soit*	216
La Bienvenue du Connestable de Montmorency	224
A J. de Morel. *Quand le fameux Jason.*	229
A O. de Coligny. *Tout ce qui est enclos*	232
L'Excellence de l'Esprit de l'homme	234
Le Narssis. A F. Charbonnier	239
Promesse. *C'estoit au poinct du jour.*	246
Paradoxe que les mains servent plus que la raison	254
Les Nues ou Nouvelles.	257
Au Tresorier de l'espargne. *Je sçay, Moreau*	265
A O. de Magny. *Qu'on me dresse un autel*	269
A luy-mesme. *Lorsque ta mere estoit.*	270
A J. Nicot. *Nature fist present*	271

Poemes retranchés.

A Odet, card. de Chastillon. *Mon Odet, mon prelat.*	275
Au card. de Lorraine. *Quand un prince en grandeur.*	276
Chant de Liesse. Au Roy. *Je ne serois digne.*	292
Avant-Entrée de Henry II à Paris.	297
Le Temple des Chastillons. *Je veux, mon Mæcenas.*	301
A Ch. de Pisseleu. *Avant que l'homme soit.*	308

DES MATIÈRES. 423

Pages

Discours à J. Grevin. *Grevin, en tous mestiers*	311
La Grenouille. A R. Belleau.	315
Stances promptement faites pour jouer sur la lyre. .	319
Le Fourmy. A R. Belleau.	322
Caprice. A S. Nicolas. *Tout est perdu*	326
Fantaisie à sa dame. *Il estoit nuit.*	332

GAYETEZ ET EPIGRAMMES.

Avertissement	337
Gayeté I. *A qui don'ray-je.*	341
Gayeté II. *Assez vrayment on ne revere.*	342
Les Plaisirs rustiques. A M. de la Porte	345
L'Alouette.	348
Le Freslon. A R. Belleau	351
Gayeté III. *Une jeune pucelette*	353
Les Bacchanales ou le Voyage d'Hercueil	358
Dithyrambes à la pompe du Bouc de Jodelle . . .	377
Gayeté IV. *J'ay vescu deux mois ou trois*	389
Gayeté V. *Jacquet aime autant sa Robine*	391
Gayeté VI. *Au vieil temps que l'enfant de Rhée* . . .	394
Gayeté VII. *Enfant de quatre ans*	396
Gayeté VIII. *Le Nuage ou l'Yvrongne.*	397
Ode à sa maistresse	401
Traduction d'Epigrammes grecs sur la Genisse de Myron.	402
Autres Epigrammes grecs. — D'Anacréon. *Veux-tu sçavoir.*	404
D'Automedon. *Aux creanciers ne devoir rien*	404
L'homme une fois marié.	405
L'image de Thomas	405
De Palladas. *Si nourrir grand' barbe*	405
D'Ammian. *Tu penses estre veu plus sage.*	406
De Nicarche. *Quelqu'un voulant à Rhodes.*	406
Du mesme. *O mere des flatteurs, richesse*	407
Du mesme. *Le pet qui ne peut sortir*	407
De Lucil. *Ayant tel crochet de naseaux.*	407
Berteau le pescheur s'est noyé	408
De Sapphon. *Ja la lune s'est couchée.*	408
De Martial. *D'un barbier la femme tu es*	408
Quelle est ceste déesse	408
Quand Ulysse pendoit	409
De Posidippe. *Quel train de vie*	409

Table des matières

De Lucil. *Si tu es viste à souper* 410
Vœu d'un Vigneron à Bacchus. 410
Vœu d'un Pescheur aux Naïades 411
De Palladas. *Quand il te plaist bescher, Dimanche*. . 411
Du mesme. *Ayant un petit corps vestu*. 412
Du mesme. *Trop plus que la misere* 413
Epitaphe de Niobé. 413
Sur la Fontaine du sieur Regnault. 414
Sonnet sur l'Image du Temps. 414
Sur un Livre traictant de la foi catholique. 415
A A. Jamyn. *Heureux, tu jouis de ta peine*. 416
Je ne puis estimer un regent estre sage. 416
Tu veux qu'à tous coups d'un valet. 417
Dame au gros cœur 417
Je suis la plante de Pallas. 418
Sur la Nephelococugie. 418
Les dames sont benignes de nature 418
De trois sergens pendez-en deux 418
Sur les sept Ages de l'homme. 419

FIN DE LA TABLE DU TOME SIXIÈME.

Nogent-le-Rotrou, imprimerie de A. Gouverneur.

www.ingramcontent.com/pod-product-compliance
Lightning Source LLC
Chambersburg PA
CBHW070930230426
43666CB00011B/2388